인권: 이론과 실천

# 인권: 이론과 실천

Human Rights: An interdisciplinary approach

마이클 프리먼 지음

김철효 옮김

*Human Rights: An Interdisciplinary Approach*, *First Edition*
by Michael Freeman

This edition is published by arrangement with
Blackwell Publishing Ltd, Oxford.
Translated by Arche Publishing House from
the original English language version.
Responsibility of the accuracy of the translation rests solely with
the Arche Publishing House and is no the responsibility of
Blackwell publishing Ltd.

이 책의 한국어판 저작권은 Blackwell Publishing Ltd.와의 독점계약으로
도서출판 아르케가 소유합니다.
저작권법에 의하여 한국 내에서 보호를 받는 저작물이므로
무단전재와 복제를 금합니다.

## 한국어판 서문

인권 개념은 전 지구적 시각을 가진 최초의 윤리학 및 정치학 개념이다. 이 책을 통해 나는 독자들에게 인권이라는 개념의 역사와 의미 그리고 그 개념이 현실에서 어떻게 적용되는지를 소개하려고 하였다. 일반적으로 인권 개념이 법학적 관점에서 다루어지는 데 반해, 이 책은 다소 독특한 접근방식을 가지고 있다. 오늘날 인권이 거대한 체계를 갖춘 국제법과 여러 나라의 헌법 및 일반법에 정의되어 있다는 사실을 생각해보면 인권을 법학으로 다루는 것은 일면 타당할 수도 있다. 그러나 순수하게 법학적 접근만으로 인권을 다루기에는 한계가 있다. 인권이라는 개념이 왜 그렇게 중요해졌는지, 어떻게 정당성을 갖는지, 어떠한 종류의 인권법이 있어야 하는지를 설명해주지 못하기 때문이다. 뿐만 아니라 인권의 보편성을 주장하였는데 문화다양성의 관점에서 공격을 받으면 어떻게 할 것인가에 대해 생각하는 것에도 도움이 안 되며, 인권이 존중되거나 또는 침해되는 사회적·경제적·정치적 조건은 어떠한 것인지에 대해서도 거의 설명하지 못한다. 이 책은 이러한 모든 주제들을 다루고 있다. 이 책이 인권 개념에 관한 모든 문제점들을 해결하지는 못했지만, 독자들에게는 그러한 주제들에 대해 보다 명확하게 그리고 책임감을 갖고 생각할 수 있도록 문제제기하는 계기가 되기를 바란다.

이 책의 초판은 2001년 11월에 저술을 끝냈었다. 그 이후 전 세계의 인권 상황은 미국에 대한 테러주의 공격과 그에 뒤따른 사건들로 얼룩지고 있다. 우리는 우선 그 테러주의 공격 자체가 종교나 정치적 목적을 위해(사실 그 공격의 목적은 아직도 명확하지 않고 논란이 많지만) 다양한 국적과 종교를 가진 수천의 무고한 사람들이 희생을 당한 심각한 인권침해라는 사실을 인정하여야 한다. 그러나 미국과 동맹국들의 대응 또한 수많은 인권문제를 발생시켰다. 아프가니스탄과 이라크에서의 전쟁은 문제가 많다. 뿐만 아니라 서구의 '심장부'에서 인권이 제한되었고(예를 들어 미국의 애국법(Patriot Act)과 영국의 테러방지법 제정과 같이), 관타나모 기지(Guantánamo Bay)나 바그다드의 아부그라이브(Abu Ghraib) 교도소를 비롯한 전 세계 곳곳에서 인권침해가 발생하였다. 테러주의에 대한 대응을 비판하는 이들은 그것이 서구에서의 인권을 제한했을 뿐만 아니라 서구 국가들이 비서구 국가의 인권증진을 위해 활동하는 데 대한 신뢰도 손상했다고 주장한다. 테러주의의 심각한 위협에 대응하여 인권을 어떻게 보호할 것인가 하는 문제는 오늘날 가장 중요한 인권의제로 부상하였다.

테러주의의 위협에 대해 이렇게 진지하게 다룰 필요도 있으나, 그렇다고 인권 분야 전체를 압도해서는 안 된다. 전 유엔 인권고등판무관 매리 로빈슨(Mary Robinson)이 한 말은 우리에게 시사하는 바가 크다. 전 세계에서 매일 **하루 동안** 기아와 예방 가능한 질병으로 숨지는 이들의 숫자는 최근 전쟁이나 테러 등으로 **한 해 동안** 살해당한 이들의 숫자와 거의 맞먹는다고 한다. 세계의 빈곤은 여전히 가장 중요한 인권문제다. 그렇다고 이른바 경제적 및 사회적 권리가 시민적 및 정치적 권리보다 더 중요하다는 뜻은 아니다. 이 두 권리 사이의 관계가 복잡한 것은 사실이지만, 내가 이 책에서 보여주고자 한 것처럼 인간의 마음과 정신을 보호하는 것은 육체를 보호하는 것만큼이나 보편적인 가치를 지니기 때문이다. 모든 인간은 물질적 욕구뿐만 아니라 자신이 속한 사회와 전 지구의 이익에 기여하고자 하는 이상도 갖고 있다. 그렇기 때문에 이 책에서 설명하는 것처럼 모든 인권(시민적, 정치적, 경제적, 사회적)이 '불가분적'이라는 사상은 인권의 이상을 현실세계에 적용하는 데 중요한 바탕이 된다.

이 책에서는 인권 개념이 역사적으로 발전해온 과정에 대해서도 개략적으로 설명하였다. 이 작업에는 대체로 두 가지 접근방식이 사용된다. 첫째는 세계의 모든 문화, 철학, 종교에 내재한 인권의 뿌리들에 초점을 맞추는 것이다. 둘째는 특정한 '권리' 개념이 어떻게 등장하였는지에 대한 서구의 이야기를 다루는 것인데, 이 권리 개념은 일반시민들이 자국 정부가 권력을 남용할 때 스스로를 보호하고 차후에 복지의 최소기준을 보장하기 위한 도구라는 의미를 갖는다. 물론 사회마다 각자의 역사가 있고, 따라서 인권에 대한 각각의 역사를 갖고 있다. 국제법과 국제사회는 세계인권선언에서 말하듯이 '모든 사람이 성취해야 할 공통의 기준'이라는 것을 규정한다. 수많은 정치, 경제, 사회 문제로 뒤덮인 복잡한 세계에서 인권기준을 이행하기 위한 투쟁이 이어지고 있다. 이 책에서는 추상적인 개념이나 순수하게 법률적인 개념으로서의 인권 개념을 설명하려고 하지 않았다. 힘든 세상에서 실현되어야 할 이상으로서의 인권을 설명하려고 애썼다.

1990년대 초반, 인권과 관련하여 '아시아적 가치'라는 개념이 널리 퍼진 적이 있다. 이 개념은 이후 혼란에 빠지게 되었는데, 이는 모든 아시아인들이 똑같은 가치를 공유하고 아시아의 가치와 서구의 가치는 서로 상당히 다르다고 가정했기 때문인 것 같다. 사실 가치체계란 아시아에서나 서구에서나 매우 복잡한 것이며 공통된 가치와 상이한 가치를 모두 포함하고 있다. 아시아의 독자들에게 이 책을 선보이면서 필자가 한 사람의 유럽인으로서 서구사회에서의 인권의 이론과 실천의 역사적 발전은 험난했으며 여전히 논란으로 남아 있다는 것을 강조하는 것은 적절한 일이라고 생각한다. 서구국가 정부들의 인권 기록은 완벽과는 아주 거리가 멀다. 뿐만 아니라 서구와 비서구로 나누는 데 인권이 이용되어서도 안 된다. 인권은 모든 인간의 권리다. 서구인들이라고 어떠한 특권을 가질 수가 없는 것이다. 반면 모든 인간을 위한 모든 인권이 이룩

된다면 아마도 비서구인들에게 더 많은 이익을 가져다주고, 서구인들은 일부 희생을 치러야 할 수도 있다. 우리는 모두 타문화를 이해할 수 있어야 하고, 그 문화가 긍정적인 역할을 할 때에는 존중해야 하지만, 부당한 행위를 정당화할 때에는 (그 문화가 서구문화든, 동양문화든, 북반구의 것이든, 남반구의 것이든 간에) 비판해야 할 의무를 받아들여야 한다. 그리하여 대화와 상호존중의 기반을 만들어야 한다. 그럴 때 인권은 더욱 번성할 수 있을 것이다.

　이 책을 한국의 독자들에게 선보이게 되었다는 사실은 나에게는 대단한 영광이다. 이 책의 영어원본을 한글로 번역해준 김철효 군에게 진심으로 감사의 뜻을 표하고 싶다.

2004년 12월 28일<br>
마이클 프리먼

## 감사의 말

1977년 가을의 어느 날 저녁, 당시 에섹스대학교(University of Essex) 철학과에서 강의를 하고 있던 닉 버닌(Nick Bunnin)이 콜체스터(Colchester)에 있는 국제앰네스티(Amnesty International)의 한 모임에 나를 초대하였다. 나는 머뭇거리다(순전히 게을러서) 그렇게 하겠다고 했고, 그날 저녁 새로이 만들어진 국제앰네스티 콜체스터그룹의 회장이 되어버렸다. 닉 버닌과 우리 동네, 영국 그리고 해외에 있는 나의 앰네스티 친구들이 없었으면 이 책은 결코 나올 수 없었을 것이다. 특히 작고한 피터 더피(Peter Duffy)를 기억하고 싶다. 그의 도덕적 신념과 지적 준엄함은 인권활동가들의 모범이 될 만하다.

이 책을 쓰기 위해 지적인 빚을 진 이들의 이름을 나열하기가 주저된다. 공평하지 못하게도 그들 중 많은 이들을 빠뜨릴 것 같아서다. 어쨌든 오노라 오닐(Onora O'Neill), 셸던 리더(Sheldon Leader), 나이젤 로들리(Nigel Rodley), 프랑소와즈 함슨(Francsoise Hampson), 제프 길버트(Geoff Gilbert), 브라이언 바리(Brian Barry), 알란 라이언(Alan Ryan), 알버트 웨일(Albert Weale), 톰 소렐(Tom Sorell), 작고한 데보라 피츠모리스(Deborah Fitzmaurice), 매튜 클레이튼(Matthew Clayton), 마르쿠스 로버츠(Marcus Roberts), 안드류 페이건(Andrew Fagan), 데이비드 비담(David

Beetham), 피터 존스(Peter Jones), 사이먼 캐니(Simon Caney), 힐렐 슈타이너(Hillel Steiner), 비쿠 파레크(Bhikhu Parekh), 브렌다 아몬드(Brenda Almond), 폴 길버트(Paul Gilbert), 피터 바에허(Peter Baehr), 데이비드 포사이스(David Forsythe), 잭 도널리(Jack Donnelly), 로다 하워드-하스만(Rhoda Howard-Hassmann), 조셉 찬(Joseph Chan), 줄리아 타우(Julia Tau), 윌 키믈리카(Will Kymlicka), 바리 클라크(Barry Clarke), 휴 워드(Hugh Ward), 존 그레이(John Gray), 데이비드 로버트슨(David Robertson)에게 감사한다.

또한 에섹스대학교 정치학과와 인권연구소 학생들은 나에게 무척 많은 가르침을 주었지만 일일이 다 언급하기에는 너무나도 많다. 지금껏 인권에 대해서 가르치거나 배우기 위해 중국에서 브라질까지 여러 곳에서 초대를 받았다. 하지만 서로 다른 문화 사이에서 대화가 계속된다는 것이 얼마나 중요하였는지는 더 강조할 필요도 없다.

물론 이 책에 있는 오류에 대해서는 위의 어느 누구에게도 책임이 없고 모두 내 탓이다. 이 책을 준(June), 솔(Saul), 에스더(Esther)에게 사랑과 존경과 함께 바친다. 이들이 없었다면 이 책의 저술은 가능하지 않았을 것이다.

# 차례 Human Rights: An interdisciplinary approach

한국어판 서문      5
감사의 말      9

## 제1장 | 서론: 인권에 대해 생각해보기      …15
     1. 인권의 현실      15
     2. 인권의 개념      19
     3. 사회과학과 인권      21
     4. 인권법 넘어서기      24
     5. 인권에 대한 학제적 접근      27

## 제2장 | 기원: 자연권의 흥망      …29
     1. 왜 인권의 역사를 말하는가?      29
     2. 권리와 폭군: 고대의 권리개념      31
     3. 정의와 권리: 중세의 권리개념      33
     4. 근대의 자연권      35
     5. 혁명의 시대      41
     6. 자연권의 쇠퇴      47

## 제3장 | 1945년 이후: 권리의 새 시대      …53
     1. UN과 인권의 부활      53
     2. 세계인권선언      56
     3. 이론에서 실천으로      66
         냉전 | 냉전이후
     4. 소결      80

**차 례** Human Rights: An interdisciplinary approach

**제4장 | 인권의 이론** ... 85
    1. 왜 인권의 이론이 필요한가?    85
    2. 인권의 이론    92
        권리 | 여타의 가치들 | 인간본성 | 권리간 충돌 | 민주주의 | 소결

**제5장 | 사회과학의 역할** ...111
    1. 인권과 사회과학    111
    2. 법학의 주도    113
    3. 정치과학    114
    4. 사회학    120
    5. 심리학    127
    6. 인류학    130
    7. 국제관계학    133
    8. 소결    138

**제6장 | 보편성, 다원성, 차이: 문화와 인권** ...141
    1. 문화제국주의의 문제    141
    2. 문화상대주의    150
    3. 소수민 권리    157
    4. 선주민    166
    5. 자기결정권    169
    6. 여성의 권리    173

**제7장 | 이상주의, 현실주의 그리고 탄압: 인권의 정치** ...177
    1. 인권을 둘러싼 현실정치    177
    2. 부메랑 이론    181

   3. 인권을 둘러싼 국내정치    185
   4. 인권의 통계학    187
   5. 세계정치 속의 NGO    190

## 제8장 | 발전과 지구화: 경제와 인권    …199
   1. 개발 대 인권?    199
   2. 발전권    203
   3. 지구화    205
   4. 국제금융기구    214
   5. 경제적 및 사회적 권리    219

## 제9장 | 결론: 21세기의 인권    …223
   1. 역사로부터 배우기    223
   2. 인권에 대한 비난    229
   3. 개입의 문제    231
   4. 마치며    233

참고문헌    237
부록   버지니아권리선언    254
      미국 독립선언    258
      인간(남성)과 시민의 권리선언(1789)    260
      세계인권선언    264
옮긴이 후기    272
찾아보기    281

〔일러두기〕
1. 원문에서 지은이가 이탤릭체로 표기한 강조문구나 문장은 고딕체로 표기하였다.
2. 인명, 중요한 용어나 어구는 원어를 병기하였다.
3. 독자들의 이해를 돕기 위해 \*, :, ¦, †, ‡, ⁂ 등의 특수기호를 표시하여 역자**주**를 첨부하였다.

제1장
# 서론: 인권에 대해 생각해보기

## 1. 인권의 현실

    1999년 3월 파키스탄. 16세 소녀 랄 자밀라 만도켈(Lal Jamilla Mandokhel)이 여러 차례에 걸쳐 강간을 당했다. 그녀의 삼촌이 이 사건을 경찰에 고발하여 범인은 경찰에 의해 구속되었고, 랄 자밀라는 출신 부족으로 되돌려 보내졌다. 그 후 부족에서 원로회가 열렸다. 원로회는 랄 자밀라가 부족의 명예를 훼손하였기 때문에 처형되어야 한다고 결정하였다. 그것이 부족의 불명예를 씻어내는 유일한 방법이라는 것이다. 그리고 랄 자밀라는 원로회의 명령에 따라 총살당했다.
    이 사건은 여러 가지 측면에서 충격적이다. 랄 자밀라가 당한 폭력적이고 모욕적인 범죄와 부당한 처벌 그리고 이렇게 부당한 사건에 경찰이 연루되었다는 사실도 충격적이다. 그러나 이 사건은 어쩌다 한 번 일어난 것이 아니다. 파키스탄에서는 매년 수백 명의 여성과 어린이들이 '명예살인'에 의해 희생된다. 살인자들이 기소되는 일은 거의 없으며, 설령 유죄로 판결이 나더라도

대부분 가벼운 형량만 선고받을 뿐이다.(Amnesty International 1999)

이 사건에 국가관료가 연루된 측면도 있지만, 그래도 랄 자밀라는 국가보다는 부당한 관습에 희생당한 경우라고 보아야 한다. 최근까지도 여러 나라에서 수많은 사람들이 바로 자신의 국가가 저지른 폭력에 희생당하였다. 1960년대 중반 인도네시아에서는 공산주의를 탄압하는 과정에서 50만 명이 넘는 민간인이 학살되었다. 캄보디아에서는 폴 포트(Pol Pot)가 이끈 크메르 루즈(Khmer Rouge) 정권에 의해 살해된 사람의 수가 적게는 30만 명에서 많게는 200만 명까지 이르는 것으로 추정된다.(Glover 1999: 309) 1970년대 말 아르헨티나 군사정부 아래에서는 9천 명 이상이 '실종' 되었다. 우간다에서는 이디 아민(Idi Amin)이 집권한 1972년부터 1978년까지 25만 명이 넘게 살해되었다. 이라크에서는 1980년부터 10여 년간 수십만의 민간인들이 보안군에 의해 살해되었다. 엘살바도르에서는 1980년부터 1992년까지 계속된 내전으로 인해 전체인구의 약 2퍼센트가 '실종' 과 정치적 살인으로 사망한 것으로 추정된다.(Amnesty International 1993: 2) 르완다에서는 1994년 한 해 동안 정부가 지시한 집단살해로 인해 50만에서 100만여 명이 사망하였다.(Glover 1999: 120) 이것이 다가 아니다. 보스니아, 체첸, 코소보, 동티모르 등 세계 곳곳에서 비슷한 일들이 벌어졌다.

인권은 이러한 사건들을 어떻게 생각할 것인지에 대한 방법을 제시해주는 개념이다. 이 글을 읽고 있는 동안에도 신문, 라디오, 텔레비전에서는 지구상 어느 곳에선가 벌이지고 있는 이렇게 잔인하고 부당한 일들에 대해 보도하고 있을 것이다. 이것이 바로 인권침해에 관한 이야기들이며, 모두 너무나도 현실적인 이야기들이다. 하지만 '인권' 은 하나의 **개념**이다. 현실에 대해서 생각하고, 그것을 표현하기 위한 하나의 장치인 것이다. 사실 인권이라는 개념을 명료하고 정확하게 분석하는 것보다는 랄 자밀라 같은 이야기를 듣고 측은함을 느끼는 것이 더 쉽다. 그러나 인권에 관한 논의를 이해하려면 인권의 개념을 분석하여야 한다. 철학의 한 분야인 **개념분석**(conceptual analysis)은 이렇게 개념을 이해하는 것을 목적으로 하고 있다. 그러나 인권이라는 개념을 개념분석 방법만으로 다루기에는 어려움이 있다. 개념은 추상적인 것이며 개념분석도 추상적인 학문분야여서 인간이 실제 경험하는 것과는 동떨어져 있는 것처럼 보일 수 있기 때문이다. 따라서 인권의 개념을 분석할 때는, 인권이라는 개념이 다루고자 하는 인간이 실제 경험하는 것이 무엇인가를 동정심을 갖고 이해하려는 노력이 함께 이루어져야 한다.

개념분석과 마찬가지로 통계분석 역시 인권을 이해하는 데 필요한 것이면서 그 한계 또한 분명하다. 제임스 럼멜(R. J. Rummel)은 21세기에 들어선 이후 정부에 의해 살해당한 사람이 1억 6,920만 2,000명 이상이라고 계산해냈다. 또 1945년부터 1990년대 초반까지 4,500만 건 이상의 정치적 살인이 발생했다고 추산해냈다.(Rummel 1994: 1-2장) 이러한 통계치가 중요한 의미를 가질 때도 많지만, 통계치만 접하다 보면 인간이 겪었을 고통에 무감각해지기 쉽다. 숫자를 이용하여 인권침해의 사실들을 표현하는 것이 가장 적절할 때도 있겠지만, 우리가 어떤 숫자를 아는 것과 그 숫자가 의미하는 바를 이해하는 것은 별개의 문제이다.

우리에게 인권이라는 개념이 필요한 것은 단지 앞에서 언급한 것과 같은 여러 사건들이 옳지 않음을 이해하고, 그런 생각을 표현하기 위해서만이 아니다. 이러한 사건들에 맞서 싸우기 위한 **근거**를 갖기 위해서다. 만약 현실의 논리가 인권을 침해한다면, 우리는 왜 현실의 편에 서지 않고 인권의 편에 서야 하는가? 우리는 인권이 존재한다는 사실을 어떻게 아는가? 이와 관련하여 아우슈비츠 나치수용소에서 살아남은 철학자 장 아메리(Jean Améry)는 우리에게 다음과 같은 질문을 던졌다. 나치가 더 강했으면, 그렇기 때문에 그저 정당한 것이 아닌가? 사람들에게 권리라는 것이 있는가? 모든 도덕개념은 어차피 지나가는 유행이 아니었던가? 이것이 역사의 현실이 아닌가? 그리스 문명도 결국 노예제와 학살에 기반을 둔 것이 아니었던가? 나치독일이라고 다를 것이 무엇이 있는가?(Glover 1999: 40)

조나단 글로버(Jonathan Glover)에 따르면 대부분의 시대의 대부분의 사람들은 중요한 덕목이라고 하는 것을 지극히 개인적이고 협소한 테두리 안에서 찾았다고 한다. 일상생활에서는 인권보다 평범한 친절이 더 중요한 것이다.(Glover 1999: 41) 하지만 때로는 보통사람들에게도 일상생활이 허용되지 않는 경우가 있다. 보통사람들도 테러나 대량학살, 집단강간 또는 '인종청소'에 처할 수 있다. 보통사람들에게 있어서 인권의 개념은 일상생활에서 안전을 잃어버리거나 빼앗겨버렸을 때 비로소 의미가 생기기 시작한다. 인권이 일반적으로 잘 존중될 때에 우리는 인권을 당연하게 여기고 그 중요성을 과소평가한다. 흔히 말하는 것처럼 인권은 가장 심하게 침해되었을 때 가장 필요한 것이다.

인권은, 완전히 그렇다고 말할 수는 없지만, 상당한 정도로 **법률적인** 개념이다. 인권법의 시작은 국제연합(United Nations: UN) 총회가 1948년 12월 10일 채택한 세계인권선언이다. 역사학자 요하네스 모르싱크(Johannes Morsink)가 말한 것처럼 세계인권선언은 "인권에 관한 온갖 의정서, 협약, 조약 혹은 선언 등의 형태로 확산되면서 국제적 지평을 심대하게 변화시켰다." 오늘날 "어떠한 국가나 문화 또는 개인도 이런저런 방식으로 인권레짐(human rights regime)에 걸려들지 않는 경우가 없다."(Morsink 1999a: x) 이 선언은 파시즘에 대항한 전쟁에서 승리한 이후, 이상주의의 정신 아래에서 전 세계의 모든 사람들이 맺은 일련의 원대한 약속들이다. 세계인권선언은 '모든 사람과 국가가 성취하여야 할 공통의 기준'이라고들 말한다. 제1조에서 모든 인간은 "태어날 때부터 자유로우며 그 존엄과 권리에 있어 동등하다"고 확인하였다. 제2조에서는 모든 사람이 "인종, 피부색, 성, 언어, 종교, 정치적 또는 기타의 견해, 민족적 또는 사회적 출신, 재산, 출생 또는 기타의 신분과 같은 어떠한 종류의 차별이 없이, 이 선언에 규정된 모든 권리와 자유를 향유할 자격이 있다"고 명시하고 있다.

세계인권선언의 약속과 현실세계에서 발생하는 인권침해의 사실 사이에는 분명히 큰 격차가 존재한다. 피해자에 대해 측은한 마음을 가진 사람이라면 누구라도 인권선언의 약속을 어기고 있는 UN과 회원국들을 비난할 수 있을 것이다. 그러나 인권에 대한 이상과 현실세계에서 벌어지는 인권침해 사이에 존재하는 격차는 측은한 마음이나 법률분석으로는 이해할 수가 없다. 여러 사회과학 분야를 동원하여 사회갈등과 정치탄압의 원인, 국내정치와 국제정치 간의 상호작용 등을 연구해야 이해가 가능하다. 한편 국제정치의 장은 인권보다는 다른 가치를 우선으로 여기는 국가나 여타의 힘센 행위자들이 지배하고 있다. 그렇기 때문에 전 세계의 국가들이 인권을 선언하는 데는 참여하지만 그 이행에 관한 기록은 누더기와 같다. 이러한 사실들이 인권에 관하여 나타나는 주된 특징들이다. 우리는 왜 이러한가를 이해하여야 한다.

## 2. 인권의 개념

인권이라는 개념은 앞에서 언급한 것과 같은 극도로 잔인하고 부당한 사건에 관한 것만은 아니다. 그보다 훨씬 더 복잡한 문제들이 많다. 예를 들어 세계인권선언 제1조에서는 모든 인간이 권리에 있어 동등하고, 제18조에서는 모든 사람이 종교의 자유에 대한 권리를 가진다고 명시하고 있다. 그런데 모든 인간이 권리에 있어 동등하다는 사실을 부정하는 종교가 있다면 이를 믿는 사람의 종교적 자유에 대한 권리는 어떻게 정의하여야 하는가? 하나의 인권을 이행하기 위해 다른 인권을 침해해야만 한다면 인권의 의미를 어떻게 해석할 수 있을 것인가? 여기서 발생하는 문제는 정치적 의지가 부족하거나 정치적 이해가 충돌해서라기보다는 여러 인권들이 서로 '공존가능' 하지 않기 때문에 발생한 것이다. 다시 말해 한 종류의 인권을 이행하기 위해 다른 종류의 인권을 침해하거나, 한 사람의 인권을 보호하기 위해 다른 사람의 **동일한** 인권을 침해하는 상황이 생길 수도 있다는 것이다. 예를 들어 어떤 종교집단에서 신도들이 종교를 바꾸는 것을 종교적 믿음에 따라 금지한다면, 이 종교집단의 종교적 자유와 개종하려고 하는 한 신도의 종교적 자유가 상충하게 되는 것이다. 우리가 서로 공존가능하지 않은 여러 인권들 각각을 존중해야 한다면, 분명히 혼란에 빠지게 될 것이다.

이 공존가능성의 문제는 이른바 '권리 인플레이션'(rights inflation) 현상, 즉 인권의 개념이 확장되어 무분별하게 다양한 요구의 근거로 이용되면서 더욱 심해졌다. 세계인권선언에조차 '유급정기휴가'의 권리와 같이 논란의 여지가 있는 인권조항이 포함되어있다. 인권이라는 개념이 유용하려면, 인권과 기타의 사회적 요구를 구분하여야 한다. 개인의 법적 권리는 사법부가 더 정확하게 규정할 수 있겠지만, 인권은 다소 모호한 언어로 표현되며 그 의미 또한 사법부가 항상 정하는 것이 아니다. 인권을 명쾌하게 이해하려면 개념분석, 도덕적 판단 그리고 사회과학 지식이 필요하다. 인권 개념이 유용하려면 **인권**(human rights)은 특정 사회의 **법적 권리**(legal rights)나 기타 바람직한 목표와는 구분되어야 한다.

'권리'는 무엇이며 '인권'은 여타의 권리와는 어떻게 다른가? '권리'(rights)라는 개념은 '옳다'(right)라는 개념과 밀접한 관련이 있다. 어떤 것이 '옳다'고 말할 때는 그것이 옳고 그름의 기준에서 볼 때 옳음에 부합할 때다. 이러한 옳고 그름에 대한 기준은 모든 사회에 있지만, 사람이 '권리를 가진다'(having rights)라는 개념은 없는 사회가 많다고 한다. 특히 모든 사람이 '인권'(human rights)을 갖는다는 생각은 대다수의 문화권에서는 낯선 것이라고 한다. 그렇기 때문에 알라스데어 매킨타이어(Alasdair MacIntyre) 같은 이는 인권은 존재하지 않는 것이며 인권을 믿는 것은 마치 마녀나 유니콘을 믿는 것처럼 미신일 뿐이라고 말한다.(MacIntyre 1981: 67)

하지만 매킨타이어가 '인권'을 마치 팔다리처럼 '가질' 수 있는 '사물'로 여기는 것은 어휘 때문에 생긴 착각이다. 우리가 마치 휴대폰을 가지는 것처럼 권리를 '가진다'(have)라고 표현하는 데서 비롯된 오류인 것이다. 권리는 복잡한 성질을 가지면서 실제로는 존재하지도 않는 신비한 **사물**이 아니라, 도덕적·법적 규칙에 근거한 **정당한 요구** 혹은 **정당한 자격**이다. 권리의 개념이 이러할진대 인권을 믿는 것을 미신으로 치부하는 매킨타이어의 주장은 옳지 않다. 인간이 보장받아야 할 자격을 논하는 데 있어 미신이 어디 있겠느냐는 말이다. 인권의 정당함을 밝히기 위해서는 인권에 대한 **이론**이 필요하다. 한편 인권 이론을 다루다 보면 인권 개념의 **필요성을 입증**하는 데 문제가 없지 않다는 사실을 발견하게 될 것이다. 하지만 이 문제들은 일부에서 말하는 것처럼 인권 개념이 갖고 있는 결점 때문에 생긴 것이라기보다는, 어떤 신념이든 그 필요성을 입증할 때면 일반적으로 발생하는 문제점이라고 보아야 한다. 이러한 인권 이론에 대한 내용은 제4장에서 상세히 다룰 것이다.

## 3. 사회과학과 인권

사회과학에서는 대체로 인권을 무시해왔었다. '과학성'에 대한 열정으로 가득 찬 사회과학자들의 눈에 법률적·도덕적 개념인 인권은 관심을 끌만한 주제가 아니었던 것이다. 하지만 최근 인권 개념이 국내 및 국제 정치에서 점차 그 중요성을 더해가자 일부 사회과학자들이 관심을 갖기 시작하였다. 특히 인권을 존중하는 정도가 여러 사회마다 다르다는 사실을 설명하는 것이 사회과학의 연구대상으로서 적절하다고 받아들여졌다. 한편 집단살해와 같은 대규모 인권침해는 '비이성적'으로 발생하는 것이기 때문에 과학적으로는 설명이 불가능하다고 하는 이들도 있다. 하지만 국가의 행태, 관료제, 민족분쟁 등에 관한 기존의 지식체계를 활용하면 상당부분 설명이 가능할 수도 있다. 사회과학 이론이나 방법론에 대해서는 논란의 여지가 많다. 그러나 분명한 것은 수많은 복잡한 사회현상들이 설명 가능한 것처럼 인권을 침해하거나 존중하는 행위 역시 충분히 설명 가능할 것이라는 점이다.

지금껏 인권에 대한 학문적 연구는 주로 법률가들이 해왔다. 이는 아마도 인권 개념이 국내법 및 국제법을 통해 발전해왔기 때문일 것이다. 인권담론은 점차 기술적이고 법률적으로 되어갔으며, 기술전문가인 법률가들이 이 분야를 지배하게 되었다. 법률은 인권의 '객관적' 기준을 규정하여 인권 개념이 도덕적 논란에 빠지지 않게 마치 '보호' 하는 것처럼 보인다. 하지만 실제는 그렇지 않다. 인권기준이 무엇을 의미하는지 그리고 그것을 어떻게 적용하는지에 대해서는 정치적 논란의 여지가 상당히 많기 때문이다. 국제인권법은 각국의 정부가 모여 만든 것이다. 정부는 정치적 동기(動機)에 따라 움직이기 마련이고, 결국 정부가 국제인권법을 얼마나 이행하느냐는 정치적인 요인에 영향을 받을 수밖에 없다. 한편 인권법의 제정 및 그 이행 여부의 감시, 정부의 인권행태 개선을 위한 캠페인 등에 있어 NGO(Non-Governmental Organizations: 비정부단체)들의 역할이 더 중요해지고 있다. NGO 역시 법적 기준에 기대어 활동하고 있는 것은 사실이지만, 이들도 결국 정치적 행위자다. 그뿐이 아니다. 최근 중앙유럽과 동유럽, 남아메리카와 남아프리카 등지에서 보았던 것처럼, 인권 상황이 극적으로 변화하는 것 역시 궁극적으로는 정치적 사건을 통해 발생한다. (Forsythe 1989; Donnelly 1998)

한편 국제정치학에서는 인권과 같은 윤리 문제보다는 국익과 국력에만 관심을 갖는 현실주의 이론이 지배적이었다. 일부 국제관계학에서 최근 인권에 관심을 보이고는 있지만,(Dunne and Wheeler 1999; Forsythe 2000) 여전히 주변적인 주제일 뿐이다. 이들 중 일부는 국제정치에서 이상(理想)이 갖는 일반적인 역할, 특히 인권에 대한 이상이 갖는 역할을 강조하며 기존 현실주의 학파에 도전하기도 하였다.(Risse, Ropp and Sikkink 1999) 몇몇 예외를 제외하고는 국제정치학에서 다루는 인권 연구의 대부분은, 경험에 체계적인 기반을 두지 않은 국제법과 국가권력이라는 '현실' 만을 전제로 인권을 무시하는 국제관계학 사이에만 머물러 있다.

이렇듯 사회과학이 인권을 무시하고 법률가들이 인권 연구를 주도하면서 인권 개념은 왜곡되고 말았다. 17세기 존 로크(John Locke)는 그의 고전적 '자연권'(natural rights) 이론에서, 모든 인간은 정부나 법률이 아닌 인간본성에서 비롯되는 일정한 권리를 지니며 정부는 이 권리를 존중할 때 비로소 정통성을 갖는다고 하였다.(Locke [1689] 1970) 현대의 인권 개념은 이러한 사상을 재구성한 것이며, 따라서 근본적으로 정부와 시민 사이의 관계에 관한 것이다. 정치이론은 이러한 관계를 설명하고 평가하는 학문분야다. 정치과학은 각국의 정부가 시민들의 권리를 얼마나 존중하는지의 차이를 기술하고 설명하는 학문분야다. 그러나 정치과학이 인권 연구에 지금껏 기여한 정도를 보면 가히 실망스럽다. 정치과학은 때때로 '독재' '전체주의' '권위주의' '탄압' '국가테러' '집단살해' 등 관련 개념을 이용하여 인권과 관련이 있는 연구를 진행하였으며, 민주주의에 관해서도 많은 연구 성과를 남겼다. 이 연구 성과들은 오늘날의 인권 상황을 이해하는 데 적합한 것들이다. 그러나 정치과학자들은 대부분 그들의 '과학성'에 대한 욕망으로 인하여, 인권이라는 개념을 나쁘게는 도덕주의, 좋게는 법률주의에 지나지 않는 것으로 보아 중요치 않게 여겼다.

　서구 정치이론의 전통을 살펴보면 이러한 권리에 대해 혹평을 가하는 이들이 많았다는 점을 발견할 수 있다.(Waldron 1987) 이러한 고전적 비판은 현대 이론가들의 주장에 녹아들어, 오늘날 인권의 정치과학을 연구하는 이들에게 큰 어려움을 준다.(Brown 1999) 민주주의 정치학, 불평등 사회학 등 다른 사회과학 분야와 마찬가지로, 인권의 사회과학의 바탕에 깔린 수많은 철학적 전제는 논란의 대상이 되는 것들이다. 따라서 인권을 연구하는 사회과학자들은 이러한 철학 논쟁을 알아 둘 필요가 있다.

　최근에는 사회학과 인류학이 인권 연구에 기여하기 시작하였다.(Woodiwiss 1998; Wilson 1997c) 지구화된 경제가 인권 보호에 끼치는 영향에 대해 점차 많은 연구가 시작된 것이다.(Evans 1998; 2001) 또한 초국적 사회운동으로서의 '인권운동'에 대한 관심도 함께 증가하고 있다.(Risse, Ropp and Sikkink 1999) 이제 인권의 사회과학이 깨어날 조짐이 보이기 시작하는 것이다.

## 4. 인권법 넘어서기

국제법은 전통적으로 국제평화의 유지를 목표로 국가간의 관계를 규제하는 데 관심을 기울여왔다. 이 기획에서 가장 주요한 사고는 **국가주권**, 즉 국가는 다른 국가의 내정을 간섭할 수 없다는 것이었다. UN은 국제법에 인권 개념을 도입하면서도 이러한 주권 개념에는 수정을 가하지 않았다. 국제무대에서 국가와 여타 행위자들은 항상 자신의 이익과 원칙을 실현하려고 한다. 따라서 국제법 체계는 이들 행위자들에 의해 강한 정치적 압력을 받을 수밖에 없다. 그리하여 UN의 인권에 대한 이행방식은 고도로 정치화되었으며, 그 결과 특정 인권문제에만 선별적으로 관심을 갖거나 인권문제를 놓고 정치적 흥정을 하거나 혹은 문제 해결에 늑장을 부리는 등의 모습을 보이게 되었다. UN은 정치를 초월한 유토피아 세계가 아니기 때문에 인권을 이행하는 데 있어 정치적 성격이 생기는 것은 피할 수가 없다. 또한 이러한 인권의 정치가 인권에 항상 해로운 것만도 아니다. 정부가 정치적 목적으로 어떤 문제를 제기하더라도 그것이 진짜 인권문제일 수도 있고, 정부가 좁은 범위의 인권에만 선택적으로 관심을 갖고 인권의 원칙을 주장하였더라도 그 원칙이 보다 넓게 적용될 여지가 때때로 있기 때문이다.

냉전정치는 UN의 인권원칙 이행을 수십 년간 심각하게 지연, 왜곡했다. UN은 인권을 선포하였지만 그것을 이행하기 위해 실제 한 일은 거의 없었다. 정부들이 인권을 선포하는 것은 그리 부담스러운 일이 아니었지만, 냉전 하에서 이따금씩 불만으로 가득 차 있는 시민들의 인권을 실제로 존중하는 것은 손해만 볼 일이었다. 이러한 맥락에서 비록 느리게나마 국제인권법이 꾸준히 발전해왔다거나, 국제인권법의 이행을 위한 NGO운동이 성장한 사실은 일견 놀라운 일이다. 이러한 상황에서 UN은 애매한 위치에 있었다. 한편으로 국제인권 기준을 작성하고 그것을 수호하는 위치에 있었지만, 다른 한편으로는 때때로 대규모 인권침해를 저지르는 정부들이 모인 연합체였기 때문이다. 또한 UN은 국제인권법과 정치적 이해가 서로 절충되거나 충돌하는 중심적인 기구이자 인권의 이상과 현실 사이의 간극이 명확히 드러나는 곳이기도 하였다.

인권이 갖는 정치적 성격에는 철학적 함의가 있다. 법률가들이 인권 연구를 주도하고 있지만, 이들은 공공연하게 혹은 은연중에 **법률실증주의** 철학에 의존하는 경우가 많다. 다시 말해 인권법에서 인권이라고 정한 것만이 인권이라는 것이다. 하지만 인권은 정치적 과정을 통하여 만들어지고 해석된 것이다. 세계인권선언 각 조항들도 최종적으로 결정될 때까지 격렬한 논쟁과 수차례의 투표를 거쳐야 했던 것처럼 말이다.(Morsink 1999a) 인권이 국제법 및 국내법으로 성문화되는 것은 **정치적**으로 중요한 일이며, 인권이 법제화되었다고 해서 그 개념이 정치에서 의미 없게 되었다고 믿는 것은 착각이다.

인권에 대한 법실증주의적 접근법은 인권의 성격을 잘못 이해하는 것일 뿐만 아니라, 위험하기까지 한 것이다. 역사적으로 인권의 **주안점**은 인권을 침해하는 법률기관이나 법률을 비판하는 것이던 데 반해, 법실증주의자들은 흔히 법률로 **집행가능한** 권리만이 권리라고 말하기 때문이다. 인권이 법률로 집행가능해야 한다면 바람직할 수도 있다. 그러나 항상 그러해야만 하는 것은 아니다. 인권이라는 개념에는 법적으로는 집행이 가능하지 않다는 뜻이 내포되어 있기 때문이다. 만일 인권이 법률로 집행가능하다면 사람들은 자신의 **법적** 권리를 주장할 수 있게 되며, 대부분은 그렇게 할 것이다. 굳이 자신의 인권을 호소할 필요가 없게 되는 것이다. 사람들이 인권에 호소하게 되는 경우는 법적 장치가 인권을 인정하거나 집행하지 못하는 바로 그때다. 법실증주의가 옳다고 주장한다면, 그것은 사법제도가 부당한 행위를 할 때 그것을 비판하는 중요한 근거를 없애는 꼴이 될 것이다.

인권이 법률이나 미신에서 비롯된 것이 아니라면, 이제는 인권의 정당성을 어떻게 증명할 것인가 하는 철학적으로 중요한 질문이 남는다. 인권의 '근원'에 문제가 생긴 데는 역사적인 사연이 있다. 존 로크가 처음으로 인권 이론을 제시할 당시에는 크리스트교의 신\*에서 인권의 근원을 찾았었다. 당시에는 모든 존재와 가치의 근원이 신이라고 여겨졌으므로, 로크는 인권의 궁극적 정당성 또한 신에서 나온다고 함으로써 당시 독자들로부터 동의를 얻어낼 수 있었던 것이다. 문제는 UN이 세계인권선언을 선포하면서부터였다. 인권이 보편적인 것이라 주장한 바로 그 이유 때문에 더 이상 특정 종교의 신념에서 그 근원을 찾을 수 없게 된 것이다. 즉 인권의 정당성이 여러 종교와 이념으로부터 **추상된 것**이어야 하게 된 것이다. 하지만 그것조차 명확하게 이루어지지는 않았다. 세계인권선언에서는 인권의 근원에 대해서 거의 다루지 않는다. 단지 전문(前文)에서 인권을 인정하는 것이 "세계의 자유, 정의 및 평화의 기초"이며, 인권에 대한 무시가 "인류의 양심을 격분시키는 만행"을 초래한다는 광범위하고 실체 없는 주장만 하였을 뿐이다. 이러한 주장에는 중요한 진실이 담겨 있을 수도 있으나, 인권의 근원에 대해서는 명확한 설명이 될 수가 없다.

　인권의 '근원'은 사실 그 뜻하는 바가 모호하여 혼란을 불러일으키기도 하지만, 중요하게 여겨질 필요가 있다. 인권의 '근원'이라는 말은 인권의 **사회적 기원**을 뜻할 수도 있지만 **윤리적 정당성**을 뜻할 수도 있다. 사회과학자들은 권리의 사회적 기원을 연구하면서 대중의 정치적 저항 같은 것에서 권리의 기원을 찾으려 하였다. 이러한 연구는 권리 담론의 역사를 이해하기 위해서는 중요할 수도 있다. 하지만 사회적 기원을 밝혀냈다고 해서 윤리적 정당성까지 밝혀낸 것이라고 혼동해서는 안 된다. 윤리적으로 옳은 것뿐만 아니라 악한 것에도 사회적 기원은 존재하기 때문이다. 일반적으로 사회과학에서는 윤리적 질문을 회피하는 경향이 있는데, 권리에 대해서조차 그렇게 접근하다보면 사회적 기원과 윤리적 정당성을 동일시하는 혼란에 빠질 수도 있다. 따라서 우리는 인권의 근원에 대하여 다음의 두 가지의 질문에 각각 답할 필요가 있다. 첫째, 우리에게는 **인권이 왜 있는가?** 둘째, 우리에게는 **인권이 왜 있어야 하는가?**

---

\* 이 책에서의 '신'은 대부분 'God'의 번역으로 크리스트교의 유일신을 뜻한다.

또 다른 철학적 질문은 인권이 다른 가치들과 어떠한 관계를 갖는가하는 것이다. 인권이 모든 윤리이론과 정치이론에서 가장 중요한 것인가, 아니면 더 중요한 다른 가치들도 있는가? 만일 더 중요한 가치가 있다면 그것은 인권과는 어떠한 관계를 갖는가? 세계인권선언에서는 인권이 자유, 정의, 평화의 기초라고 주장한다. 그러나 이 세 가지의 가치들이 서로 어떠한 관계를 갖는지에 대해서는 개념적으로나 경험적으로나 아무런 설명이 없다. 한편 인권의 **가치**뿐만 아니라 **한계** 또한 가능한 명확하게 규명하는 것이 중요하다. 흔히 인권은 좋은 정부가 가져야 할 **최소기준**이라고 말한다. 이는 인권이라는 개념이 지나치게 많은 것을 포괄하도록 요구할수록 인권에 비판적인 세력의 공격을 방어하기가 더 어려워지고, 그 결과 인권의 호소력과 효력이 약해질 수 있기 때문이다. 따라서 인권이 **포괄적** 정치철학의 개념인지 아니면 **최소기준**의 개념인지 여부를 명확하게 해둘 필요가 있다.

랄 자밀라 만도켈이 죽임을 당한 현실과 UN의 세계 사이에는 커다란 간극이 있다. 이 간극을 메우는 데 법률과 법학이 상당한 역할을 해왔으며 지금도 중요한 역할을 하고 있는 것은 사실이다. 그러나 정치와 사회, 문화와 경제 또한 그 간극을 메우는 역할을 해왔으며 오히려 더 중요한 역할을 했을 수도 있다는 사실은, 상대적으로 학자들에 의해 간과되어 왔다. 이 책은 이러한 것들을 교정하는 데 기여하고자 한다.

## 5. 인권에 대한 학제적 접근

인권에 대한 연구뿐만 아니라 인권의 실천 또한 상당부분 법률가에 의해 주도되어 왔다. 인권운동이 법률가 덕분에 크게 발전할 수 있었던 것은 사실이지만, 우리가 인권법에만 지나친 관심을 갖는다면 인권을 곡해하게 될 위험이 있다. 이 책에서는 학제적(學際的, interdisciplinary) 접근방식을 채택하여 법학이 제자리를 찾을 수 있게 하려고 애썼다. 인권이라는 개념은 수많은 철학적 논쟁들로 점철된 역사를 갖고 있다. 그 역사를 알고 그 논쟁들을 이해한다면 오늘날 인권의 상황을 이해하는 데 도움이 될 것이다. 지난 반세기 동안 인권 개념은 국제법과 국내법이라는 거대구조의 일부분이기도 하였지만, 다른 한편으로는 정치투쟁의 한가운데에 위치하기도 하였다. 법률도 중요하지만, 인권을 이해하기 위해서는 인권의 정치를 이해하여야 한다. 하지만 법학과 정치학만으로 인권분야를 완전히 다룰 수도 없다. 인권문제와 그것이 어떻게 해결가능한지를 제대로 이해하기 위해서는 사회학, 인류학, 경제학 등 다른 사회과학 분야에서의 연구 역시 반드시 필요하다. 인권이야말로 대표적인 학제적 개념인 것이다.

이러한 연구는 제2장에서 인권이 역사에 등장한 시기를 찾아 거슬러 올라가면서 시작된다. 이어서 제3장에서는 인권이 국제사회에서 점차 수용되어가는 과정을 검토한다. 제4장에서는 인권 개념에 대한 주요 이론적 설명 및 관련 논쟁들을 살펴본다. 제5장에서는 사회과학이 특별히 기여한 바를 개관하였다. 제6장에서는 가장 흔히 논쟁되는 주제인 인권의 보편성과, 이 보편성이 인간들 사이에서 실제 존재하는 차이와는 어떤 관계가 있는지를 다루었다. 특히 문화적 소수자, 선주민(先住民, indigenous peoples), 여성의 권리 등에 초점을 맞추었다. 제7장에서는 인권이 국내 및 국제 정치에서 어떠한 위치에 있는지를 분석하였으며, 국제기구, 정부, 비정부단체의 역할에 대하여도 평가하였다. 제8장의 주제는 인권의 정치경제학인데, 특히 개발, 지구화(globalization), 국제금융기구(international financial institutions)를 자세히 다루었다. 제9장에서는 인권의 역사를 돌이켜보고, 인권의 현재와 미래를 전망하면서 결론을 맺었다. 오늘날 세상에는 확실한 것이 별로 없다고들 한다. 하지만 나는 인권을 이해하는 것이 앞으로 한동안은 세상을 이해하는 데 반드시 필요할 것이라는 점만은 확신한다.

제2장
# 기원: 자연권의 흥망(興亡)

## 1. 왜 인권의 역사를 말하는가?

　인권의 역사를 연구하는 목적은 역사 그 자체를 알기 위해서일 수도 있겠지만, 오늘날의 인권 개념을 이해하는 데 도움을 주기 위해서일 수도 있다. 인권의 역사를 연구하려면 그것이 무엇을 다루는 역사인지를 우선 알아야 한다. 일부에서는 인권 개념의 역사를 1945년 UN이 설립된 이후에야 시작된 것이라고 보기도 한다. 이것은 UN의 인권 개념이 인권 개념의 전부인 것으로 여겨 인권의 역사를 UN의 역사와 동일시하는 관점이다. 하지만 좀더 일반적인 관점은 오늘날의 인권 개념이 그보다 훨씬 더 긴 역사를 갖고 있다고 보는 것이다. 이러한 관점은 오늘날 인권 개념이 어떠한 역사와 철학에 바탕을 둔 것인지를 탐구할 수 있는 근거를 마련해 주는 좋은 점도 있는 반면에, 항상 많은 논란을 불러일으키기도 한다.
　인권 개념의 역사를 놓고 한편에서는 전 세계의 다양한 종교와 철학을 통틀어 하나의 **보편적** 역사가 존재한다고 주장하지만,(UNESCO 1949; Chun 2001: 21)

다른 한편에서는 인권은 서구에서 유래된 것이며 최근에야 전 세계적으로 보편화되었다고 주장한다. 또 한편에서는 인권 개념의 **역사**는 서구의 것이기 때문에 그 **정당성**이 **보편적으로 적용**될 수 없다고 주장하지만, 다른 한편에서는 하나의 개념이 어떠한 역사적 과정을 거쳐왔는지가 그 개념의 정당성을 판단하는 적절한 기준이 될 수 없으며 그 개념이 특정한 역사를 가졌다 하더라도 보편화되어야 할 필요가 있을 수 있다고 주장한다. 하여간 어떤 개념이 정당한 것인지 여부는 그 의도가 무엇인가에 따라 달라진다. 인권이라는 개념이 갖는 의도는 **역사적으로** 어떻게 사용되어왔는가를 통해 일부 추론해낼 수 있다.

인권 개념의 유래에 관한 가장 일반적인 의견은 서구에서 비롯되었다는 것이다. 도널리(Donnelly)에 따르면 비서구 문화권에도 옛날부터 중요한 윤리 개념들이 있었지만, 인권이라는 개념은 결여되어있었다고 한다.(Donnelly 1989: part II) 그러나 인권 개념의 역사가 서구적이라는 주장에 반대하는 이들도 있다. 예컨대 매킨타이어(MacIntyre)는 1,400년대 이전에는 오늘날의 '권리' (a right)라는 표현으로 정확하게 번역될만한 표현은 어떠한 언어에서도 찾아볼 수 없다고 주장한다. 인간이 언어로 표현할 수도 없었던 권리라는 것을 보유하고 있었는지가 의심스럽다는 것이다.(MacIntyre 1981: 66-7) 한편 권리 개념이 고대문명에 내재되어 있었다고 주장하는 이들도 있다. 예를 들어 티어니(Tierney)는 십계명 중 '도둑질하지 말지어다' 라는 계율이 재산권을 함의한다고 주장한다.(Tierney 1988: 20-1) 이러한 논쟁의 이면에는 인권 개념이 정당성을 가진 것인지에 관한 의심도 담겨 있다. 예를 들어 매킨타이어가 1,400년대 이전에 '권리' 라는 개념이 존재하지 않았다는 사실을 보여주는 것은 **보편적** 인권이라는 개념이 타당하지 않다는 것을 암시하려는 것이다.

또 일부 학자들의 주장에 따르면 고대 그리스 사상가들에게 국가에 저항하는 권리를 갖는 개인이라는 존재는 생각할 수도 없는 것이었으며, 시민은 사회통합체에 종속되는 일부분으로만 여겼다고 한다. 하지만 사회가 점차 복잡해지면서 이러한 사고방식이 무너졌다. 사람들은 다양한 사회적 관계망에

얽히게 되었고, 사회적 규범 역시 그 확실성이 떨어지게 되었다. 결국 사람들은 자신만의 정체성을 만들어내야 했다. 그리하여 '개인'이라는 개념이 생기게 되었다는 것이다.(Holmes 1979) 개인의 권리 개념에 대한 이 같은 역사사회학적 관점은 인권의 보편성 개념을 뒤흔드는 것이다. 하지만 이러한 역사가 사실일까?

## 2. 권리와 폭군(暴君, tyrant): 고대의 권리개념

현대의 인권 개념은 정부에 의한 권력남용으로부터 개인을 보호하는 것을 목적으로 한다. 고대 그리스에 권리의 개념이 있었는지 없었는지는 모르지만, 권력과 권력남용이라는 개념이 존재하였던 것만큼은 분명하다. 폭정(tyranny)이라는 개념을 통해 이러한 사실을 알 수가 있다. 폭정이란 통치자가 자기 개인의 이익을 위하여 통치를 행하고, 압제와 부정으로 국민을 다스리는 형태의 정부를 뜻한다. 폭정이라는 개념에는 시민의 권리침해라는 개념이 내포되어 있지만, 고대 그리스인들은 권리를 논하지 않으면서도 폭정을 생각할 수 있었는데, 소포클레스(Sophocles)의 희곡 『안티고네』(Antigone)*를 예로 들 수 있다. 테

---

* 고대 그리스의 비극작가 소포클레스(BC 496경~BC 406)의 3부작『오이디푸스 왕』, 『콜로노스의 오이디푸스』, 『안티고네』 중 마지막 편. 아테네의 발전시기인 기원전 441년 디오니소스 극장에서 초연되었다. 자신의 아버지를 죽이고 어머니를 아내로 삼을 운명을 타고난 오이디푸스는 테베의 왕좌에 오른 후 자신이 저지른 일을 깨닫게 되자, 스스로 두 눈을 찌르고 두 딸 안티고네와 이스메네를 앞세우고 방랑하다가 콜로노스에서 죽게 된다. 오이디푸스가 방랑하는 동안 두 아들 폴류네이케스와 에케오클레스가 왕위를 놓고 싸우다 서로 찔러 모두 죽게 된다. 그러자 외삼촌 크레온이 왕좌를 차지하면서 폴류네이케스의 시신을 매장하는 자는 돌로 쳐서 처형한다고 명하였다. 이때 방랑에서 돌아온 안티고네가 왕의 명을 거역하고 오빠의 시신을 매장한다. 왕 앞에 끌려간 안티고네는 왕의 명령은 제우스 신이 내린 법이 아

베의 왕 크레온은 안티고네의 죽은 오빠 폴류네이케스가 생전에 국가반역행위를 했다는 이유로 그 시신의 매장을 금하였지만, 안티고네는 그 명령을 거역하였다. 안티고네가 그렇게 한 것은 오빠의 시신을 묻을 **권리**가 있다고 생각해서는 아니었다. 종교적 **의무**가 있다고 생각했기 때문이었다. 오늘날 **우리는** 이 이야기를 종교행사의 자유와 관련한 인권문제로 볼 수는 있을 지언정 소포클레스가 인권문제를 이러한 방식으로 표현했다고 볼 수는 없다.

하지만 고대 그리스인이 권리의 언어를 전혀 갖고 있지 않았다는 매킨타이어의 주장에는 충분히 반박할 근거가 있다. 바로 아리스토텔레스가 권리의 개념과 그것을 표현할 언어도 갖고 있었던 것이다. 아리스토텔레스는 헌법이 시민들에게 권리를 부여할 수 있으며, 그 권리에는 재산권과 공무참여권 등이 포함된다고 믿었다. 그리고 이러한 권리들이 침해되면 법률에 따라 보상과 처벌을 결정할 수 있다고 하였다. 한편 시민의 권리가 분배되는 방식은 과두제나 민주제 등 정치체제에 따라 다르게 나타날 수 있다고 지적하였다.* 여기서 아리스토텔레스는 권리의 개념을 가진 여러 가지 표현들을 사용하였다. 특히 '정당한 요구'라는 뜻을 가진 **토 디카이온** (to dikaion)이라는 표현은 오늘날 우리가 '권리'라고 바로 번역할 수 있는 표현이다. 하지만 아리스토텔레스는 권리를 헌법에서 비롯되는 것으로 보았으며, 태어나면서부터 노예인 사람도 있다고 믿었던 만큼, **인간의** 권리로서의 인권이라는 개념은 갖고 있지 않았던 것으로 보인다. (Miller, F. 1995)

---

니며 하늘이 내린 확고한 법이 있다고 주장한다. 이 희곡은 국가와 개인의 양심, 실정법과 자연법 사이의 충돌을 문학으로 표현하였다는 평가를 받는다. 여기에 자연법의 사상이 내포되었다고 볼 수는 있지만, 권리의 개념은 찾아 볼 수 없다.

* 아리스토텔레스(BC 384~BC 322)는 정체(政體)를 분류하면서 일반복지를 위해 통치하는 입헌적 국가형태로 군주제, 귀족제, 온건한 민주제, 그리고 전제적 국가형태로 참주제(tyrannos, 僭主制, 폭군이 비합법적으로 독재권력을 행사하는 정치형태), 과두제(oligarchy, 寡頭制, 특권적 파벌이 전제권력을 행사하는 정치형태), 과격한 민주제로 구분하였다. 그리고 민주주의가 시민들의 권리가 더 잘 보장될 수 있는 정치체제임을 시사하였다.

## 3. 정의와 권리: 중세의 권리개념

한편 로마법(Roman law)*은 중세 사상에 영향을 끼치면서, 고대 그리스의 권리에 관한 사상과 근대적 권리 개념 사이에서 중요한 연결고리가 되었다. 이에 관해 프랑스 역사가 미셸 비예이(Michel Villey)는 **객관적 권리**(objective right, 옳은 것)와 **주관적 권리**(subjective rights, 개인의 자격) 간의 차이에 관한 논쟁을 일으켰다. 그는 고대의 로마법에는 주관적 권리라는 개념은 존재하지 않았다고 주장하면서, 로마법에 나오는 라틴어 이우스(ius)‡라는 개념도 객관적 권리를 뜻하는 개념일 뿐 주관적 권리는 아니었다고 주장하였다.(Tuck 1979: 7-9; Tierney 1988: 4-6, 15) 하지만 다른 학자들은 로마법에서는 '각자에게 그의 권리(suum ius)를 양도하는 것'이 정의라고 여기고 있다는 점을 들면서 비예이의 주장에 의문을 제기하기도 하였다.(Zuckert 1989: 74-5, 82) 하여간 이우스(ius) 개념은 객관적 혹은 주관적 권리를 떠나 **법률적인** 개념일 뿐 **자연적인** 개념은 아니었다.(Tuck 1979) 이에 반해 스토아학파† 철학자들은 모든 인간이 지켜야 할 자연법(natural law)이 존재한다고 주장하였다. 하지만 이들 또한 자연권(natural rights)이라는 개념은 갖고 있지 않았다. 결국 고대 그리스에서 그랬던 것처럼 고대 로마시대에도 보

---

* BC 753년 로마 시가 건립되어 AD 5세기 서로마 제국이 멸망할 때까지 지속된 고대 로마의 법. 동로마 제국에서는 1453년까지 유지되었으며, 중세 유럽 각국에 영향을 주었고 근대 시민법의 근간을 이루었다. 상속, 계약, 재산과 점유권, 시민권 등이 주된 내용이었다.

‡ 법 혹은 권리

† BC 3세기 제논(BC 495경~BC 430경)이 창설한 고대 로마의 철학 유파. 이성이 영원한 우주의 질서와 불변적인 가치의 근원을 드러내기 때문에 인간 존재는 이성에 따라야 한다고 주장하고, 개인을 중시하며 불확실한 세계에서 가치의 중요성을 강조하였다. AD 2세기까지 영향력이 컸으며, 크리스트교, 유대교, 이슬람교 등에서 인간과 자연, 국가와 사회, 법과 제재에 관한 이론을 형성하는 데 적용되었고, 현대의 실존주의와 비정통 프로테스탄트 신학에도 영향을 주었다.

편적 인권의 개념은 없었던 것이다.

객관적 권리의 개념이 주관적 권리로 명확하게 전환된 것은 후기 중세가 되어서였지만 그것이 어떻게 가능했는지에 대해서는 의견이 분분하다. 티어니에 따르면 최소한 12세기부터 권리의 개념과 그것을 표현할 언어가 존재하였다고 한다.(Tierney 1989: 626, 629) 당시 중세인들은 특정인, 특정신분, 특정집단, 특정계급의 권리에 대한 생각을 갖고는 있었지만 그것이 자연권 개념을 뜻하는 것은 아니었다고 한다. 티어니는 자연법의 개념에 따르면 자연의 권리는 자연의 법칙에 의해 허용된 것이며, 개인의 권리이지만 개인의 본성보다는 사회의 질서에 따라 나온 것이라고 보았다.(Tierney 1989) 그러면서 13세기 수도사 앙리 드 강(Henry of Ghent)이 개개의 사람이 자기의 보존과 재산에 대한 자연적인 권리를 자신의 몸에 지니고 있다고 주장한 사실을 지적하였다. 이것이 바로 일반적으로 자연권이라는 언어가 17세기에 복잡한 근대사회의 등장에 대응하여 나타났다는 관점이 틀렸다고 주장할 수 있는 근거라고 티어니는 주장한다.(Tierney 1992: 63-7)

마그나카르타(Magna Carta, 1215)에서는 '그의 권리' (주스 숨, jus suum)라는 용어를 써서 '주관적' 권리들을 인정하고 있다.(Holt 1965: 96, 100, 104) 그러나 당시의 권리 개념은 관습법(customary law)에 속해 있었다. 더구나 마그나카르타는 당시 영국법을 요약한 것이 아니라, 특정한 정치 상황에 따라 제작된 문서였으며 그 목적 또한 특정 불만세력에게 법적 보상을 제공하기 위한 것이었다. 따라서 마그나카르타는 영국인의 권리에 관한 헌장이 될 수 없었으며, 인권헌장에는 더더욱 미치지 못하였다. 하지만 마그나카르타가 근대 인권문서들의 전조(前兆)라는 명성을 얻은 것이 전혀 근거가 없는 것은 아니다. 예를 들어 어떠한 자유인도 동료들의 적법한 판결이나 국법에 의하지 아니하고는 체포, 구금, 몰수, 추방되지 아니하며 또한 기타 방법으로 파멸당하지 아니한다고 규정한 제39조가 그 근거가 될 것이다.(Roshwald 1959: 361-64; Holt 1965: 1-2, 327) 마그나카르타는 재산권에 강조를 두기는 하였으나 이외의 권리도 다루고 있었으며, 또한 실질적 권리를 귀족계급 이상에게로 확장시키려 하였다. 애초에는 제한된 정치적·법률적 합의에 지나지 않았지만 이후 국가적 신화로 변모하였고, 17세기에는 영국 초기 근대 권리논쟁 과정 중에 다시 거론되기도 하였다.(Holt 1965)

후기 중세시대에 청빈생활을 옹호하고 사적소유(私的所有)의 정당성에 의문을 제기하던 프란체스코 수도회(Franciscans)와 도미니쿠스 수도회(Dominicans)* 사이에서 벌어진 논쟁 속에서도 자연권 이론의 한 근원을 발견할 수 있다. 1329년 교황 요한네스 22세는 프란체스코 수도회에 반대하여 신이 아담에게 현세의 사물들에 대한 도미니움(dominium, 지배권)을 부여하였다고 주장한다. 그리하여 신정법(神定法)은 재산권을 종교적으로 인정하게 된다. 이렇듯 14세기에는 권리를 가진다는 것이 자신의 도덕 세계에 대한 지배권을 가지게 되는 것을 뜻한다고 주장할 수 있게 된 것이다.(Tuck 1979)

## 4. 근대의 자연권

초기 근대에 나타난 자연권 개념은 중세의 이우스(ius) 개념과 직접적으로 연결된 것은 아니었다. 예컨대 르네상스(Renaissance)기 인본주의 법률가들은 자연적 권리보다는 **시민적** 권리에 관심이 있었다.(Tuck 1979) 17세기가 시작될 무렵 권리 사상에는 주요한 두 가지 전통이 나타났다. 첫째는 자연적·주관적·

---

* 13세기 초 설립되어 중세 유럽의 크리스트교 사상을 주도했던 양대 탁발(걸식) 수도회. 13세기 말엽부터 프란체스코 수도회에는 설립자 프란체스코(San Francesco d'Assini)의 초기 청빈의 규율을 그대로 지켜 개인이든 공동체든 가난하게 살아야 할 것을 주장하는 열정파(Zealots)와 공동체 생활을 연구와 설교에 적합하게 하기 위해 어느 정도 공동재산을 허용하자는 공동체파(Conventuals) 간의 논쟁이 일어났다. 요한네스 22세는 교황교령집에서 열정파의 복음적 청빈사상을 정죄(定罪)하였다.

개인적 권리를 강조하는 것이었으며, 둘째는 객관적 권리와 시민권을 강조하는 것이었다.(Tuck 1979: 54-7; Tierney 1989: 621)

네덜란드 법학자 휘고 그로티우스(Hugo Grotius)\*는 중세의 사상들을 근대적 권리 개념으로 전환시키는 데 결정적인 역할을 한 인물이다. 그의 이론은 신의 의지는 바로 법이며, 그것은 인간(남성)\*이 사회성을 가지고 있다는 사실을 통해 증명된다는 전제로부터 시작한다. 인간(남성)이 가진 사회성은 다른 모든 자연법칙의 기본이 된다. 인간(남성)은 자연으로부터의 권리를 갖지만, 사회에 의하여 변형되기 때문이다. 그로티우스는 이우스(ius)가 정당한 것을 뜻함과 동시에 인간(남성)이 정당하게 무엇인가를 소유하거나 어떤 행동을 취할 수 있을 능력을 뜻한다고 보았다. 그리고 자연법은 권리의 주장과 정의의 내용에 관한 것이라 여겼다. 투크(Tuck)는 그로티우스의 사상을 이렇게 설명한다. "그의 자연법 이론에서는 권리가 대부분을 차지하게 되었는데, 그 이유는 자연의 법칙이라는 것이 간단하게도 서로의 권리를 존중하는 것이기 때문이다." 모든 이는 생명, 육체, 자유, 재산을 방어하기 위한 권리를 누릴 수 있어야 하며 이들이 속한 공동체는 이것을 도와야 한다. 또한 그로티우스는 각자가 자신이 속한 사회의 구성원뿐만 아니라 인류 전체에 대해서도 도덕적 책무를 지어야 한다고 덧붙였다. 한편 그는 자연법 이론을 논리적으로 설명하는 데 있어서 신의 존재에 대한 믿음이 필요치 않다고 주장함으로써 자연권 이론의 탈종교화에 기초를 제공하기도 하였다.(Tuck 1979; Tierney 1989: 621-2)

17세기 영국의 토마스 홉스(Thomas Hobbes)는 권리(jus)와 법(lex)을 냉철하게

---

\* '근대 국제법의 아버지' 혹은 '근대 자연법의 아버지'로 불리는 그로티우스(1583~1654)는 그의 저서 『전쟁과 평화의 법』에서 이전의 법사상들을 종합하였다. 국가는 자연법의 구속을 받는다는 이론을 내세웠으며, 자연법은 신으로부터 벗어나 인간본성에 바탕을 둔 보편적 법률이라 주장하였다.

: 이 책에서는 'man'은 '인간(남성)'으로, 'human'과 'human being'은 '인간' 혹은 '사람'으로 번역하였다.

구분해 보였다. 권리는 자유를 뜻하고 법은 금지를 뜻하기 때문에 권리와 법은 서로 다를 뿐만 아니라 서로 반대되기도 한다는 것이다. 홉스는 자연상태의 인간사회에서 모든 사람은 자기를 보존하기 위해서라면 무엇이든 할 수 있는 자연적인 권리를 갖고 있다고 주장하였다. 자기 자신을 보존하는 것은 자연법에 따른 의무이기도 하며 자연권이기도 하다. 자연상태의 인간사회는 만인(萬人)의 만인에 대한 전쟁 상태이며 따라서 대단히 불안한 상태이다. 이러한 상태에서 인간(남성)은 이성에 따라 주권자(sovereign)에게 자신을 대신하여 행동해줄 것을 위임하였다. 따라서 모든 인간(남성)은 주권자가 자신의 보존을 위협하지 않는 한 그에게 복종하여야 한다는 것이다.(Tuck 1979: 126-31)

오늘날 우리는 인권 개념이 국가권력을 제한하기 위해 사용된다는 사실을 너무나도 당연히 여긴다. 하지만 놀랍게도 초기 근대의 자연권 이론가 대부분은 합리적 개인들이 사회질서를 유지하기 위하여 자신의 자연권을 절대적 통치자에게 양도할 것이라고 주장하였다. 하지만 그렇지 않은 경우도 있었다. 1642년 헨리 파커(Henry Parker)는 모든 사람은 재산을 소유하고 국가에 양도할 수 없는 자기보존(自己保存)에 대한 자연권을 가진다고 주장하였다. 1644년 윌리엄 볼(William Ball)은 영국의 인민들이 갖고 있는 기본권은 어떠한 정부에 대항해서도 주장할 수 있는 것이라고 믿었다. 만일 정부가 그러한 권리를 침해한다면 그것은 신탁위반(信託違反, breach of trust)이 되며, 인민들은 필요하다면 무기를 들고 자신의 권리를 보호할 수도 있다는 것이었다. 자연법이 인민들로 하여금 자신의 자유와 재산을 보호하도록 승인하였으며, 이는 어떠한 시민법(civil law)으로도 막을 수 없는 것이기 때문이다.(Tuck 1979: 144-48)

영국 시민전쟁 당시 수평파(Levellers)‡는 개인의 양도할 수 없는 권리라는 개

---

‡ 17세기 영국 청교도혁명을 주도했던 의회파(the Roundheads) 중 런던 소부르주아지의 이익을 대변하던 급진파. 찰스1세를 지지하던 왕당파(the Cavaliers)와 그에 반대하던 의회파 간의 1차 내전 이후, 의회파 내부 간 2차 내전에서 왕정복고를 주장하던 장로파(the Presbyterians)에 반대하여 독립파(the Independents)와 연합을 이루었다. 인민주권을 주

념을 받아들이고, 의회가 그것을 침해하고 있다고 주장하였다. 수평파 리처드 오버튼(Richard Overton)은 모든 정치는 신탁에 의한 것이며, 모든 사람은 자신의 동의 없이는 침범 혹은 침탈할 수 없는 '자기타당성'(self propriety)을 갖고 태어난다고 주장하였다. 모든 인간(남성)은 '자연출산'을 통해 평등하게 그러한 타당성과 자유를 갖고 태어난다는 것이다. 그리고 '자기타당성'을 갖는다는 개념은 양심(conscience)의 자유, 법 앞에서 평등할 권리, 성인 남성 혹은 더 많은 이들이 투표할 권리가 있다는 것을 의미한다고 하였다. 또 존 와일드만(John Wildman)은 자연권을 가지는 것은 보통선거권이 뒤따르는 것이라고 생각했다. 당시 수평파들은 인간(남성)이 재산보다 우선되어야 하는 것이라고 주장하였다. 따라서 생존권은 정당한 것이며 부(富)의 일부 재분배가 합법화되어야 한다고 주장하였다.(Tuck 1979: 148-50; McNally 1989: 35-7; Roshwald 1959: 369; Ashcraft 1986: 155, 160-1, 163)

이 같은 주장들은 역사적으로 선례(先例)가 없는 것이라는 비판을 받을 수도 있었으나, 수평파들은 권리의 근거를 자연법에 둠으로써 그러한 굴레에서 벗어날 수 있었다. 리처드 오버튼은 정당하다고 여겨지는 모든 선례들은 이성(理性)에 근원을 두고 나온 것이기 때문에 이성에는 선례가 존재할 수 없다고 주장하였다. 법률과 정치는 변하지만, 올바른 이성은 영원하다는 것이다. 이들은 자신들의 주장이 이렇게 이성에 바탕을 둔 것이라고 역설하였지만, 실은 마그나카르타를 거론하는 등 역사에 바탕을 둔 주장도 섞여있었다. 이렇게 자연법에 바탕을 둔 주장과 역사에 바탕을 둔 주장이 뒤섞이면서 이들이 주장한 권리가 보편적 인권인지 아니면 영국인만의 권리인지가 모호하게 되어버렸다. 이에 대해 로쉬발트(Roshwald)는 당시 수평파들이 영국인의 권리를 더 강조한 것은 사실이었으나, 그 실제 논리는 보편주의적인 것이었다고 지적하기도 하였다.(Roshwald 1959: 366-70)

---

장하였지만 결국에는 독립파 크롬웰(Oliver Cromwell)의 탄압을 받아 쇠퇴하였다.

17세기 영국에서는 정치적 절대주의를 반대하는 운동이 일어났다. 이 운동에는 프로테스탄트(Protestant)의 신념, 즉 신이 인간을 이성적으로 창조하였으므로 각자 자신이 구원받을 길을 스스로 결정할 수 있다는 신념이 깊게 깔려 있었다. 프로테스탄트 개념의 이성에 따르면 의지의 자유를 가지고 권력에 독립적으로 행동하거나 반대하는 것이 정당하다. 특히 종교는 개인이 권력에 대항하여 양심적으로 행동하도록 요구한다. 이러한 주장의 바탕에는 모든 인간(남성)이 일정한 공통점을 갖고 있다는 생각이 깔려있다. 또한 합리적 개인은 평등하고 자유로운 상태로 창조되었기 때문에 어떠한 타인도 자신의 절대적 의지로 지배할 수 없다. 이러한 개인들은 서로에게 그리고 신에게 도덕적 책무를 지니고 살면서 자연적이며 도덕적인 공동체를 형성한다. 개인들은 이러한 책무를 자신의 이성을 통하여 자연법칙 속에서 발견하게 된다. 다시 말해 자연법은 개인에게 의무를 부과하는 것뿐만 아니라 권리도 부여하며, 여기에는 자신의 양심의 명령을 따를 권리도 포함되는 것이다.(Ashcraft 1986: 49, 66-7)

	존 로크는 그의 저서 『관용론』(Essay on Toleration)에서 인간(남성)은 이성적이며 행동적인 피조물이기 때문에 종교적 신앙을 행동에 옮겨야 하며, 그러기 위해서는 행동의 자유가 필요하다고 주장하였다. 종교적 신념은 개인과 신 사이의 관계에 관한 것이므로 정치권력이 그것을 방해해서는 안 된다. 종교적 구원(救援)의 문제는 어떠한 정치적 관계보다 훨씬 더 중요한 반면 정치권력은 종교 문제에 있어 오류에 빠지기가 쉽다. 그렇기 때문에 개인은 종교의 자유에 대한 자연권을 가지는 것이라고 주장했다.(Ashcraft 1986: 88, 93-6)

	또한 로크는 모든 인간(남성)은 자신의 이성을 통하여 자연의 법칙을 알 수 있으며, 각 개인은 신으로부터 자연법칙을 준수해야 할 책무를 부여받았다고 주장하였다. 그의 주장에 따르면 모든 사람은 타인의 생명, 건강, 자유, 소유물에 해를 입히지 않아야 할 의무를 갖는데, 이것은 신의 의지에 따라 인간사회를 유지시켜야 하기 때문이다. 애초에 '자연상태', 즉 정부가 부재한 상태에서는 모든 사람이 자기를 방어할 권리와 자연법칙을 따를 권리를 갖고 있었다.

하지만 사람들은 모두 자기입장에 따라 판단하기 때문에 편파적이게 되고, 이로 인해 서로 간에 충돌이 발생하게 되었다. 그리하여 합리적 개인들은 정부로 하여금 자연법을 집행하고 법치(法治, rule of law)에 따라 만인의 자연권을 보호하며 공공선(公共善)을 증진할 것을 위임하고, 그 통치 하에서 사는 데 동의하게 된 것이다. 만일 정부가 이러한 신탁을 깨고 인민(人民, people)의 권리에 체계적이고 지속적인 침해를 가한다면 그것은 폭정이 되며, 그러한 정부는 통치권한을 잃게 된다. 인민들은 필요하다면 폭력을 통해서라도 이러한 폭정에 저항할 수 있다.(Locke〔1689〕1970)

로크는 보통 **개인주의적인** 자연권 개념을 굳게 신봉한 이론가로 이해된다. 각각의 개인이 신에 대한 기본적 책무를 지고 이성도 개인이 부여받았으며, 타인의 자연권 존중 의무의 경우를 제외하고는 제한할 수 없는 자연권적 자유권 역시 개인이 갖고 있다고 믿기 때문이다. 한편 로크는 인간사회를 유지시키려는 신의 의지의 달성과 인간(남성)의 자연권 보호는 정치공동체를 통해서만이 가능하며, 또한 그 정치공동체는 공공선을 위해서 통치되는 것이어야 한다고 주장하였다. 그리하여 개인의 자연권과 사회의 공동선(共同善) 사이의 긴장관계는 해소되지 않은 채 남게 되었는데, 대신 로크는 자신의 정치이론의 바탕에 신의 의지와 인간의 이성을 둠으로써 개인의 권리와 공공선이 상호양립가능하다는 신념을 뒷받침하게 하였다.

로크는 각 개인이 자신과 자신의 노동 그리고 자신의 노동에 따른 생산물에 대한 소유권을 갖는다고 주장하였다. 사적소유권의 근거는 노동이라는 것이다. 로크의 재산권 이론은 오랫동안 논란의 대상이 되어왔다. 맥퍼슨(C. B. Macpherson)은 로크를 '소유적 개인주의'(possessive individualism)와 부르주아 계급의 이익을 옹호한 자로 평가했다.(Macpherson 1962) 그러나 다른 논자들은 로크의 권리이론이 크리스트교적 자연법의 틀 안에 있기 때문에 재산권은 공동선과 인류 전체의 이익을 위한 도덕적 책무의 체계에 종속되어 있는 것이라고 지적한다. 로크의 재산권 이론이 상당한 정도로 부의 불평등을 허용하고 있다는 사실은 분명하지만, 그것이 다는 아니라는 것이다. 모든 사람이 자연권적 생존권을 부여받았기 때문에, 과도하게 부를 축적한 사람들에게는 자신의 노력만으로 생계를 유지할 수 없는 사람들을 도와야 할 의무가 있다는 점도 지적했기 때문이다.(Ashcraft 1986)

로크의 이론을 해석하는 것은 우리가 인권의 역사를 이해하는 데 중요한 의미가 있다. 예를 들어 도널리는 근대 인권 개념이 대체로 17세기 영국, 특히 로크의 『제2정치론』(Second Treatise of Government)에서 비롯된다는 일반적인 견해를 재확인하였다. 또 그는 로크 이론의 한계가 대체로 '부르주아 정치혁명'이 가졌던 목표의 한계에 기인한다고 주장하였다.(Donnelly 1989: 89, 104-5) 그러나 로크가 '부르주아 정치혁명'을 정당화하거나 지원하려고 했다는 관점은 역사적 근거가 전혀 없다.(Ashcraft 1986; McNally 1989) 오늘날 인권 개념은 로크의 자연권 개념을 변형한 것이다. 그렇기 때문에 로크의 개념이 종종 거론되는 것처럼 단순히 '부르주아적'인 것이 아니라는 사실을 여기서 짚고 넘어가는 것이다.

## 5. 혁명의 시대

1689년 명예혁명 이후 휘그당*(whig, 자유주의)은 자신들의 이데올로기에 로크가 주장했던 입헌군주제 원칙과 생명권, 자유권, 재산권을 포함시켰지만, 자연권 이론이 지녔던 급진적·평등주의적 관점은 묵살해버렸다. 이후 18세기 후반에 들어서야 휘그 급진파가 인민의 권리를 주장하며 등장하게 된다. 이들

---

* 17세기에 등장한 영국의 양대 정당 중 하나로 영국국교주의와 지주계급을 대변하던 토리당(Tory, 보수당)에 대항하여 귀족, 토지소유계층, 부유한 중산층의 이익을 대변하였다. 19세기에 오늘날의 자유당(Liberals)으로 변모하였으나 20세기 초반부터 노동당(Labours)에 밀려 소수당으로 남게 되었다.

은 인민의 권리를 보호하지 않는 정부는 개혁이나 제거의 대상이 된다는 입장을 가졌다. 또한 이들은 어느 누구도 국가로부터 종교로 인해 차별 당해서는 안 되며, 따라서 비종교적 국가에 사는 모든 사람은 평등한 시민이어야 한다는 원칙을 세우고, 그것을 자연권으로서의 양심의 자유권에 포함시켜야 한다고 주장하였다. 한편 마리 울스턴크라프트(Mary Wollstoncraft)가 이끈 소수급진파들은 여성의 자연권을 주장하기도 하였다.(Dickinson 1977)

18세기에 이르자 자연권 개념은 미국에까지 보급되었다. 미국인들은 종교적 자유가 정치적 자유를 위한 투쟁에 있어서 중요한 부분이라 생각했다. 또한 미국인들은 당시 영국 정부의 식민지배를 폭정으로 여기고 있었던 데다가 자신들의 정치적 의견이 아무런 대표성을 인정받지 못하게 된 터라, 저항에 관한 개념을 더 쉽게 받아들였다.(Bailyn 1992; Dickinson 1977: 225) 로크의 사상이 직접 영향을 주었는지는 확실치 않지만, 미국독립선언(American Declaration of Independence, 1776년)에 그의 사상이 표출되어있는 것만큼은 분명하다.

> 우리는 다음의 사실을 자명의 진리로 확신한다. 즉 모든 인간(남성)은 평등하게 창조되었고, 그들은 창조주에 의하여 어떤 양도할 수 없는 권리를 부여받았으며, 그 중에는 생명과 자유와 행복을 추구할 권리가 포함되어 있다. 또 이러한 모든 권리를 확보하기 위해 인간(남성) 사이에 정부가 조직되었으며 그리고 정부의 정당한 권력은 피치자의 동의에서 비롯되는 것이다. 어떠한 정치 형태라 할지라도 이러한 목적을 훼손하게 되는 경우, 인민은 그 정부를 교체하거나 폐지할 권리를 가진다.

한편 미국독립선언보다 한 달여 앞서 발표된 버지니아권리선언(Virginia Declaration of Rights, 1776년) 역시 국가의 간섭을 받지 않고 보호되어야 할 특정한 자유권들을 포함하고 있는데, 자유롭게 종교행사를 할 권리, 정당한 법 절차에 의하지 않고서는 자유를 박탈당하지 않을 권리 등이 그것이다. 또한 미국헌법이 제정된 이후 1791년에 헌법에 대한 수정조항으로 발효된 권리장전(Bill of

Rights) 역시 종교, 언론, 표현 및 결사의 자유에 대한 권리, 불합리한 수색이나 체포를 당하지 않고 보호받을 권리, 자신이 유죄가 되지 않게 할 권리, 정당한 법 절차를 밟을 권리를 포함하고 있다.* 이러한 권리들은 과거에도 이미 존재한 것들이었지만, 미국헌법에서는 이 권리들이 정당성을 갖는 이유가 신정법(神定法)에 바탕을 둔 자연권이기 때문이라고 주장한다. 또한 미국독립선언에서는 신을 언급하기는 하였지만 자연권 개념을 거의 완전하게 탈종교화했다. 강한 입헌주의적 전통을 지닌 미국인들은 헌법이 권력분립과 함께 자유의 기초라고 믿었다. 하지만 혁명 당시의 미국식 자연권 개념은 여성의 권리를 포함하지 않았으며, 노예제도와도 대체로 반대되지 않는 것으로 여겨졌었다.(Bailyn 1992; Becker 1966; Dickinson 1977; Waldron 1987)

18세기를 지나면서 자연권 개념이 점차 탈종교화되자 철학적으로 중요한 문제가 발생하였다. 도덕과 정치에 필요한 원칙들을 이성에 근거하여 자연에서 도출할 필요가 생긴 것이다. 18세기 말 탈종교화된 자연권을 주장한 사상가들은 그것이 가능하리라 생각했으나, 그 근거가 대체로 매우 약했다. 당시 자유주의적 도덕철학을 구성하려는 여러 시도가 있던 중 단연 돋보이는 사람은 임마누엘 칸트(Immanuel Kant)였다. 그는 윤리와 정치의 원칙체계는 타인을 이성적이고 자주적인 도덕적 행위자로 인정하고 타인의 존엄성을 존중해야 한다는 의무에 바탕을 두고 있다고 보았다. 그리고 인간의 이성이 그러한 의무의 정당성을 밝혀낼 수 있다는 것을 보여주기 위해 노력하였다. 하지만 자연권을

---

* 1776년 독립을 선언한 미국의 13개 독립주는 1787년 필라델피아에서 헌법제정회의를 소집하여 새로운 헌법을 제정한다. 전문과 7조의 본문으로 채택된 이 헌법은 국민주권, 연방주의, 삼권분립 등 국가구성에 대한 내용으로 이루어졌으며, 연방정부의 권한을 제한하기 위한 권리의 장전(章典)을 부가할 것을 조건으로 했다. 이후 버지니아권리선언을 모델로 삼아 1791년 수정 10개조로 이루어진 권리장전이 부가된다. 이후 미국헌법은 수정 제13조 노예제폐지, 제15조 흑인의 선거권부여, 제19조 여성참정권 인정 등이 추가되어 오늘날 25개조의 헌법을 이루게 되었다.

비판하는 이들은 자연권 옹호자들이 선언이나 좋아했지 주장에는 논거가 부족하다고 비웃기 시작했다. 또한 자연권이 여러 문화에 공통으로 존재하는 관념에서 나왔음을 밝히려는 시도도 오히려 그런 것이 존재하지 않았다는 사실만 밝히고 말았다고 지적하였다.(Waldron 1987: 14-17) 결국 18세기 말 자연권 개념은 현실에서는 미국혁명이라는 승리를 거두었으나, 이론적으로는 기초가 여전히 불안정한 채로 남게 된 것이다.

1789년 프랑스혁명이 일어나고 새롭게 구성된 국민의회는 프랑스신헌법의 기초가 될 원칙을 정하면서 인간(남성)과 시민의 권리선언(Declaration des Droit de l'Homme et du Citoyen)을 선포하였다. 이 선언에서는 모든 정치결사체의 목적은 인간(남성)의 자연권을 보전하는 데 있다고 하면서, 그 자연권의 내용은 자유, 재산, 안전 그리고 압제에 대한 저항의 권리라고 밝혔다. 또한 법 앞에서의 평등, 자의적으로 체포되지 않을 자유, 무죄추정, 표현과 종교의 자유, 타인을 해치지 않는 한 자유롭게 모든 것을 행할 수 있을 일반적 자유, 재산권 등을 확인하였다. 그러나 여기서 선언된 권리들에는 여러가지 제약과 조건이 따라붙었고 법치에 따라야 한다는 조건이 덧붙여졌다. 이렇게 선언에 드러난 개인의 자연권과 사회질서 사이의 양의성(兩義性, ambivalence)은 혁명세력들 사이에 존재했던 깊은 이념 차이를 반영하는 것이다. 하여간 프랑스선언은 이전의 미국선언들에 비해 더 보편적인 언어로 표현되어 있는데, 이는 당시 프랑스 보수세력의 비타협적 태도로 인해 과거의 제도에 기댄 표현방식을 사용하기가 더욱 어려웠기 때문이다.(Waldron 1987: 26-8; Baker 1994: 192-93)

프랑스권리선언은 혁명세력들이 민중의 뜻을 대변한 행동 중 하나였다. 어쩌면 당연한 것일 수도 있겠지만, 혁명정부는 현실에서 많은 문제에 직면하였다. 그 결과 새롭게 건설된 질서는 안정을 위협받게 되었다. 그러나 혁명이 인간(남성)의 권리에 관한 선언(Declaration of the Rights of Man)에서 공포정치의 시대로 후퇴한 데는 현실적 이유뿐만 아니라 이론적인 이유도 있었다.\* 혁명세력들이 현실의 심각한 도전에 직면한 상황에서 개인의 자연권, 국민주권, 공공선이라는 세 가지의 가치가 이념적으로 뒤섞여 있었다. 혁명세력들은 이들 중 그 어느 것도 제대로 보호하지 못했던 것이다.

프랑스혁명의 이념은 미국혁명 등 이전에는 볼 수 없었던 평등주의의 언어로 표현되었다. 하지만 평등한 권리라는 이론적 개념은 다양한 형태의 불평등이 존재하는 사회에서 이행이 실제 이루어져야 의미가 있는 것이다. 사실 프랑스혁명은 두 가지 측면에 있어서 미국혁명에 비해 더 평등주의적이었다. 혁명 당시에 이미 여성의 권리가 제기되었으며 노예제 역시 일시적으로 폐지되었던 것이다. 그러나 전자는 곧바로 묵살당했고, 후자 역시 이후 나폴레옹(Napoléon)에 의해 복원되고 말았다.(Hunt, L. 1996)

프랑스혁명에 자극을 받은 영국의 급진주의자들은 과거의 권리 개념에 더 이상 의존하지 않고 인간(남성)의 권리(Rights of Man) 개념을 받아들였다. 그들이 추구하는 개혁은 역사적 전례가 없었던 것이었기 때문이다. 그 중에서도 토마스 페인(Thomas Paine)은 프랑스혁명의 의의를 보편화하기 위해서 가장 노력했던 사람이었다. 그는 인간(남성)의 권리 개념이야말로 '인류의 새 시대'를 약속하는 것이라고 역설하였다.(Dagger 1989: 301) 그에 따르면 인간(남성)의 권리란 인

---

\* 1787년 전쟁 등으로 프랑스 왕실재정이 파탄에 이르고 국왕 루이16세는 특권층에 대한 과세를 증액하겠다고 하자 이에 반발한 귀족들이 성직자, 귀족, 제3신분으로 이루어진 삼부회를 소집할 것을 요구한다. 1789년 5월 대의원선출로 이루어진 '삼부제'에서 제3신분들은 신분별투표제에 반발하여 '테니스코트'에 모여 새로운 헌법제정을 요구한다. 국왕이 '국민의회'를 구성하여 제3신분을 회유하려 하면서 한편으로는 군대로 진압하려 하자, 이에 반발한 시민과 농민들이 봉기를 일으키고 왕의 폭정을 상징하는 '바스티유 감옥'을 점령하기에 이른다. 이에 국민의회는 8월 4일 '앙시엥 레짐'(ancien régime, 구체제)의 종식을 선포하고 8월 26일 '인간(남성)과 시민의 권리선언'을 선포하기에 이른다. 이후 오스트리아, 프로이센 등 주변국들에서 혁명주의자들을 박해하기 시작했고 프랑스와 이들 국가간에 전쟁이 시작된다. 1793년 잇따른 전쟁 패배 와중에 프랑스 내부에서는 반혁명 운동이 전개되기 시작하였으나, 로베스피에르(Robespiérre)가 이끄는 공안위원회의 독재, 즉 공포정치로 분쇄된다. 이때 이전에 선언되었던 권리들은 무시된 채 수십만의 반혁명인사들이 숙청되었다.

간이 인간으로서 갖는 지위로 인하여 갖는 것이지, 사회나 국가로부터 받는 것이 결코 아니다. 국가는 개인들의 자연권을 보호하기 위한 도구로서만 가치가 있으며, 그러하기에 시민에게 의무도 요구할 수 있는 것이다. 페인이 주장하는 자연권 개념은 아주 강경한 개인주의 및 보편주의 개념이다. 인간(남성)의 권리는 모든 시간, 모든 장소에서 모든 사람이 갖는 권리라는 것이다.(Paine [1791-92] 1988: 171; Roshwald 1959: 347, 375-78) 한편 페인은 부의 불평등이 존재하는 현실을 부정할 수는 없지만, 자유로운 상업사회가 정치적 민주주의와 결합함으로써 개인의 권리와 공동선 양자를 모두 보장할 수 있을 것이라 믿었다. 또한 그는 정치의 기초는 각 개인이 가진 이성이라 강조하면서 로크보다 더 확고하게 국민주권을 옹호하였다. 하지만 역시 여성의 투표권은 전혀 고려하지 않았다.(Philp 1989; Dickinson 1977)

 페인은 역사에서 권리의 근거를 찾는 역사적 권리 개념은 지지하지 않았는데, 이는 역사의 특정 순간이 권리의 중요한 근거가 되고 다른 순간은 그렇지 않다고 말할 수 없기 때문이었다. 그렇다면 인간이 신의 창조물이라는 사실만이 인권의 기원을 설명할 수 있다는 것일까? 그에 따르면 모든 사람은 평등한 권리를 갖게 되면 필연적으로 타인들에 대한 의무를 다하도록 동기부여가 된다. 이는 권리를 갖는다는 것은 다른 사람의 권리를 존중해야 할 의무도 있다는 것, 즉 권리의 시스템은 필연적으로 의무의 시스템이라는 뜻이 된다. 페인은 권리의 근거가 신에 있다고 하였지만, 인간(남성)의 권리 개념에 대한 이론만큼은 인간의 이성에 바탕을 두고 구성하였던 것이었다. 이 이성이 바로 순수하게 비종교적인 개념으로서의 인권(human rights)의 바탕이 된다.(Paine [1791-92] 1988: 65-70, 114; Philp 1989)

 한편 페인은 시민사회*는 자연적으로 협력적이고 진보적인 것이며, 정부

---

* 17세기 영국에서 교회의 지배와 절대왕정에 대항하는 개념으로 처음 사용되었다. 이후 로크가 이론적으로 명확하게 만들었는데, 그는 자유롭고 평등한 개인이 사회계약에 따라 구

규제의 필요성은 제한적이라고 보았다. 반면에 국가는 본질적으로 강제력을 갖고 있다. 시민사회는 보다 복잡하고 강력해질수록, 스스로 국가의 약탈로부터 보호할 필요가 생기며 동시에 그렇게 할 능력 또한 갖추게 된다. 페인은 이러한 시민사회에서 개인이 자기이익을 추구하는 것은 정당하지만, 정치적 영역에서는 공동선에 따라야 한다고 보았다. 한편 페인은 역시 로크와 마찬가지로 합리성과 성실성에 차이가 나서 생긴 부의 불평등이라면, 그것은 받아들여야 한다고 보았다. 하지만 로크보다는 빈곤의 고통에 대해 더 많은 우려를 보였다. 『인간(남성)의 권리』(The Rights of Man)와 『토지분배의 정의』(Agrian Justice)에서 그는 진보적 세금제도에 의해 조달되는 공공복지제도를 제안했던 것이다. 페인은 서로 긴장관계를 갖고 있는 두 관점, 즉 재산권을 사회적인 것으로 보는 관점과 자연권이 시민권보다 우위에 있다고 보는 관점을 동시에 갖고 있었다. 그는 최소복지의 공공적 보장은 특정인의 자연권을 침해하는 것과는 거리가 멀고 모든 사람의 권리를 지속시키는 것이라고 주장했다. 훗날의 사회민주주의를 미리 생각해냈던 것이다.(Philp 1989: 68-72, 75-6, 83-91)

## 6. 자연권의 쇠퇴

18세기 말엽 자연권 개념은 보수주의와 급진주의 양쪽으로부터 비판을 받았다. 보수주의자들은 자연권 개념이 지나치게 평등주의적이며 체제전복적이라는 이유로 반대했다. 일부 급진주의자들은 부의 불평등을 지나치게 많이 인

---

성하는 사회를 시민사회라 정의하고, 이를 정부와 구별하였다. 또한 시민사회는 생명, 자유, 재산이라는 개인의 권리를 기초로 하며, 이를 수호하기 위한 시민적 결합이라고 정의하기도 하였다.

정한다고 반대하였다. 특히 프랑스혁명에서 드러난 폭력성을 보면서 보수주의자들은 자연권을 두려워하기까지 하였다. 철학적으로는 신학이라는 기반이 사라지면서 자연권 개념의 근거가 불분명해지는 문제가 생기기도 하였다. 영국의 경우 혁명으로 인해 자연권 개념에 대한 불신은 생겼지만 개혁운동까지 후퇴하지는 않았으며, 보수주의자들과 개혁주의자들은 각기 다른 이유로 자연권을 대신할 대안을 찾게 되었다.

예를 들어 에드먼드 버크(Edmund Burke)는 자연권 개념을 완전히 부정하지는 않았다. 생명, 자유, 양심, 노동생산물, 재산 그리고 법 앞에서의 평등에 관한 자연권은 인정하였다. 그러나 버크는 자연권 개념이 좋게 봐도 쓸데없는 형이상학적 추상개념이고, 나쁘게 보면 사회질서를 전복할 수도 있는 것이라고 여겼다. 그는 '진정한 인간(남성)의 권리'는 자연권이라기보다는 사회적인 권리라고 보았다. 그는 공공정책을 수립하는 데 있어 모든 추상적인 이론을 불신하였는데, 정치란 본질적으로 복잡한 상황에서 어떤 판단을 내리기 위한 현실적인 행동이라고 믿었기 때문이다. 따라서 프랑스혁명의 원칙이었던 인간(남성)의 권리는 극단적으로 단순화되고 교조주의적인 것이기 때문에 위험하다고 보았다.

버크는 자연법 이론은 받아들였지만, 자연권의 보편주의 개념은 국가와 문화의 다양성을 고려하지 않는다는 이유로 반대하였다. 하지만 문화상대주의는 폭정 하에 있는 사람들에게는 아무런 도움이 되지 않는다. 사실 버크는 아일랜드에서의 프로테스탄트 통치*와 같이 극심한 폭정으로 간주되는 사실들을 분석할 때에는 자연권 개념을 도입하기도 하였는데, 이는 눈여겨 볼 만한 일이다. (Waldron 1987: 83-94; Freeman 1980)

---

* 17세기 프로테스탄트혁명으로 권력을 장악한 크롬웰이 구교도인 아일랜드를 철저하게 진압하고 토지를 몰수하여 영국인에게 분배한 사건. 이후 영국인이 지주가 되고 아일랜드인은 비참한 소작농의 처지로 전락하고 '아일랜드의 빈곤'이 시작되었다. 오늘날 북아일랜드의 신구교간 갈등의 기원이 되었다.

제레미 벤담(Jeremy Bentham)은 버크보다 더 철저히 자연권 개념을 부정하였다. 그는 합리성에 기반하여 법률을 제정하고자 하였는데, 그러기 위해서는 모호하거나 가설적인 모든 개념을 제거해야 했고, 자연권이 바로 그러한 개념이었던 것이었다. 벤담에게 있어서 합리적 법률을 제정할 때 바탕이 되는 근거는 쾌락과 고통에 관한 사실들이다. 윤리학과 정치학의 목적은 최대다수의 최대 이익 혹은 공동선이며, 법적 권리는 공동선에 기여할 때에만 유효하다. 하지만 벤담은 자연권은 위험하고 터무니없는 발상이라고 주장했다. 자연권이 요구하는 것은 모호해서 객관적으로 평가될 수 없으며, 따라서 자연권을 둘러싼 분쟁은 폭력으로 해결되는 경향이 있기 때문이다. 이것이 바로 프랑스혁명 당시 인간(남성)의 권리가 주장되었지만 폭력 또한 공존했던 이유라는 것이다. 게다가 하나의 권리주장은 다른 권리주장과 충돌할 수 있기 때문에 절대적인 권리란 존재하지 않는다. 권리의 범위에 한계를 정한다면, 권리를 제한하고 권리주장 간의 충돌을 해결할 수 있는 명확한 기준이 생길 것이다. 하지만 자연권 이론은 권리를 제한할 명확한 근거를 제시하지 못한다. 벤담은 효용성(utility)의 원칙이 그 근거를 제시할 수 있다고 믿었다. 그는 또한 자연권 개념은 일부에서 유효한 원칙들을 성급히 일반화하여 만들어진 것이기 때문에, 자연권 담론은 그 단순한 교조주의로 인해 호소력이 있지만 위험하기도 하다고 주장한다. 그 위험성은 일반원칙을 이행할 때 복잡한 사회적 상황들 속에서 어떠한 결과가 발생할지를 따져보는 힘겨운 지적(知的) 작업을 거부했기 때문에 발생한 것이다. 특히 벤담이 생각하기에 모든 사람이 평등하게 권리를 갖는다는 주장은 말이 안 되는 것이었다. 당시에는 자연법 이론가들조차 아동은 성인과 권리가 동등하지 않다고 믿었으며, 여성, 흑인, 빈곤층 등에게도 평등한 권리를 인정하지 않았다. 벤담에 따르면 불평등이 일반선(一般善)에 끼치는 영향을 평가하고, 자연권적 접근이 가진 부조리를 피할 수 있는 방법은 효용성의 원칙을 사용하는 것이다.(Welch 1984: 193-4; Hart 1982: 82; Waldron 1987: 36, 38-9, 42-3)

벤담에게 유일한 권리는 법적 권리다. 자연권은 자연법에서 유래하는 것으로 가정을 하지만, 이것은 허구에 지나지 않는다는 것이다. 그는 자연권이 신정법 개념에서 떨어져 나오면서부터 그 근거를 둘 곳이 없어졌다고 주장하였다. 반면 효용성의 원칙은 법률이 좋은지 나쁜지를 평가할 수 있는 실질적이고 객관적인 기준이다. 그렇기 때문에 그는 효용성의 원칙을 받아들이고 자연권 개념은 버려야 한다고 주장하였다.(Waldron 1987: 35-7, 40; Welch 1984: 137-8)

19세기가 되자 영국과 프랑스에서는 자연권을 대신하여 공리주의가 개혁이론의 기반을 이루었다. 혁명 이전에는 프랑스인들도 영국인들처럼 자연권과 효용성이 상충되지 않는 개념이라고 생각했다. 그러나 혁명이 진행되면서부터는 자연권 개념이 무정부주의라는 관점으로 기울게 되었다. 한편 이데올로그(Idéologues)라고 알려진 일군의 철학자들은 인간(남성)의 권리 개념은 내팽개쳐 놓고, 행복 증진이라는 목적을 이루기 위해 마음의 과학(science of the mind)이 어떻게 사회를 재구성하는 기초가 될 수 있을지를 보여주려고 노력하였다. 그러나 그러한 심리학 이론으로는 그럴듯한 정치제도를 결코 만들 수 없었다.(Welch 1984)

이러한 심리학적 접근과는 달리 프랑스의 사회과학자들은 정치권력과 자연권에서 경제학으로 관심을 돌렸다. 자연권이 실패한 것을 경제과학이 이룰 수 있을 것이라 여겼던 것이다.(Welch 1984) 생 시몽(Saint-Simon)은 정치보다는 사회와 경제, 개인보다는 집단, 철학보다는 과학을 더 중시하고 과학에 기초하여 산업사회를 조직하기 위한 방안을 개발하였다. 자유주의 정치철학의 지식세계는 잊혀졌고, 재산에 관한 **권리**를 다루던 로크주의 이론은 물질생산에 관한 **법칙**을 추구하는 것으로 변형되었다. 또한 생 시몽주의자들은 산업주의라는 조건 하에서 공리주의를 이루려면 사회주의가 필요하다는 결론을 내렸다. 프랑스혁명 당시 자연권 신봉자들이 간과하였던 빈곤계층의 주장이 이제 조직화된 노동계급운동에 의해 변모된 것이다.

한편 칼 마르크스(Karl Marx)는 인간(남성)의 권리는 공동체로부터 격리된 이기적인 인간(남성)의 권리라고 주장하였다. 인간(남성)의 권리 개념은 사회가 개인의 외부에 존재하며 개인의 자연적 자유를 제한하는 것으로 간주하기 때문이다. 또한 마르크스는 인간(남성)의 권리가 보편적인 것처럼 보이지만, 실은 개인의 권리를 강조하면서 계급에 따른 사회구조적 불평등을 은폐하고 부르주아(Bourgeois) 계급의 이익만을 대변한다고 주장하였다. 더구나 각 개인들이 서로 실질적 혹은 잠재적인 적이라고 가정하는 것은 부르주아적 이기주의나 자본주의적 경쟁 상황 하에서만 사실일 뿐, 자연스럽거나 보편적인 것이 아니라는 것이다. 인간(남성)의 권리에서는 사회가 형성되기 이전에 존재하였을 자치적인 개인만이 자연스러우며, 정치활동은 단지 자연권을 보호하기 위한 수단이라고만 여긴다. 마르크스는 이러한 부르주아 권리 개념이 노동과 생산 그리고 부(富)가 인간복지에 얼마나 중요한지를 무시하고 있다고 주장하였다. 인간해방은 결국 사회경제적인 문제라는 것이다.(Waldron 1987: 126-32; Dagger 1989: 302-3) 하지만 마르크스는 공산주의 사회에서는 권리 개념이 필요 없을지 혹은 **부르주아** 권리 개념이 사라질 것인지에 대해서 명확하게 밝히지 않았다. 이것이 바로 20세기에 들어 드러난 마르크스 이론의 심각한 결점인데, 마르크스주의 이념을 국가적으로 채택하였던 강력한 공산주의 국가들이 발전해나가면서 개인의 권리에 대해서는 책임 있는 자세를 보이지 않았던 것이다. 그리하여 실제 공산주의 사회에서는 신(新)로크주의, 즉 국가의 권력남용으로부터 개인의 권리를 보호하고자 하는 관점이 정치적으로 중요한 역할을 하게 되었다.

19세기부터 20세기 초까지 사회학의 창시자 마르크스, 베버(Weber), 뒤르켕(Durkheim)은 근대 산업자본주의로 인해 일어나는 엄청난 사회변화를 지켜보면서, 그 변화를 일으킨 역사적 원동력을 이해하려고 하였다. 하지만 그 큰 그림 속에는 개인과 개인이 보장받아야 할 자연권이 빠져 있었다. 이들 사회학 창시자들은 어떤 면으로 보면 모두 신(新)아리스토텔레스주의자들이다. 사회를 과학적으로 이해할 수 있는 자연적 실체로 볼 뿐, 윤리원칙에 따라 그 형태가 결정될 수 있는 인간의 창작물로 보지 않기 때문이다. 설사 이들의 분석에서 권리 개념이 다루어진다 하더라도, 그것은 윤리적 및 정치적 행동을 이끄는 근본

철학의 범주로서가 아니라 사회과학으로 설명할 수 있는 이념적 구성체로서일 것이다. 이제 철학은 사회학이 대체하였고, 인간(남성)의 권리는 과학이 대체하게 된 것이다. 권리 개념은 미국헌법에나 살아남게 되었다. 토크빌(de Tocqueville), 밀(J. S. Mill), 베버와 같은 사상가들은 비인격적인 대규모 조직의 시대에서 개인의 자유는 어떻게 될 것인가에 대하여 우려하기도 하였다. 하지만 사회개혁을 위한 운동의 근거는 대체로 자연권이 아닌 공리주의에서 찾았다.(Waldron 1987: 17-18, 151-53) 다만 노동계급운동과 사회주의운동이 경제적 및 사회적 권리를 위한 투쟁에 필수적인 역할을 한 사실은 무시할 수 없을 것이다.

19세기 말에는 개인의 권리라는 개념이 살아남기는 하였지만, 권리를 옹호하는 이유는 자연권이어서가 아니라 공동선에 기여하기 때문이었다. 이것은 공리주의적 관점에서만 그러한 것이 아니라 헤겔(Hegel) 철학을 통해 전해진 신아리스토텔레스주의 관점에서도 마찬가지였다.(Dagger 1989: 303) 한편 인간(남성)의 권리라는 언어는 노예제, 소수민, 식민지배 등 현실의 특정 정치문제들과 관련한 논의에서 이따금씩 사용되었다. 또 프랑스에서는 인권연맹(Ligue des Droits de l' Homme)과 같은 근대 인권NGO의 초기형태라고 볼 수 있는 단체들이 설립되기도 하였다.(Waldron 1987: 154) 하지만 제1차 세계대전이 끝난 후 1919년 채택된 국제연맹* 규약(the Covenant of the League of Nations)에서는 인간(남성)의 권리에 대한 언급이 전혀 없었다. 인간(남성)의 권리는 나치주의가 대참사를 일으킨 이후에야 인권으로 되살아나게 된다.

------

* 제1차 세계대전 전승국을 주축으로 국제평화와 안전을 유지하고, 경제적 및 사회적 국제협력을 증진시킨다는 목적으로 1920년 설립된 국제기구. 1919년 1월 개최된 파리강화회의(파리평화회의)에서 집단안보와 국제분쟁 중재, 무기감축, 개방외교를 원칙으로 하는 연맹의 규약을 정하고 본부는 스위스 제네바에 두었다. 미국은 국제연맹의 설립에는 주도적이었으나, 이후 의회의 불승인으로 인해 국제연맹 규약에 가담하지 않게 되고 그 결과 연맹은 약화되었다. 1930년대 들어 독일, 이탈리아, 일본, 소련 등의 침략행위에 대하여 합당한 조치를 취하지 못하였고, 제2차 세계대전이 발발하면서 붕괴하였다. 이후 1946년 국제연합(United Nations)으로 새롭게 태어난다.

제3장
# 1945년 이후: 권리의 새 시대

## 1. UN과 인권의 부활

    1948년 12월 10일 UN총회가 세계인권선언(Universal Declaration of Human Rights)을 선포한 이래 인권은 현대정치에서 가장 중요한 개념 중 하나로 꼽히게 되었다. 지난 역사를 돌이켜보건대 오늘날의 이러한 현상은 놀라운 일이다. 그 이전까지만 해도 신망을 받지 못하고 서구적 개념으로만 여겨지던 인권이 전 지구적 개념으로 화려하게 부활하였기 때문이다. 프랑스혁명부터 제2차 세계대전까지가 인권 개념의 암흑기였다면, 이제 새로운 시대가 열린 것이다.

    이전에도 이미 오늘날 인권문제로 여겨지는 문제들에 국제적인 관심이 모이는 일들이 이따금씩 있었다. 노예매매 반대, 전쟁인도법(humanitarian laws of war), 소수민(minority) 보호, 여성해방 등을 위한 운동이 바로 그것이다.(Robertson and Merrills 1996: 15-23) 1890년에 노예무역을 종식하기 위한 국제협약이 체결되고, 1926년에는 노예제 철폐를 위한 협약이 초안되었다. 제1차 세계대전 이후에는 국제노동기구(International Labour Organization: ILO)가 노동자 권리에 관하여 일부 활동한 것들이나, 국제연맹(League of Nations) 규약에 소수민 보호에 관한 조항이 일부 포함된 것도 인권에 관하여 국제적으로 갖고 있던 관심이 표현된 것이라 할 수 있다. 하지만 국제연맹 규약조차 일부 국가에만 한정되어 적용되는 것이었다.(Donnelly 1989: 210; Thornberry 1991: 38-54) 인권이 부활하게 된 직접적인 계기는 제2차 세계대전 당시 나치가 저지른 잔학행위들이 알려지게 된 것이라 할 수 있다. 1942년 1월 1일 연합국 정부들은 국제연합(United Nations)을 선언함으로써 '인권과 정의를 수호하기 위하여' 전쟁에서의 승리가 필수적이라고 역설하였다.(Nickel 1987: 1; Morsink 1999a: 1) 19세기에 자연권 개념을 무너뜨릴 수 있었던 공리주의나 과학적 실증주의로는 제2차 세계대전 중에 보인 나치주의라는 끔찍한 현상을 적절히 설명할 수가 없었던 것이다. 대신 인권의 언어가 훨씬 더 적절하게 여겨졌다.

제2차 세계대전이 끝난 후, 그 전쟁을 통해 지켜내고자 했던 여러 원칙들에 따라 새로운 세계질서를 세우기 위하여 국제연합조직(United Nations Organization: UN)이 설립되었다. 남미와 서방국가, 제3세계의 작은 나라들은 UN이 인권에 대해 강력한 의지를 가져야 한다는 주장을 지지한 반면에, 강대국들 특히 미국과 소련은 여기에 반대하였다. 1945년 샌프란시스코 회의에서 마침내 작성된 UN헌장(Charter)에는 다수의 인권 조항이 포함되었는데, 이는 NGO들의 신념과 로비 덕분이었다.(Cassese 1992: 25-7; Alston 1992a: 126-7)

UN헌장의 전문에서는 UN의 주요목표 중 하나가 "기본적 인권, 인간의 존엄 및 가치, 남녀 및 대소 각국의 평등권에 대한 신념을 재확인하는 것"이라고 선언하고 있다. 또한 제1조에서는 UN의 주요목적 중 하나가 "모든 사람의 인권 및 기본적 자유에 대한 존중을 촉진하고 장려함에 있어 국제적 협력을 달성하는 것" 임을 밝히고 있으며, 제55조에서는 UN이 "인종, 성별, 언어 또는 종교에 관한 차별이 없는 모든 사람을 위한 인권 및 기본적 자유의 보편적 존중과 준수"를 촉진할 것을 규정하고 있다. 제56조에서는 UN의 모든 회원국들이 제55조에 규정된 목적의 달성을 위하여 UN과 협력하여 공동의 조치 및 개별적 조치를 취할 것을 규정하였다. 한편 제68조는 경제사회이사회(Economic and Social Council: ECOSOC)가 인권의 신장을 위해 위원회를 설치할 것을 규정하였으며, 그에 따라 세계인권선언을 초안할 인권위원회(Commission on Human Rights)*를 설립하였다. 또한 제62조는 경제사회이사회가 "인권 … 의 존중과 준수를 촉진하기 위하여 권고를 할 수 있다"고 명시하고 있는데, 세계인권선언은 이 조항에 따라 경제사회이사회가 총회에 권고하여 채택하고 선포한 것이다.(Robertson and Merrills 1996: 25-6; Morsink 1999a: 2-4)

그러나 헌장에는 위의 조항들을 제한하는 규정도 있다. 제2조 7항에서는 헌장의 어떠한 규정도 '본질상 어떤 국가의 국내 관할권 안에 있는 사항'에 간섭할 권한을 UN에 부여하지 아니한다고 규정하고 있다. 여기에 인권침해의 문제가 적용될 것인가의 여부는 인권과 관련한 법학과 정치학에서 가장 논란이 많은 주제 중 하나다. 하지만 국제사회가 충분한 의지를 갖고 단합하는 경우에는 이 조항이라도 인권을 위한 국제적인 행동을 가로막지 못한다. UN이 남아프리카공화국의 아파르트헤이트(apartheid)정책에 끈질기게 개입했던 사실이 그 예다. 실제로 UN총회에서 인권 문제를 토론할 때 제2조 7항에 의한 제약을 크게 받지 않았다. 또한 이 조항은 UN이 인권침해 사실을 조사하기 위한 여러 절차들이 만들어지는 것을 가로막지도 않았다. 비록 그 절차들이 실효성을 갖는 데 걸림돌은 되었지만 말이다.(Cassese 1992; Robertson and Merrills 1996: 31)

---

* 53개 위원국으로 이루어져 UN의 인권관련 사안에 대한 논의와 정치적 의사결정을 담당하는 기구. 2006년 6월 폐지되고 인권이사회(Human Rights Council)로 승격되어 대체되었다. 한편 시민적 및 정치적 권리에 관한 국제규약의 준수 여부를 감시하는 역할을 맡고 있는 시민적 및 정치적 권리 위원회(Human Rights Committee)와 구분된다.

## 2. 세계인권선언

　　세계인권선언에 대한 평가는 다양하다. 선언을 지지하는 이들은 흔히 준신성(準神聖) 문건으로 여기는 반면, 비판하는 이들은 어설픈 철학으로 만든 꼴사나운 문서에 지나지 않는다고 폄하하기도 한다. 그러하기에 세계인권선언이 어떻게 만들어졌는지를 살펴보는 것은 의미 있는 일이다. 당시 선언의 초안은 캐나다의 법학자 존 험프리(John Humphrey)가 여러 국가의 헌법을 비교연구한 결과에 바탕을 두고 작성하였다. UN인권위원회는 이 초안을 놓고 약 2년간 81차례의 회의를 거쳐 수정한 뒤 거의 만장일치로 최종안을 통과시켰다. 이 최종안은 UN총회의 사회, 인도 및 문화적 사안에 관한 제3위원회(Third Committee on Social, Humanitarian, and Cultural Affairs)로 넘어가 1948년 9월부터 12월까지 100차례가 넘는 회의를 거치며 검토되었다. 이 기간 동안 통틀어 1,233회의 투표가 이루어졌다. 결국 제3위원회는 최종적으로 찬성 21, 반대 0, 기권 7로 선언을 통과시켰다. 세계인권선언은 다시 UN총회로 넘어와 1948년 12월 10일 48개국 찬성, 8개국 기권(6개 공산국가와 사우디아라비아, 남아프리카공화국)에 반대표 없이 채택되었다. 결국 세계인권선언은 대부분의 UN회원국들이 대부분의 조항에 서명한 것으로 볼 수 있다. 단, 당시의 UN회원국들이 주로 유럽과 북미, 남미의 국가들이었으며, 아프리카와 아시아 국가는 소수에 지나지 않았다는 한계가 있지만 말이다.

　　세계인권선언의 초안을 작성하고 통과시키는 데 주도적 역할을 했던 국가들 중 일부는 식민제국이었다. 그리고 당시 세계인구 중 다수가 식민지배하에서 살고 있었다. 선언이 채택된 이래 오늘날 UN회원국의 수는 3배가 넘게 증가하였으며, 새롭게 가입한 회원국들의 압도적인 대다수가 아프리카, 아시아의 국가들이다. 그리하여 세계인권선언이 이들 국가에도 적용될 수 있는가의 문제가 제기되기도 하였다. 이와 관련하여 1948년 당시 UN의 회원국 중에는 자본주의국가와 공산주의국가가 있었고, 부유한 국가와 가난한 국가들이 있었으며(미국과 에티오피아 등), 크리스트교, 이슬람교, 힌두교, 불교 국가들도 있었다는 점을 주목할 필요가 있다. 비록 서방국가들과 남미국가들이 지배적이었다는 사실은 인정해야 하지만 말이다.(Morsink 1999a; Cassese 1992)

당시 여러 국가들이 세계인권선언을 채택한 이유가 무엇이었느냐와 그들이 어떤 속성이나 동기로 그렇게 했었느냐를 혼동하지 않아야 한다. 세계인권선언은 나치의 잔학행위와 같은 일이 반복되는 것을 막고자하는 의도로 만들어진 것이다. 이것은 전문 둘째 단락에 특히 잘 표현되어 있는데, "인권에 대한 무시와 경멸이 인류의 양심을 격분시키는 만행을 초래하였다"라는 것이 그것이다. 인권위원회는 UN회원국들의 종교적·철학적·이념적 다양성을 인식하였기 때문에 인권의 철학적 근거에 대해서는 관심을 보이지 않았다. 하지만 나치주의가 이론에서나 실제에서나 인권을 침해하였다는 점을 감안한다면, UN은 나치주의 이념에 반대하여 인권의 개념을 채택한 것이며 이것은 일종의 신로크주의 정치이론에 대한 확신을 분명히 내포한 것이다. '자연권'(natural rights)을 '인권'(human rights)이라는 용어로 대체한 것은 이전에 권리의 기반을 자연에 두어서 발생하였던 철학적 논란을 불식시키고자 하는 의도에서였을 것이다.(Morsink 1999a: 283, 294-6, 300-2) 세계인권선언은 전통을 가졌지만 논란의 여지가 많았던 자연권이라는 기반을 배제하였다. 하지만 그것을 대신할 새로운 기반은 전혀 제시하지 않았다. 이것은 근본적인 가치나 신념에 대한 합의를 구하는 과정을 생략함으로써 **규범**(규칙)에 대한 합의를 이끌어낼 수 있게 하려는 전략에 따른 것이었다.(Nickel 1987: 9) 그러나 인권이라는 개념이 서구 자유주의 전통 안에 있는 로크의 자연권 개념과 상당히 유사한 것은 사실이며, 그로 인해 세계인권선언은 서구적이며 자유주의적이라는 이중의 논란거리를 안게 되었다. 하여간 인권은 영향력도 있고 많은 사람들에게 호소력도 갖는 개념이지만, 철학적으로는 근본이 없는 개념이다.(Waldron 1987: 151, 166-209) 사실 **어떤** 개념이든 그 철학적 '기반을 찾는 것'은 지독히도 어려운 일이다. 그리고 어떤 개념이 철학적으로는 논란의 여지가 많더라도, 도덕적이나 정치적으로는 유용할 수도 있다. 나치에 용감하게 저항했던 이들이 자신들의 행동에 철학적 근거가 없이 그렇게 했을 수도 있겠지만, 그렇다고 나쁠 건 없지 않겠느냐는 말이다.

사실 세계인권선언이 일정 정도 서구에 편향되었다는 점은 여러 부분에서 확인할 수 있다. 의무보다는 권리를, 집단의 권리보다는 개인의 권리를 그리고 경제적, 사회적 및 문화적 권리(economic, social and cultural rights)보다는 시민적 및 정치적 권리(civil and political rights)를 더 강조하고 있다든지, 제국주의의 문제점에 대한 명시적 우려 표명이 부족하다는 점 등이 그러한 부분이다.(Cassese 1992: 31) 하지만 세계인권선언은 노동권, 건강권, 교육권 등 몇몇 산업국가가 19세기와 20세기 초반에 이미 획득한 경제적 및 사회적 권리들은 분명히 포함하고 있다.

한편 세계인권선언은 국가에 법적 의무를 부과하려고 의도하지는 않았으며, 대신 국가가 실현하기 위해 애써야 하는 목표들을 제시하려고 했다. (Robertson and Merrills 1996: 28-9) 여하간 세계인권선언은 역사적인 문서다. 한눈에 보아도 보편적이라는 주장이 타당할 만한 도덕적 및 정치적 원칙들로 이루어진 최초의 선언이다.(Morsink 1999a: 33) 로크의 이론이나 프랑스의 인간(남성)과 시민의 권리선언은 원칙적으로만 보편적이었지만, UN의 세계인권선언은 전 세계 정치적 세력들의 공인을 받은 것이었다. 그 철학적 한계가 어떠하건 간에 이 선언은 법률적 및 정치적으로 영향력이 컸다. 제2차 세계대전 이전까지는 인권에 관한 국제법이 거의 없었던데 반해, 오늘날에는 200여 개에 달하는 인권관련 법률문서들이 존재한다. 그 중 65개의 문서가 자기정당성의 근거를 세계인권선언에서 찾는다. 또한 국제운동과 수많은 국내운동 그리고 압제, 부정, 착취에 저항하여 투쟁하는 정치활동가들이 이 문서에 바탕을 두고 활동하고 있는데, 세계인권선언은 이러한 운동의 활동근거를 제공하기도 한다.(Morsink 1999a: xi-xii, 20)

세계인권선언 제1조에서는 모든 인간은 태어날 때부터 자유로우며 그 존엄과 권리에 있어 동등하다고 선언하였다. 또한 인간은 천부적으로 이성과 양심을 부여받았으며 서로 형제애의 정신으로 행동하여야 한다고 하였다. 이 조항은 로크와 프랑스혁명의 흔적을 보여주지만, 낡은 자연권 이론이라고 할 수만은 없다. 파시즘(Fascism)에 대항하는 자유주의의 반격으로 볼 수 있기 때문이다.(Morsink 1999a: 38) 제2조에서는 모든 사람은 "인종, 피부색, 성, 언어, 종교, 정치적 또는 기타의 견해, 민족적 또는 사회적 출신, 재산, 출생 또는 기타의 신분과 같은 어떠한 종류의 차별이 없이" 이 선언에 규정된 모든 권리와 자유를 향유할 자격이 있다고 밝힌다. 이 조항에서는 과거 자연권 사상가들이 그토록 회피하려고 했던 인권 개념의 평등주의적 관점을 명시적으로 표명하였으며, 또한 나치의 인종주의 이데올로기에도 정면으로 반대하였다.(Morsink 1999a: 39) 이 제2조는 제7조에서 더욱 정교화되는데, 여기서는 모든 사람은 법 앞에서 평등하며 어떠한 차별도 없이 법의 동등한 보호를 받을 권리를 가진다고 규정한다.

제3조부터 제5조까지는 흔히 '신체보전권'(personal integrity rights)이라고 불리는 권리를 다루고 있다. 제3조에서는 전통적인 생명과 신체의 자유 및 안전에 대한 권리를 재확인한다. 제4조는 노예제도와 노예상태, 노예매매를 금지한다. 제5조에서는 고문과 "잔혹하거나 비인도적이거나 굴욕적인 처우 또는 형벌"을 금하고 있다. 고문은 오늘날 세계적으로 널리 비난 받는 제도지만, 동시에 널리 시행되고 있는 제도이기도 하다. 한편 "잔혹하거나 비인도적이거나 굴욕적인 처우 또는 형벌"이라는 문구의 해석에 관하여는 논란이 일기도 한다.

제6조부터 제12조까지는 법적 권리를 다룬다. 이 조항들은 일반적으로 논란이 되지는 않지만, 그것이 실제에 있어서 어떻게 적용되는가는 문제가 된다. 한편 이 조항들과 관련하여 법적 권리와 사회적 및 경제적 권리 사이의 균형의 문제에 관하여 비판하는 이들도 있다. 세계인권선언은 서구의 권리 역사로부

터 지나치게 많은 영향을 받았다. 그 결과 사인(私人)이 국가에 대항하여 법적으로 어떠한 권리를 보호받아야 할지를 중요시하였을 뿐, 삶의 존엄성을 지키는 데 어떻게 긍정적인 기여를 할 것인가는 중요하게 다루지 않았다는 것이다.

제14조에서는 모든 사람은 박해를 피하여 다른 나라에서 비호(asylum)를 구하거나 비호를 받을 권리를 가진다고 선언하고 있다. 이 조항은 유대인에 대한 나치의 만행에 영향을 받아 만들어진 것이다. 그러나 비호를 구하고 받을 권리는 최근 가장 중요하고도 논란이 많은 인권관련 주제 중 하나가 되었다. 여러 종류의 심각한 인권 침해로 인해 대규모 난민이 발생했으나, 인권 보호를 내세우는 여러 국가들조차 외국인에게 제14조 인권을 보장하는 일은 꺼리고 있기 때문이다.

제16조에서는 성인 남녀는 인종, 국적 또는 종교에 따른 어떠한 제한도 없이 혼인하고 가정을 이룰 권리를 가진다고 명시한다. 그들은 혼인에 대하여, 혼인기간 중 그리고 혼인해소 시에 동등한 권리를 향유할 자격이 있다. 혼인은 장래 배우자들의 자유롭고 완전한 동의 하에서만 성립된다. 이 조항은 혼인에 대한 자유주의 관점을 따른 것이며, 나치의 인종주의 결혼법에 반대하는 것이다. 하지만 가족과 관련한 개념은 대부분의 종교윤리에서 핵심에 있는 것이기 때문에 혼인에 관한 이러한 자유주의적 권리 개념은 여타의 문화들, 특히 '정략혼'(arranged marriage)을 인정하는 문화 속에서는 상당한 긴장관계를 발생시키게 되었다. 제16조 3항에서는 가정이 "사회의 자연적이고 기초적인 단위이며, 사회와 국가의 보호를 받을 권리가 있다"고 역설한다. 이 조항은 세계인권선언에서 보기 드물게 집단권을 다루고 있는데, 나치의 가족정책을 생각하면 이

---

\* 나치정권은 독일의 가족 형태를 이상화하면서 많은 자녀를 둘 것을 적극 장려하였다. 나치주의에 따르면 여성은 4명 이상의 자녀를 두어야 하며, 직장을 갖는 대신 가정을 유지해야 할 의무가 있다. 또한 여성은 남성에 절대적으로 복종하며 경제적으로 종속되어야 하는 존재다. 이러한 정책은 독일민족 우월주의에 바탕을 둔 우생학적 관점을 따른 것으로, 독일인의 수를 늘리기 위한 것이었다. 나치는 가족을 전쟁준비를 위한 동원 수단으로 생각하였던 것이다.

해할만한 것이다.* 하지만 가족은 다른 모든 집단체가 그러한 것처럼 인권을 침해하는 집단이 될 수도 있는데, 여성에 대한 가정폭력이나 아동학대 등이 그러한 예다. 결국 이 제16조 3항은 처음에 의도했던 것과는 달리 많은 문제를 일으킨 조항이 되었다.

역사적으로 권리 개념은 재산 개념과 긴밀하게 연관되어 왔다. 19세기에 등장한 사회주의 운동은 이러한 관계에 대해 문제를 제기했다. 그 영향으로 세계인권선언 제17조에서는 모든 사람은 단독으로뿐만 아니라 다른 사람과 공동으로 재산을 소유할 권리를 가지며, 어느 누구도 자의적으로 자신의 재산을 박탈당하지 아니한다고 규정하였다. 이것은 비교적 약한 형태의 재산권으로, 재산소유와 관련한 기존의 다양한 체제와 병존할 수 있는 형태다.

제18조에서는 모든 사람은 '사상, 양심 및 종교의 자유'와 '선교, 행사, 예배 및 의식에 의하여 자신의 종교나 신념을 표명하는 자유'에 대한 권리를 가진다고 말하고 있다. 이 권리는 역사적으로 가장 기본적인 자유권 중 하나다. 그러나 어떤 종교가 인권조항 중 일부를 존중하지 않는다면 제18조와 다른 조항에 나열된 권리들이 서로 충돌하는 문제가 발생할 수 있다. 한편 세계인권선언 제19조는 모든 사람은 표현의 자유를 가진다고 선언하고 있는데, 이것은 앞의 경우와 같이 법 앞에서의 평등을 규정하고 있는 세계인권선언 제7조와 충돌할 수도 있다. 법 앞에서의 평등에는 차별을 선동하는 행위로부터 평등하게 보호받을 권리도 포함되어 있기 때문이다. 이른바 혐오발언(hate speech, 특정 집단에 대한 혐오나 경멸의 표현을 담은 발언)을 표현의 자유에 대한 권리를 침해하지 않으면서 불법으로 규정할 수 있느냐의 문제와 같은 것이 그 예다.

세계인권선언은 흔히 이전의 권리선언들에 크게 빠져있었던 경제적 및 사회적 권리를 포함시켰다는 점에서 혁신적이라는 평가를 받는다. 그러나 제2장에서 이미 지적한 것처럼 경제적 권리라는 발상은 흔히 생각하는 것보다 훨씬 더 오래전부터 등장하였다. 후기 중세 크리스트교 사상에서 이미 생존권 개념이 등장했던 것이다. 또한 19세기 노동계급운동은 비록 전형적인 자연권의 언어를 쓰지는 않았지만, 다수의 경제적 및 사회적 권리를 요구하여 그것을 확보해냈다. 한편 국제노동기구(ILO)는 제2차 세계대전이 일어나기 이전인 1919년에 이미 설립되어 공정하고 인간적인 노동조건을 위해 활동하였지만, 제2차 세계대전이 끝난 이후까지도 스스로의 활동과 관련하여 '인권'의 언어를 사용하지 않았다. 그러나 일부 ILO 협약은 공식적인 인권협약으로 분류되는데, 결사의 자유, 노동조합을 조직할 권리, 강제노동 금지, 고용차별 금지 등을 다루는 협약들이 그것이다. 또 최근 ILO는 노동권 보호를 위해 시민적 및 정치적 권리가 중요하다는 점을 더욱 강조하기도 한다. 한편 일부에서는 ILO가 세계인권선언에 포함된 공정한 노동조건에 대한 권리의 이행을 추구하므로, ILO의 모든 업무가 인권에 관한 것이라고 주장하기도 한다.(Leary 1992: 582-84)

경제적, 사회적 및 문화적 권리는 UN헌장에서 이미 거론되었다. 제55조에서 UN은 보다 높은 생활수준, 완전고용 그리고 경제적 및 사회적 진보와 발전의 조건을 촉진하며, 국가간의 평화롭고 우호적인 관계에 필요한 안정과 복지의 조건을 창조하기 위하여 문화 및 교육상의 국제협력을 촉진할 것이라고 명시하였다. 당시 파시즘의 부활을 막고 UN의 목적을 촉진시키는 데 경제적, 사회적 및 문화적 권리가 필수적이라 여겨졌기 때문에 이후 세계인권선언에도 포함된 것이다. 이렇게 경제적 및 사회적 권리를 인정했다는 사실은 자유주의 권리 전통과 사회주의 전통이 결합되었다는 것을 뜻한다.

세계인권선언 제22조에서는 모든 사람이 '국가적 노력과 국제적 협력을 통하여' 그리고 '각 국가의 조직과 자원에 따라서' 자신의 존엄과 인격의 자유로운 발전에 불가결한 경제적, 사회적 및 문화적 권리들을 가진다고 선언하고 있다. 제25조에서는 모든 사람이 의식주, 의료 및 필요한 사회복지를 포함하여 자신과 가족의 건강과 안녕에 적합한 생활수준을 누릴 권리와, 실업, 질병, 장애, 배우자 사망, 노령 또는 기타 불가항력의 상황으로 인한 생계 결핍의 경우에 보장을 받을 권리를 가진다고 명시하였다. 여기서 제22조에서는 경제적, 사회적 및 문화적 권리의 실현은 각 국가의 자원에 따른다고 하고 있지만,

제25조에서는 그렇지 않다는 것을 볼 수 있다. 경제적 및 사회적 권리를 비판하는 이들은 많은 국가들이 그 권리를 이행할 자원이 부족하므로, 권리를 이행할 의무도 가질 수가 없으며, 마찬가지로 이들 자원에 대한 인권 또한 존재할 수가 없다고 주장한다. 한편 제24조에 포함된 '정기적인 유급휴가'에 대한 권리는 종종 비웃음거리가 되기도 하는데, 이는 단지 일부 한정된 사회조건에서만 적용될 수 있는 권리를 보편화하려고 했기 때문이다. 이렇게 인권과 여타의 권리를 구분하는 것은 어려운 일이다.

과거 국제연맹 시절에는 소수민 권리 레짐(regime)이 존재하였다. 그러나 UN은 소수민 보호에 관한 소위원회(Sub-commission on the Protection of Minorities)를 설치하면서도, 세계인권선언에는 소수민의 권리를 포함시키지 않기로 결정하였다. 차별금지에 관한 조항을 제외하고, 세계인권선언에서 그나마 유일하게 소수민에 관하여 언급한 조항은 제27조다. 모든 사람은 '공동체의 문화생활에 참여할' 권리를 가진다는 것이다. 그러나 이것도 '공동체'가 국가공동체를 뜻하는지 아니면 소수민 공동체까지 포함하는 것인지가 모호하다. 결국 실제로 소수민들에게는 그다지 도움이 되지 않는 것이다. UN은 이후 문화적 소수민들의 문제를 시민적 및 정치적 권리에 관한 국제규약(International Covenant on Civil and Policital Rights: 1966) 제27조와 소수민 권리선언(1992)* 등에서 다루게 된다. 제6장에서 다루겠지만, 인권보호 시스템 내에서 소수민 권리가 어떠한 위치에 있는지는 여전히 논란이 많은 부분이다.

인권은 흔히 불가분적(indivisible)이고 상호의존적(interdependent)인 것이라고 한다. 그러나 이러한 주장은 신중하게 분석해볼 필요가 있다. 모든 권리를 존중하지 않은 채 하나의 권리만을 존중하는 것이 가능하다는 점에서 보면 인권

---

* 민족적 혹은 종족적, 종교적 및 언어적 소수민에 속하는 사람들의 권리에 관한 선언
  (Declaration on the rights of Persons Belonging to National or Ethnic, Religions and Linguistic Minorities)

은 분명히 가분적(可分的)이다. 또한 아무런 권리들을 침해하지 않은 채 단 하나의 권리만을 침해할 수도 있다는 점에서 보면 인권은 완전히 상호의존적이지도 않다. 예를 들어 표현의 자유에 대한 권리는 침해하면서 주거권을 존중하는 것이 가능한 것이다. 하지만 세계인권선언에 규정된 권리들이 불가분적이며 상호의존적인 면도 있다. 세계인권선언은 다른 권리를 위해서 어떤 권리가 침해되는 것을 허용하지 않기 때문이다. 또 어떤 권리는 다른 권리와 개념적으로 연결되어 있기 때문이기도 한데, 제2조와 제7조 모두 평등을 요구한 것이 그러한 예이다.(Morsink 1999a) 시민적 및 정치적 권리와 경제적, 사회적 및 문화적 권리 사이의 관계는 불가분성과 관련하여 중요한 문제점들을 발생시켰다. 특히 이 두 종류의 권리가 1966년 UN규약으로 구현될 때 두 개의 규약으로 분리되면서 더욱 그러하게 되었다. UN 스스로도 그렇고 인권NGO들도 최근까지 시민적 및 정치적 권리만을 인권으로 해석하였고, 경제적 및 사회적 권리는 '개발'(development)이라는 개념 아래에서 다루어왔다. 종종 두 종류의 권리를 놓고, 시민적 및 정치적 권리는 비용이 적게 드는 반면에(고문을 중단시키는 데는 비용이 들지 않는다) 건강권과 같은 경제적 및 사회적 권리에는 비용이 많이 든다는 사실로 구분하기도 한다. 그러나 이것은 지나친 일반화다. 시민적 권리라 하더라도 공정한 재판을 받을 권리 같은 경우에는 비용이 많이 든다. 또한 경제적 및 사회적 권리 중 식량권은 때때로 정부의 규제를 축소함으로써 더 잘 보호되기도 한다. 결국 이는 식량권 보호를 위해 국가경제가 져야 할 재정부담을 줄임으로써 그 권리를 오히려 더 잘 보호할 수도 있다는 것이다. 이렇듯 권리 간의 개념적 및 경험적 관계는 사실 매우 복잡하다. 여기에 대해서는 제4장에서 보다 깊이 있게 다룰 것이다.

　　인간의 권리 개념에 대한 일반적인 비판 중 하나는 이 개념이 인간의 **의무**에 대한 강조를 간과하여 이기심과 사회갈등을 조장한다는 것이다. 세계인권선언 제29조 1항에서는 모든 사람은 "그 안에서만 자신의 인격이 자유롭고 완전하게 발전할 수 있는 공동체에 대하여 의무를 가진다"라고 명시하고 있다. 2

항에서는 다른 사람의 권리를 보장하고 "민주사회의 도덕, 공공질서 및 일반적 복리에 대한 정당한 필요"에 부응하기 위하여 인권의 제한을 허용하기도 한다. 그렇지만 이 조항은 극히 모호하다. 그래서 인권 개념이 의무의 중요성은 과소평가한다는 이유로 세계인권선언에 대한 반발을 불러일으키기가 쉽다. 이러한 반발에 대해 재반박할 수도 있겠지만 여기에는 신중한 논리가 필요하다. 사실 이런 면에서 세계인권선언은 그러한 논리를 개발하는 데 별로 도움을 주지 못한다.

사실 세계인권선언에 표현되어 있는 UN의 인권 개념은 그 철학적 정당성에 관한 딜레마에 빠져있다. 인권 개념에 철학적 정당성을 부여하려고 하면, 권리에 관한 모든 철학 이론이 그러했듯이 분명히 논란 거리가 될 것이고, 철학적 정당성이 부여되지 않으면, 그 도덕적 영향력을 잃어버리게 된다. 세계인권선언은 이러한 딜레마를 회피하면서, 인권 개념이란 철학적인 논란을 뛰어넘는 어떤 것이라고 넌지시 비치기만 하였다. 한편 일부 법률가들은 법실증주의를 통하여 이러한 딜레마를 해결하려고 한다. 인권법이란 그 철학적 위상이 어떠하든 이미 법률이라는 것이다. 그러나 이는 올바른 해결책이 아니다. UN의 인권 개념은 법률 이전에 존재하는 것으로, 자연권의 전통 속에 있는 것이기 때문이다. UN헌장에 따르면 UN은 인권에 대한 신념을 '재확인' 할 것을 다짐하였을 뿐이다. UN의 바탕에 깔린 정치 이론을 살펴보면 인권법은 인권을 법제화한 것이지 인권의 근원이라고 할 수는 없으며, 세계인권선언은 자연권 개념을 현대적으로 부활시킨 것으로 보아야 한다. 하지만 인권이 주장하는 바가 철학적으로 어떻게 정당성을 갖는지는 여전히 불명확한 것으로 남게 되었다.

한편 도널리는 세계인권선언이 이행되기 위해서는 비교적 구체적인 제도 체계가 필요한데, 그것은 바로 자유민주주의 복지국가라고 주장한다.(Donnelly 1998: 155) 하지만 여기서 다시 생기는 문제는 자유민주주의 복지국가라는 제도를 누릴 권리가 존재할 수 있는가 하는 것이다. 이러한 권리에 대해서는 그 제도가 잘 만들어진 사회에서조차 논란이 되고 있다.(Parekh 1999) 이 문제는 다시 '문화상대주의'의 문제와 이어지는데, 이에 대해서는 제6장에서 자세히 다룰 것이다.

세계인권선언은 하나의 선언문이다. 철학논문이나 세계를 구제할 사회정책이 아니다. 대중들을 위해 대체로 쉬운 언어로 씌어졌으며, 따라서 정책수립을 위한 지침으로서는 지나치게 단순화된 것일 수밖에 없다.(Morsink 1999a) 세계인권선언의 바탕에 깔린 원칙들을 설명 및 평가하고 그 영향력을 경험적으로 조사하고 난 뒤에 그 가치를 판단해야 할 것이다. 이것이 바로 이제부터 우리가 착수할 작업이다.

## 3. 이론에서 실천으로

### 냉전

세계인권선언은 하나의 선언일뿐이다. 이 선언에는 그 이행에 대한 조항이 전혀 없다. 모든 사람에게 권리가 돌아갔지만, 그 권리를 존중받기 위해 누가 무엇을 해야 할 의무가 있는지에 대해서는 거의 밝히지 않고 있다는 것이다. 1948년 UN은 주권국가(sovereign states)와 인권을 지키기로 다짐하였다. 그러나 만일 주권국가가 인권을 침해하게 되면 어떻게 해야 할지를 정할 수가 없었다. 당시 거의 모든 정부가 세계인권선언이 법적구속력이 없다고 주장했다. 노예제와 집단살해 그리고 외국인의 권리를 심각하게 침해하는 문제를 제외하고는 국제법에서 특정한 인권침해의 내용을 불법으로 규정하는 경우가 전혀 없었다. UN은 정부대표들로 구성된 인권위원회를 설립하였다. 초기의 위원회의 임무는 대체로 조약과 기타 법률문서들을 초안하는 데 국한되어 있었으며, NGO의 접근은 제한되어 있었다. 1947년 경제사회이사회(Economic and Social Council)는 인권위원회가 인권침해 문제에 대응할 수 있는 어떠한 권한도 전혀 없다고 선언하였다. 매년 수천 통씩 UN에 쏟아지는 청원들을 접수하기 위한 절차가 만들어졌지만, UN인권사무국장은 이를 '세계에서 가장 공들여 만든 휴지통'이라고 묘사했다.(Alston 1992a: 128-9, 140-1; 1994: 375-6; O' Donovan 1992: 117) 1948년부터 1960년대 후반까지 UN 혹은 '국제사회'가 인권보호를 위해 효과적인 행동을 취할 수 있는 능력은 극도로 부족하였다.(O' Donovan 1992: 119; Alston 1992a: 139)

1948년 이후 국가들이 인권에 관한 국제법규를 제안하기를 더더욱 꺼리게 된 것은 냉전 때문이었다. 세계인권선언에도 불구하고 1950년대 국제정치에서 인권은 주변부로 밀려나는 신세가 되고 말았다. 냉전의 양대 축이었던 미국과 소련은 서로 더 나은 프로파간다(propaganda)를 만들기 위해 인권 개념을 이용했을 뿐이었다. 한쪽에서는 대규모 인권침해에 직간접적으로 관여하면서 말이다. 결국 구속력 있는 인권조약을 도입하려던 애초의 계획은 1960년대 중반까지 미뤄지게 되었다.*

1960년대에 들어 전 세계적으로 퍼진 탈식민화(decolonization) 운동 덕분에 다수의 신규회원국들이 UN에 대거 가입하게 되었다. 이들은 인종주의 반대, 탈식민화, 자기결정권(right to self-determination) 등 새로운 주제를 인권 의제에 포함시키려 하였다. 1965년에는 UN총회에서 모든 형태의 인종차별 철폐에 관한 국제협약(International Convention on the Elimination of All Forms of Racial Discrimination)이 채택되었다. 새로운 국가들이 UN에 들어오자 새로운 운동이 도입되기 시작한 것이다. 하지만 당시의 운동은 매우 선별적이었으며, 특히 남아프리카공화국,

---

* 세계인권선언 초안 당시 초안위원회에서는 선언의 형태가 아니라 처음부터 구속력 있는 권리장전으로 만들자는 의견도 있었다(영국). 하지만 그렇게 될 경우 국내에서 생길 수 있는 반발을 우려한 미국의 반대로 선언 형태로 채택되었다. 대신 권리장전의 완성을 위한 국제법 제정은 이후로 미루기로 합의하였다.

이스라엘, 칠레가 특별한 주목을 받았다. UN에서 인권 관련 활동이 늘자 그에 따른 인권의 정치로 인해 오히려 인권의 보편성은 위험에 처한 것이다.

그러나 당시의 이러한 활동들이 선례가 되어 이후에는 보다 확장된 모습으로 발전할 수 있었다는 점에서 보편주의운동을 진전시켰다고 볼 수도 있다. 예를 들어 1965년에 열린 UN 탈식민화 특별위원회(Special Committee on Decolonization)는 남부아프리카의 상황과 관련하여 UN에 접수된 청원들을 인권위원회가 처리하도록 요구하였다. 그러자 경제사회이사회는 인권위원회가 '모든 국가에서 벌어지는' 인권침해를 검토할 것을 요구하기에 이른다. 1966년 UN총회는 '인권의 침해가 어디서 벌어지든지 관계없이 그것을 중단시킬 수 있도록 국제연합의 역량을 향상시킬 수 있는 방법과 수단을 긴급히 검토할 것을' 경제사회이사회와 인권위원회에 요구하였다. 이로 인해 두 가지의 새로운 절차가 채택되기에 이르렀다. 1967년에는 경제사회이사회 결의 1235호가 통과되어 인권위원회가 특정 국가에서 발생하는 인권침해에 대하여 논의할 권한을 갖게 되었다. 그리고 1970년에는 1503호 결의에 따라 만들어진 새로운 절차를 통하여 '지속적인 형태로 대규모 인권침해가 발생하고 그 사실의 신뢰성이 입증되는' 것으로 보이는 상황이 발생했을 때, 해당 정부와 함께 비공개적으로 그 상황을 추적할 수 있게 되었다. 당시 식민지독립국들은 인권위원회가 인종주의 문제를 다루기를 원했으며, 공산주의국가들은 그것을 이용해 서방국가들을 난처하게 만들 수 있을 것이라 생각했다. 한편 서방국가들은 인종주의를 용인하는 것처럼 보이고 싶지는 않았지만 그렇다고 인종주의 문제가 국제인권논의를 주도하도록 내버려두고 싶지도 않았다. 결국 냉전과 제3세계의 정치가 UN인권위원회로 하여금 새로운 절차와 보다 광범위한 권한을 갖게 해주는 결과를 낳은 것이다.

1970년대 UN인권위원회는 1235절차를 수행하는 데 있어 매우 선별적이었다. 예를 들어 남아프리카공화국, 이스라엘 점령지역, 칠레* 등에는 많은 관심을 보였으나, 동파키스탄(오늘날 방글라데시)*, 우간다, 중앙아프리카제국‡, 캄보디아, 동티모르†, 아르헨티나‡, 우루과이††, 브라질 등 많은 곳에서 벌어지고 있던 대규모 인권침해에 대해서는 대응하지 않았다. 인권위원회의 1235절차에 따른 활동은 1980년대에 들어서야 상당한 정도로 확대되었다.

  오늘날 UN인권위원회는 여전히 정치적 균형이 부족하다는 비판을 받는다. 하지만 과거에 비하면 그 활동영역은 훨씬 넓어진 것이다. 이것은 결의안

---

* 1973년 피노체트는 당시 아옌데가 이끄는 사회주의 정권을 쿠데타로 무너뜨리고 집권하였다. 이후 민주세력과 사회주의자들을 분쇄하기 위해 3년간 3만여 명 이상을 체포, 고문, 살해하였다. 1989년 실권하였으며, 현재 유럽 각국들이 피노체트를 인도에 반하는 범죄로 기소하여 재판이 진행 중이다.

: 1947년 인도와 파키스탄이 독립한 후로 파키스탄이슬람공화국의 동파키스탄주를 이루고 있었으나, 이후 벵골인의 자치운동이 계속되었다. 독립을 주장하던 아와미 연맹이 1970년 총선에서 압승하자 파키스탄군에 의한 유혈진압이 발생하였고, 내전 끝에 동파키스탄은 1972년 벵골의 나라라는 뜻인 방글라데시로 독립하였다.

‡ 오늘날 중앙아프리카공화국. 1960년 프랑스로부터 독립, 1965년 장 보델 보카사가 이끄는 쿠데타가 성공하여 헌법이 폐지되고 국회가 해산되었으며 보카사는 종신대통령으로 지명되었다. 1976년 보카사는 국명을 중앙아프리카제국으로 고치고 스스로 황제가 되었다. 독재기간 동안 보카사는 수십 명의 소년소녀들을 직접 학살하는 등 심각한 인권침해로 국제적 비난을 받았다. 1979년 쿠데타로 보카사는 실각하고, 이후 불안한 정세가 계속되고 있다.

† 오늘날 티모르 레스테(Timor Leste). 1975년 포르투갈 식민지배가 끝나면서 인도네시아에 병합되었으나, 주민들의 독립운동이 계속되어 왔다. 인도네시아군은 독립운동을 무자비하게 탄압하였으며 이로 인해 20만여 명이 죽임을 당했다. 1999년 UN의 감시 하에 벌어진 주민투표에 의해 독립이 결정되었지만 반대파에 의한 유혈사태가 벌어지고 결국 UN군이 개입하였다. 이후 반대파들이 인도네시아로 물러나고 2002년 자나나 구스마오가 초대대통령으로 선출되어 독립국가가 되었다.

‡ 계속되는 정국불안과 경제침체 속에 1976년 군부가 다시 정권을 장악했다. 이후 극단적인 정치테러가 이어지고, 군부는 1980년대 초까지 군정전복혐의로 최소한 1만명을 처형했다. 1982년 군부는 영국과의 포클랜드 전쟁에서 패하고, 다음해 총선으로 민정이 들어섰다.

†† 1973년 우익 군사정부가 쿠데타로 정권을 장악한 이래 정치적 권리가 심각하게 침해되어 수많은 양심수가 투옥되고, 고문이 자행되었다. 1985년 군정에서 민정으로 이양되었으나 1989년이 되어서야 양심수들이 석방되고 정치적 및 시민적 권리를 되찾게 되었다.

1235호가 채택되었기 때문에 가능한 것이었다. 이렇게 1235절차는 UN의 인권기준을 이행하는 데 있어서 하나의 진전임이 분명하다. 하지만 이 절차가 여전히 불균형적으로 작동되고 있으며, 세계의 수많은 인권문제들에 잘 대처하지 못하고 있다는 것 역시 분명한 사실이다.*(Alston 1992a; Donnelly 1989: 208; 1998: 9; 1999: 76, 101)

1503절차는 개인이 UN에 인권침해에 대한 청원:을 제출할 수 있도록 한 제도이다. 그러나 그 개인에게 보상이 주어지지는 않는다. 인권위원회는 이 절차를 통하여 인권침해를 검토한 해당국가의 이름을 공개하는데, 이것이 정부에 대한 일종의 압력이 될 수 있다. 그러나 1503절차가 제대로 실행되려면 청원이 접수된 뒤부터 최소한 2년은 걸린다. 하지만 이 기간은 정부의 시간끌기 작전과 인권위원회의 내부정치로 인하여 훨씬 더 길어질 수도 있다. 1503절차는 대규모 인권침해 상황에 관해서는 거의 아무런 효과도 발휘하지 못하였다.(Robertson and Merrills 1996: 79-89; Donnelly 1998: 9, 53-4; Alston 1992a; Forsythe 1995: 306) 다수의 사람들이 1503절차는 느리고, 복잡하고, 비밀스러우며, 정치적 영향을 받기 쉽다는 데 동의하고 있다. 오히려 이 절차가 해악을 끼치는 것은 아닌가에 대한 전문가들의 의견이 분분하다.(Alston 1992a: 150-5; Donnelly 1989: 208)

1966년 시민적 및 정치적 권리에 관한 국제규약(ICCPR)과 경제적, 사회적 및 문화적 권리에 관한 국제규약(ICESCR)에 대한 서명과 비준이 시작되었다. 1976년에는 발효에 필요한 35개국이 비준함으로써 이 두 규약의 효력이 발생하게 되었다. 세계인권선언과 이 두 규약을 묶어서 흔히 국제권리장전이라 부

---

* UN인권위원회는 2006년 6월부로 폐지되고, UN총회 결의 60/251에 따라 같은 해 7월부터 인권이사회(Human Rights Council)로 승격되어 대체되었다. 인권이사회는 과거 인권위원회가 수행하였던 역할을 계승할 것으로 보이나, 첫 한 해 동안 재검토를 통해 역할, 절차, 구조 등을 결정할 것이다. 인권이사회의 활동 내용은 UN총회에 직접 보고하도록 되어 있으나, 그 위상은 총회가 앞으로 5년간 활동을 검토하여 결정하게 된다.
: 경제사회이사회 1503호 결의문과 국제인권협약 상에서는 '통보'(communication)라는 용어를 사용한다.

르며, 오늘날 국제인권법의 핵심을 이루고 있다. 2001년 8월 현재 140개국 이상의 국가들이 이 두개의 규약에 비준하였는데 이는 전체 190개 UN 회원국의 4분의 3이 넘는 수치다.‡(Office of the United Nations High Commissioner for Human Rights 2001)

1976년에는 UN시민적 및 정치적 권리 위원회†(Human Rights Committee)가 설립되었다. 인권이사회는 독립적 전문가로 이루어져 시민적 및 정치적 권리에 관한 국제규약의 준수여부를 감시하는 역할을 맡고 있다. 규약에 가입한 당사국들은 규약상의 권리가 어떻게 이행되었는가에 대한 보고서를 제출할 의무가 있다. 이사회는 또한 규약에 따라 국가들로부터 청원을 받을 수 있으며, 규약의 선택의정서에 따라 개인들로부터도 청원을 받을 수 있다. 그리고 여기서 NGO들은 정보제공자로서 그 역할이 점점 더 중요해지고 있다. 인권이사회는 규약에 가입한 당사국에 한해서만 관할권(jurisdiction)을 행사할 수 있는 한계가 있지만, 이제는 대부분의 국가들이 이미 규약의 당사국이 되었다. 비록 국가들마다 인권이사회에 협력하는 정도는 각기 다르지만, 이사회는 일부 국가에서 법률이 개정되게도 하고, 토의와 논쟁, 권고 등을 통해서 인권을 증진시키는 데 기여하기도 하였다. 소수이기는 하지만 개인청원을 낸 사람들이 인권이사회의 결정으로 도움을 받기도 하였다.(Opsahl 1992; Robertson and Merrills 1996: 45-6,

---

‡ 2006년 9월 8일 현재 시민적 및 정치적 권리에 관한 국제규약에는 156개국이 가입하였고, 경제적, 사회적 및 문화적 권리에 관한 국제규약에는 154개국 가입하였으며, UN회원국 수는 192개다.

† 이 책의 초판을 비롯하여 대부분의 교과서 등에서는 대한민국정부 공식번역에 따라 '인권이사회'로 번역하였으나, 이는 그 위상과 역할을 정확하게 표현하지 못한 부적절한 번역어이다. 더구나 2006년에 인권위원회(Commission on Human Rights)가 승격되어 인권이사회(Human Rights Council)가 됨으로써 혼란이 더 가중되었지만, 아직 정부의 공식적인 번역어 교체는 찾아 볼 수 없다. 이에 따라 경제적, 사회적 및 문화적 권리에 관한 국제규약을 관장하는 위원회를 경제적, 사회적 및 문화적 권리 위원회로 번역하는 예를 좇아 이 책의 제2쇄본에서는 위와 같이 번역하였다.

66, 71; Donnelly 1989: 208-10; 1998: 57-9)

　1970년대에는 몇몇 국가들이 외교정책을 통한 인권보호를 위해 새로운 시도를 감행하기 시작하였다. 1975년에는 미국이 해외원조를 수행하면서 수혜국의 인권실태를 고려하기 시작하였다. 1977년에는 지미 카터(Jimmy Carter)가 대통령이 되면서 인권을 외교정책에 반영하기도 하였다. 비록 그 정책이 현실에서는 불균형적으로 이행되었지만 이러한 시도가 하나의 혁신이었음은 분명하다.(Donnelly 1998: 10) 이때부터 인권NGO들 역시 더 많은 영향력을 행사하게 되었다. 국제앰네스티(Amnesty International)가 카터가 대통령이 된 해에 노벨평화상을 수상한 것이 그 예다.

　한편 UN은 1979년에 여성차별철폐협약,* 1984년에 고문방지협약* 그리고 1989년에는 아동의 권리에 관한 협약(Convention on the Rights of the Child)을 채택하였다. 또한 UN에서는 새로운 형태로서 '주제별' 절차('thematic' procedure)들이 발전하였다. 그 중 하나로 1980년 아르헨티나와 칠레에서 발생하던 사건들에 대응하기 위하여 강제적 혹은 비자발적 실종에 관한 실무그룹(Working Group on Enforced or Involuntary Disappearances)이 설립되었다. 1982년에는 즉결처형 혹은 자의적 처형에 관한 특별보고관(Special Rapporteur on Summary or Arbitrary Executions)이 임명되고, 1985년에는 고문에 관한 특별보고관(Special Rapporteur on Torture)이 임명되었다. 또한 종교적 불관용에 의한 인권침해, 용병에 의한 인권침해 등을 다루기 위한 특별보고관들이 임명되었으며, 1991년에는 자의적 구금에 관한 실무그룹(Working Group on Arbitrary Detention)이 설립되었다. 이들 주제별 절차들은 거의 대부분 시민적 및 정치적 권리에 관한 것이었으며 경제적 및 사회적

---

\* 여성에 대한 모든 형태의 차별 철폐에 관한 협약(Convention on the Elimination of All Forms of Discrimination against Women)

: 고문 및 그 밖의 잔혹한 비인도적인 또는 굴욕적인 대우나 처벌의 방지에 관한 협약(Convention against Torture and Other Cruel, Inhuman or Degrading Treatment or Punishment)

권리에 관한 것은 많지 않았다.‡ 여러 국가의 인권상황을 조사하기 위한 국가별 특별보고관의 수도 증가하고 있다. 1995년까지 UN이 임명한 14명의 전문가들이 특별대표(Special Representatives) 혹은 특별보고관의 자격으로 인권위원회에 각국의 인권상황을 보고하였다.† 이와 같이 인권에 관한 UN의 활동이 최소한 절차상에 있어서는 발전하였음을 볼 수 있다. 그러나 충분치 않은 인력과 재원으로 인해 인권침해를 성공적으로 구제하는 경우는 많지 않다. 전 세계에서는 수많은 사람들이 여전히 인권을 보호받지 못하고 있다.(Forsythe 1995: 304-5; Alston 1992a: 180-1)

　　UN에서는 이렇게 인권보장을 위한 절차들이 발전하고 있었지만, 냉전은 이러한 노력들을 무색하게 만들었다. 냉전은 인권의 발전을 짓누르는 장해요소였다. 대부분의 공산국가들이 심각한 인권침해를 저지르고 있었으며, 미국을 위시한 서방 강대국들 또한 심각한 인권침해를 자행하는 세계 각국의 정권들을 뒤에서 지원하고 있었던 것이다. 하지만 역설적이게도 냉전 시기의 불안정한 '권력균형'(balance of power)으로 인해 오히려 인권의 진보를 위한 가능성

---

‡ 2000년 이후부터는 경제적 및 사회적 권리에 관한 활동이 늘어나 2005년 11월 현재 28개의 특별절차 임무 중 4명의 특별보고관(주거권, 교육권, 식량권, 건강권)과 2명의 독립전문가(극빈과 인권, 경제개혁정책 및 부채와 인권), 1명의 특별대표(초국적 기업과 인권)가 직접적으로 관련된 활동을 하고 있다. 또한 다수의 특별절차들이 특정 주제를 다루는 데 있어 시민적 및 정치적 권리와 경제적, 사회적 및 문화적 권리를 구분하지 않고 통합적으로 다루는 경향이 증가하고 있다(예를 들어, 여성인권에 관한 특별보고관, 이주자의 권리에 관한 특별보고관 등).

† 국가별 보고관은 그 임무를 위임한 기관과 활동권한에 따라 특별보고관(Special Rapporteur), 독립적 전문가(Individual Expert), 사무총장 특별대표(Special Representative of the Secretary-General), 인권고등판무관 개인대표(Personal Representative of the High Commissioner for Human Rights) 등으로 나뉜다. 어떤 국가가 특별보고의 대상이 되는 것은 자국의 인권침해 상황의 심각성이 국제적으로 인정되는 것을 의미하기 때문에 각국은 그 대상에 포함되는 것을 극도로 꺼린다. 2005년 2월 현재 15명의 국가별 특별절차가 진행 중인데, 아프가니스탄, 부룬디, 쿠바, 북한, 팔레스타인 점령지, 우즈베키스탄 등이 포함되어 있다.

이 열린 경우도 있다. 1970년대 초 공산권 국가들은 안보문제와 경제문제를 보장받기 위하여 서방국가들과 협정을 맺고 싶어 하였다. 이에 서방국가들은 그 조건으로 인권보장을 요구하였고, 그 결과 1973년 유럽안보협력회의(Conference on Security and Co-operation in Europe: CSCE)가 열렸다. 그리고 1975년에는 헬싱키최종협정(Helsinki Final Act)을 체결하여 공산국가들로 하여금 인권보호의 의무를 받아들이게 만들었다. 유럽안보협력회의는 이후 유럽안보협력기구(Organization for Security and Co-operation in Europe: OSCE)로 발전하게 된다. 한편 헬싱키협정이 체결된 다음해, 협정에 바탕을 둔 몇몇 인권NGO들이 소련에 설립되었다. 하지만 이 단체들은 당시 극심한 탄압을 받아야 했다. 1977년에는 체코슬로바키아에 헌장77(Charter77)이라는 이름의 인권단체가 설립되기도 하였다. 이러한 일련의 사건들은 단기적 혹은 직접적으로는 그 효과가 미미하였지만, 국제적으로 인권에 관하여 보다 뜨거운 논쟁이 일어나는 데 기여하였다. 한편 위의 인권단체들은 동유럽에서 공산체제를 붕괴시키는 데에도 역할을 하였다.(Donnelly 1998: 78-82; Forsythe 2000: 124-25)

한편 이 시기에는 다수의 비서방 빈곤국들이 UN에 진입하면서, 국제 담론에서 경제적 권리가 새롭게 강조되기도 하였다. 1974년 이른바 신국제경제질서(New International Economic Order)에 관한 다수의 문건들이 승인된 것이다. 이전에는 국제적 관심이 개별국가에서 벌어지는 인권침해에만 주로 몰려 있었지만, 이들 제3세계 국가들은 인권침해가 발생하는 구조적 원인을 불평등한 지구경제의 탓으로 돌렸다. 이 같이 제3세계 관점에서 인권에 접근하려는 시도는 이른바 제3세대 인권이라는 논쟁적인 개념으로 발전하였다. 이 개념에 따르면 시민적 및 정치적 권리는 제1세대 '자유권'이며, 경제적 및 사회적 권리는 제2세대 '평등권'이다. 이제는 발전, 평화, 건강한 환경, 자기결정 등에 관한 권리, 즉 제3세대 '연대권'이 필요하다는 것이다. 1986년 UN총회는 발전권에 관한 선언(Declaration on the Right to Development)을 채택하였다. 하지만 제3세대 권리론은 여러 가지 측면에서 비판을 받아왔다. 그 중 일부는 다음과 같은 것이다. ① '세대'라는 단어가 적절치 않다. 한 세대는 그 다음 세대로 이어지는 것인데, 소위 각 세대의 인권들은 그러하지 않기 때문이다. ② '세대'라는 개념은 특정한 인권의 역사를 전제로 하고 있는 것인데, 이 또한 문제가 있다. 제1세대 인권과 제2세대의 인권은 동시에 세계인권선언에 의해서 인정된 것이다. ③ 제3세대 인권은 그 권리를 보유한 자가 개인인지, 인민인지, 국가인지 혹은 이들이 결합된 형태인지가 명확하지 않다. ④ 또한 그 권리를 가진 이들이 무엇에 대한 권리를 가졌는지가 분명하지 않다. ⑤ 그 권리에 상응하는 의무는 누가 지는지, 혹은 그 의무가 무엇인지가 분명하지 않다. ⑥ 이러한 권리를 주장함으로써, 권위주의 정권으로 하여금 이미 확립된 기존의 인권들을 침해할 빌미를 제공하게 된다. ⑦ 제3세대 권리에 해당하는 것들은 사실 이미 확립된 기존의 인권에 포함되어 있는 것들이다. 예를 들어 발전권은 경제적 및 사회적 권리에서 진지하게 다룸으로써 포함시킬 수 있는 것이다.(Donnelly 1993; Freeman 1999: 34-6)

1980년부터 1990년대 초까지는 '문화상대주의'(cultural relativism)라는 주제가 UN의 인권논쟁을 주도하였다. 1984년 이란이슬람공화국은 세계인권선언의 일부 개념들이 수정되어야 한다고 제안하면서, 이란은 이슬람교에 배치되는 모든 국제원칙의 정당성을 인정하지 않을 것이라고 선언하였다. 1993년 비엔나에서 열린 UN세계인권회의(World Conference on Human Rights)의 준비기간 중에는 '아시아적 가치'(Asian values)와 인권 사이의 충돌에 관하여 많은 토론이 이루어졌다. 결국 최종선언문에서는 인권의 보편성을 재확인하였지만, 동시에 인권은 국제적 기준설정이 '역동적으로 진보하고 있다는 맥락에서 고려되어야 하며, 이때 국가 및 지역별 혹은 역사적, 종교적 및 문화적 배경을 염두에 두어야 한다'고 인정하였다.

### 냉전 이후

냉전이 끝나자 구 공산사회에서는 시민적 및 정치적 권리가 수립되는 등 즉각적인 인권개선이 보였다. 그러나 새로운 세계질서로 인해 인권문제의 양상은 오히려 더 복잡해졌다. UN총회와 인권위원회에서는 서방국가들이 인권의제를 주도하고 이른바 남반구 빈곤국들의 도전이 약화되면서, 활동이 더 중대하기도 하였다. 한편 평화유지(peace-keeping)와 인권보호라는 UN의 두 가지 목표가 이 때부터 서로 연계되기 시작하였다. 예를 들어 엘살바도르에서는 UN사무총장(Secretary-General)의 노력으로 정부와 반군 간에 인권협정이 체결되었으며, UN의 민간요원 혹은 군사요원들이 개입하여 감시할 수 있도록 하였다.\* 또한 UN은 아이티,‡ 라이베리아‡ 등지에서 정치적 분쟁해결을 위해 유사한 활동을 하면서 그 일부로서 인권 보호 실태를 감시하는 데 관여하였으며,

---

\* 엘살바도르는 1970년대부터 잇따른 군사독재와 친미 우익정권, 부의 극심한 편중 현상 등에 저항하는 좌익 게릴라들의 테러활동으로 내전상태에 빠졌다. 1989년 정부와 반군(FMLN)이 평화협정을 체결하도록 UN에 요청하였고, UN은 1991년 UN엘살바도르감시단(ONUSAL)을 설치하였다. 감시단은 1995년까지 협정이행 감시, 선거운영 등을 수행하였다.

‡ 계속되는 독재 끝에 1990년 자유선거로 대통령이 선출되었으나 다음해 군부가 쿠데타로 정권을 장악하고 반대세력에 대한 탄압을 자행했다. UN은 미국의 주도로 경제제재를 가하고 군사개입 직전까지 갔으나, 현재는 UN평화유지군(Peace Keeping Operation)을 주둔시키면서 경찰교육 등의 업무를 맡고 있다.

‡ 1989년 정권부패와 경제악화, 부족간 갈등 등으로 시작된 내전이 심각하게 전개되자 UN은 1993년부터 UN라이베리아감시단(UNOMIL)을 파견한다. 이들은 1997년까지 평화협정 이행, 인권침해 조사, 선거감시 등을 수행한다. 그러나 이때 대통령으로 선출된 반군지도자 찰스 테일러(Charles Taylor) 정권의 폭정과 부패로 다시 무장충돌이 벌어지고, 찰스 테일러는 2003년 결국 망명한다. UN은 다시 UN라이베리아대표부(UNMIL)를 파견하여 지금까지 활동 중이다.

† UN은 1966년 나미비아에 대한 남아프리카공화국의 신탁통치를 종결하고 UN의 관할에 둔다고 선언하였으나, 남아공은 이를 받아들이지 않고 통치를 계속했다. 이때부터 남서아프리카인민기구(SWAPO)의 무력독립투쟁이 시작되었다. UN은 1978년 독립을 위한 선거를 선언하기도 하였지만 남아공의 통치는 계속되었고 1988년에야 철수한다. 나미비아는 1990년 UN의 후원 하에 선거를 통해 독립하였다. 이 과정에서 UN은 나미비아의 독립과 선거를 지원하기 위해 UN이행기지원그룹(UNTAG)을 파견하였다.

나미비아†와 캄보디아에서는 정치를 총체적으로 재조직하면서 인권 보호에 관한 보다 종합적인 역할을 담당하기도 하였다. 또 니카라과, 아이티, 엘살바도르, 나미비아, 앙골라, 캄보디아 등지에서는 사무총장의 주도하에 혹은 안전보장이사회(Security Council)의 위임에 따라 선거감시활동을 실시하였다. 1991년에는 사막의 폭풍작전(Operation Desert Storm)으로 이라크군에 의한 쿠웨이트 점령을 중단시켰으며, 이어서 이라크 북부에서 박해받던 쿠르드인들을 위해 '안전한 피난처'를 마련해 주고 이라크 남부의 시아파 교도들을 보호하기 위한 군사개입도 진행하였다. 이듬해 UN은 소말리아에서 벌어지는 내전을 중단시키고 인도적 지원을 제공하기 위해 전투에 개입하였다. 앞서 이라크에서는 다소 성공적이었으나 소말리아에서는 그러하지 못했으며,‡ 이러한 군사개입은 UN, 참여국(특히 미국) 그리고 수혜목적국들에게 문제가 되기도 하였다.

옛 유고슬라비아의 전쟁은 소말리아 개입 때 실패한 경우보다 훨씬 더 복잡하고 어려운 문제였다. 옛 유고가 붕괴되자 크로아티아에는 세르비아계 소수민들이 남았고, 보스니아-헤르체고비나에는 세르비아계, 크로아티아계, 이슬람계의 세 소수인종이 남았으며, 코소보에는 알바니아계 소수민들이 탄압을 받으며 남아있었다.†† 세르비아는 크로아티아를 상대로 세르비아 소수민족

---

‡ 1969년부터 계속되어온 바레 대통령에 의한 독재가 1991년 반정부 부족연합체에 의해 축출되었으나, 그 이후 반군 간의 내전이 심각해지고 식량사정 악화로 420만여 명이 기아에 시달렸다. UN은 1992년 UN소말리아작전(UNSOM)을 통해 군사개입을 하지만 다수의 사망 및 사상자가 발생하여 평화유지군은 결국 철수하고, 작전을 실패로 규정한다. 이후 소말리아에서는 내전이 반복되고 있으며, 여전히 사태는 미해결된 상태다.

†† 옛 유고슬라비아는 6개의 공화국으로 이루어진 연방국이었다. 1990년 슬로베니아와 크로아티아에 비공산정권이 들어서면서 분리독립이 시작되었다. 이 두 공화국은 1991년 독립을 선언하였으며, 같은 해 마케도니아도 독립을 선언하였다. 1992년 최대 공화국인 세르비아는 새 유고슬라비아연방의 건설을 선언하였다. 몬테네그로는 여기에 참여하였지만, 보스니아-헤르체고비나는 독립을 선언한다. 이 과정에서 각 공화국과 연방군의 전쟁이 계속되었다. 한편 세르비아공화국 내의 자치주인 코소보 역시 독립을 주장하여 1998년 연방군과의 충돌사태가 벌어졌다.

을 보호하기 위한 목적이라는 명분으로 전쟁을 벌였다. 또한 세르비아계 보스니아인들을 위해 보스니아-헤르체고비나도 공격하였는데, 이 전쟁 동안에는 '민족청소'(민족적으로 단일한 영토를 만들기 위한 강제적 인구이동)와 대량학살, 대량강간 등 대규모 인권침해가 발생하였다. 하지만 UN과 강대국들은 이번 전쟁에는 군사적으로 개입하기를 꺼려했다. 소말리아에서의 쓰라린 경험 때문이기도 하겠지만, 다른 한편으로는 닥쳐올 군사적 및 정치적 어려움을 감지했기 때문이다. 이 전쟁에서 UN은 결국 인도적 지원을 수행하여 상당한 성공을 거둔 면도 있지만, 대규모 인권침해는 막아내지 못해서 재앙에 가까운 결과를 낳고 말았다. 1999년에는 나토(NATO)*가 나서서 알바니아계 코소보인들이 당하고 있는 인권침해를 막을 목적으로 유고슬라비아에 군사개입을 실시하였다. 당시 UN은 안전보장이사회에서 러시아와 중국이 반대하여 그렇게 할 수가 없었기 때문이다. 그 결과, 초기에 알바니아계는 더 심한 인권침해를 당해야 했고, 유고슬라비아인(세르비아계)들은 전쟁피해를 겪어야 했다. 하지만 나토군이 승리한 후에는 알바니아계의 세르비아계에 대한 보복행위가 이어졌다. 그리고 유고슬라비아의 잔인하고 부패했던 슬로보단 밀로셰비치(Slobodan Milosevic) 정권은 전복되고, 밀로셰비치는 구속되어 옛 유고 전범재판소(International Criminal Tribunal for the Former Yugoslavia)에 인도(人道)에 반(反)하는 범죄(crimes against humanity), 전쟁범죄, 집단살해죄로 기소되었다.(International Criminal Tribunal for the Former Yugoslavia 2001; Osborn 2001) 하지만 나토의 군사개입이 적법한 것이었는지는 의문스럽다. 이 문제에 대해서는 인권옹호자들 사이에서도 논란이 많았다. 나토 군사개입의 결과가 어떻게 될지는 아직도 불확실하며, 이것은 인권을 위

---

* 북대서양조약기구(North Atlantic Treaty Organization). 냉전시기 소련에 대항하여 미국과 서유럽국가들이 집단안전보장을 위해 1949년 결성된 지역기구. 동유럽의 대응기구로 바르샤바조약기구가 있었으나 1991년 해체되었다. 냉전종식 이후부터는 미국 주도로 지역분쟁에 대처하는 유럽 안보기구로서의 역할을 담당하는 '신전략'을 채택하였다. 1999년 이후 동유럽국가들이 가입하기 시작하였으며, 현재 러시아 또한 일부 영역에서 의사결정에 가담하고 있다.

한 군사개입의 미래가 앞으로도 불확실할 것이라는 것을 의미한다.

옛 유고 전범재판소에 뒤이어 르완다 집단살해에 대한 전범재판소도 설립되었다. 이러한 전범재판소의 설립은 UN이 이루어낸 또 하나의 성과라고 할 수 있다. 또한 UN은 상설국제형사재판소도 설립하였다.* 이 같이 법률과 정치를 결합시키려는 시도가 성공적일지, 아니면 일부에서 비판하고 우려하는 것처럼 법률 때문에 정치적으로 해결할 수 있는 기회를 망치게 될지는 이제부터 지켜봐야 할 것이다.(Forsythe 1995: 313-14)

한편 UN은 인권과 관련한 기술원조(technical assistance) 프로그램을 운영함으로써 사법제도의 설립 등의 활동을 지원하고 있다. 사실 이 프로그램은 오랫동안 소규모, 저예산으로만 유지되다가 1990년대 초부터 점차 확대되기 시작하였다. 이와 같이 인권을 위해 건설적인 원조를 제공하는 것이 적대적으로 압력만 가하는 것보다 낫다고 주장하는 이들이 있는 반면, 이 같은 프로그램들은 성과도 거의 없으며 인권의 침해문제에 가야 할 관심을 흩어놓을 뿐이라고 믿는 이들도 있다. UN은 또한 인권침해로 인하여 발생한 비참한 결과들을 완화시키는 활동도 하는데, 난민고등판무관(High Commissioner for Refugee: UNHCR)의 역할이 주로 그러한 것이다. UNHCR은 사실 매우 가치 있는 활동을 하고 있지만, 항상 대규모 인권침해가 이미 벌어진 이후에야 활동을 시작한다. 그래서 이들의 노력에도 불구하고 난민문제는 더 나빠지고만 있다.(Forsythe 1995: 307-9)

1993년 비엔나에서 세계인권회의가 열리고, 여기서 인권의 보편성, 불가분

---

: 1998년 채택된 로마규정에 60개국 이상이 비준함으로써 2002년 7월 1일 국제형사재판소(International Criminal Court: ICC)가 설립되었다. 집단살해죄, 인도에 반하는 범죄, 전쟁범죄, 침략범죄를 관할대상 범죄로 규정하고 있으며, '범죄발생지국' 또는 '피고인 국적국'이 당사국인 경우 이해관계국의 동의 여부없이 자동으로 관할권이 성립된다. 단, 보충성의 원칙에 따라 동 범죄에 대해 관할권을 가지는 국가의 국내법원이 우선적으로 관할권을 가지며, 동국이 해당 범죄를 처리할 능력 또는 의사가 없는 경우에 한하여 ICC가 관할권을 행사한다. 최고형량은 종신형이다. 로마규정 당사국, UN안전보장이사회 혹은 ICC검사가 기소할 수 있다.

성, 상호의존성을 재확인하였다. 또한 여성, 아동, 소수민, 선주민(indigenous populations), 장애인, 이주노동자, 난민 등의 특정 집단들이 인권침해에 특히 더 취약하다는 점을 강조하였다. 그리고 인권고등판무관(High Commissioner for Human Rights)을 임명하기 위한 길을 열었다.

21세기에 들어서면서부터 '지구화'(globalization)가 인권에 위협이 된다는 우려들이 나오기 시작했다. 이로 인해 인권 의제는 경제적 및 사회적 권리에 보다 호의적으로 옮겨졌다. 또한 다국적기업(multi-national cooperations: MNCs)과 같은 비국가행위자(non-state actor)가 인권보호에 책임이 있는가에 대한 문제가 제기되었다. 자본주의가 공산주의에 압도적으로 승리하고 난 이후, 역설적이게도 자본주의 반대운동이 다시 한번 국제정치에 들어오게 된 것이다. 한편 비호신청인(asylum-seekers)들이 증가하고 있음에도 불구하고, 이들이 망명희망지 정부로부터 인권을 제대로 보호받지 못하는 현실 또한 지구화와 관련된 인권 문제이다.

하여간 지구화는 극도로 복잡한 하나의 과정이다. 지구화가 인권에 끼치는 영향에 대해서는 제8장에서 검토할 것이다.

## 4. 소결

1945년 이래 UN은 '기준설정'(standard-setting)과 제도설립(institution-building) 그리고 인권보호를 위해 수많은 활동을 해왔다. 인권은 우리시대에 가장 영향력 있는 개념이 되었고, 가난하고 억압받는 수많은 이들은 인권을 호소하며 정의가 실현되기를 요구한다. 그러나 UN은 스스로 정한 기준을 이행할 수 있는 역량이 아직 충분치 않다. 그리고 그 인권기준은 힘이 지배하는 현실 국제정치와 국가주권의 개념으로 인해 편파적으로만 이행되거나 거의 이행되지 못하고 있다. 다수의 정부들은 인권에 대해 입발림소리(lip-service)만 하거나 위선적인 행동을 서슴지 않는다. 입발림소리가 인권침해자들에게 수치심을 주어 결과적으로는 인권 향상에 도움이 될 수도 있다. 하지만 실제의 행동을 대신해서 하는 입발림 소리를 실질적이고 효과적인 행동으로 전환시키기 위해서는 NGO의 역할이 중요하다.

UN이 인권을 위해 행한 노력이 성공했는지 여부는 정확하게 평가하기 어렵다. 분명히 한계는 있지만, UN기구와 각국 정부의 정책 그리고 NGO의 활동이 결합되어 여러 국가에서 인권상황을 개선한 사실은 분명한 성과다. 하지만 대규모 인권침해는 여전히 벌어지고 있다. UN은 르완다에서 집단살해가 일어날 것이라는 조기경보(early warning)를 받았음에도 불구하고, 그 상황에 효과적으로 대응하지 못했다. 이것은 UN이 가진 한계가 결국 재앙으로 이어진다는 사실을 보여준다. UN은 세계정치에서 인권혁명을 수행하였다. 그러나 그것은 장기간 계속되어야 할 혁명이다. UN은 아직 그 시작단계에 있고 그 성공조차 보장되어 있지 않다. 인권의 국제정치는 국제정치의 일부분이다. 다시 말해 인권의 국제정치 역시 원칙의 체계적 이행보다는 이기주의, 실용주의, 단기적 위기관리에 의해 상당히 지배받는다는 것이다.(Forsythe 1995: 309-10)

UN은 수많은 인권 대참사를 막는 데 실패했을 뿐만 아니라, 인권의 불가분성에 대해 스스로 가졌던 확신을 지켜나가는 데도 실패하였다. 경제적, 사회적 및 문화적 권리를 주요 UN기구, 특히 총회와 인권위원회에서 무시해 왔던 것이다. 일반적인 경제적 및 사회적 권리를 비교적 명확한 규범으로 전환시키는 데는 국제노동기구(ILO)가 많은 일을 해왔다. ILO는 또한 기준설정 작업과 기술원조 활동을 통합하려고 시도하기도 했다. 비록 사회적 및 경제적 권리에 특화되어 있는 기구이지만, ILO는 UN의 다른 어떤 기구보다도 불가분성을 더 진지하게 생각하고 경제적 및 사회적 권리를 보호하는 데 시민적 및 정치적 권리가 필수적이라는 사실을 인식하고 있다. ILO도 UN 기구 내에 만연한 정치싸움에서 완전히 자유로울 수는 없겠지만, 사용자, 노동자 그리고 기타 NGO들의 활발한 참여로 인해 그 정도가 좀 덜하다고 볼 수 있다.(Leary 1992; Donnelly 1998: 62-4) 그러나 ILO는 UN의 인권보장 시스템에서 다소 동떨어져 있는데, 이 사실로 인해 인권 향상을 위해 포괄적인 기여를 하는 데는 한계가 있었던 것 같다.(Leary 1992: 619)

경제적, 사회적 및 문화적 권리에 관한 국제규약은 1966년 UN에서 채택되고 1976년 발효되었다. 그러나 UN은 규약의 준수 여부를 감시하기 위한 경제적, 사회적 및 문화적 권리 위원회(Committee on Economic, Social and Cultural Rights)를 1986년이 되어서야 설립하였다. 알스턴(Alston)은 이 위원회가 여타의 UN인권기구보다 더 많은 어려움에 직면해 있다고 말한다. 경제적 및 사회적 권리에 관련된 많은 규범들은 개념적으로 불명확하고, 여러 정부들은 이 권리에 대한 의욕이 부족하며, 이 권리에 대한 이념적인 논란도 많다. 또한 경제적 및 사회적 권리를 인정하는 국내제도가 부재하다는 문제, 규약의 준수 여부를 효과적으로 감독하는 데 필요한 정보의 범위를 어떻게 할 것이냐의 문제와 그 정보가 매우 복잡하다는 문제, 공식적인 법률문서와 실제 판결 간의 관련성이 부족하다는 문제 등도 존재한다. 그뿐만 아니라 경제권에 관련하여 전문성을 갖추었거나 관심을 보이는 NGO도 실제로 부족하다. 이러한 상황으로 인해 경제적, 사회적 및 문화적 권리에 관한 위원회는 영향력이 작을 수밖에 없었다.(Alston 1992b)

UN의 인권시스템은 하나의 '레짐'(regime), 즉 국가들이 구속력을 가지는 것으로 받아들이는 일련의 규범과 제도다. UN 인권레짐은 세계인권선언에 바탕을 두고 있다. 비엔나세계인권선언이 채택된 일이나, 비교적 많은 국가들이 1966년의 양대 인권규약에 서명한 것은 대부분의 국가들이 인권레짐의 정당성을 받아들이고 있다는 사실을 보여준다. 그러나 여전히 국가주권의 개념이 견고하게 남아 있으며, 인권의 기준은 편파적으로 이행되거나, 심각하게 무력해지기도 한다. 냉전이 종식된 이후 인권을 강제로 이행하려는 시도도 몇 차례 있었으나, 모두 편파적이었고 효과도 그다지 좋지 않았던 것으로 드러났다. 심지어 어떤 경우엔 역효과를 내기도 했다. 결국 인권레짐은 선언에는 강하지만 집행력과 강제력은 약하다고 볼 수 있다. 이러한 사실은 국제정치의 주요 행위자, 즉 **국가**들의 이익이 반영되었기 때문에 나타난 결과다.(Donnelly 1989: 211-12) 하지만 국제인권제도가 가진 정치적 특성상, 국가들이 충분히 강력한 동맹을 맺고, 인권침해국 국민들의 요구에 부합하려는 목적으로 해당국에 압력을 가한다면, 실제로 인권을 증진시킬 수가 있다. 국제인권레짐은 이미 세계정치에서 일종의 신망을 획득하였으며, 그로 인해 잠재적인 동원력(mobilization)을 갖고 있다. 그러나 인권레짐이 정치적 편파성을 띨 경우 이러한 신망이 훼손되기도 한다. 한편 인권고등판무관실(Office of the High Commissioner for Human Rights)은 공평하게 인권을 증진하고 실현하는 또 하나의 기구다.(Donnelly 1998: 82-4)

　　국제인권레짐은 정치적인 것이지 철학적인 것은 아니다. 어떤 상황이 벌어지면 실용적으로 대응해야 하기 때문에 일관성 없이 작동하는 경향이 있다. 그렇기 때문에 세계인권선언의 이념은 비교적 일관적으로 이루어졌지만, 현실에서 그것이 이행될 때는 편파적일 수도 있는 것이다. UN은 국가들의 모임이고 정부의 지도자들이 국가를 대표하여 그 모임에 참여한다. 국가들 간에는 이익과 이념을 둘러싼 갈등도 존재하지만 상호 편의에 따른 공통의 이해 또한 존재한다. 그렇기 때문에 인권을 위한 활발한 활동으로 인해 외교상의 계획에 차질이 생길 경우, 그러한 활동은 가로막힐 수 있는 것이다. UN기구 중 법률기구들은 상대적으로 더 공평하다. 하지만 절차에 있어 한계가 존재하며, 외교적으로도 조심스럽게만 움직인다. 반면 UN의 정치기구들은 행동에 있어 더 자유롭지만 좀더 편파적이다.

　　사실 우리는 국제적인 인권레짐이 존재한다는 사실 그 자체만으로도 놀랄 만한 일임을 잊어서는 안 된다. 앞장에서 우리는 프랑스혁명 때부터 자연권 개념에 대한 믿음이 줄어들고, 사회과학, 특히 산업자본주의에 의해 태어난 정치경제학과 사회학이 자연권 개념을 대신했던 역사를 보았다. 그러나 UN이 나치주의에 반발해 인권이라는 개념을 채택함으로써 자연권 전통이 부활하였으며, 거기에 경제사회정의에 대한 새로운 개념이 추가되었다. 비록 인권의 '불가분성'을 지키기 위한 시도는 크게 성공하지 못하였지만 말이다. 다음 장에서는 그 바탕에 깔려 있는 이론적인 문제점들을 짚어볼 것이다.

세계인권선언 이후 거기에 기초한 정교한 지구적 및 지역적 인권조약과 선언들이 만들어졌다. 하지만 유럽, 미주, 아프리카의 지역인권레짐들은 각각 그 실효성의 측면에 있어 엄청난 차이를 보여 유럽의 것은 대체로 힘이 있는 반면 아프리카는 아주 미약하다.* 그뿐만 아니라 다수의 국가에서 헌법과 법률에 인권조항들을 포함하고 있다. 이들 중 많은 것들은 문서상으로는 훌륭하지만, 거리와 현장에서 벌어지는 일들과는 거의 관련을 맺지 못하고 있다는 문제점도 있다.

이제 인권의 시대가 온 것은 분명한 것 같다. 하지만 그것이 뜻하는 바는 정확하게 무엇인가? 우리는 ① 인권의 역사적 전신(前身)들이 받았던 비판들과 ② 현실에서의 성공이 균등하지 않은 사실을 보면서 인권의 개념을 어떻게 평가해야 하는가? 다음 장에서는 인권의 이론을 검토할 것이다. 인권 개념의 명료성과 정당성을 찾기 위한 시도를 하고, 위와 같은 질문에 비교적 명확한 해답을 제공하는 분야가 바로 인권 이론이기 때문이다.

---

* 유럽에는 인권 및 기본적 자유를 위한 유럽협약(European Convention for the Protection of Human Rights and Fundamental Freedom), 유럽인권재판소(European Human Rights Court), 유럽인권위원회(European Commission of Human Rights) 등이 설립되어 있으며, 개인통보제도도 시행되고 있다. 미주 역시 미주인권협약(American Convention on Human Rights), 미주인권위원회(Inter-American Commission on Human Rights), 미주인권재판소(Inter-American Court of Human Rights) 등의 제도를 가지고 있다. 아프리카에서는 아프리카 인권 및 인민권 헌장(African Charter of Human and People's Rights), 아프리카 인권 및 인민권 위원회(African Commission on Human and People's Rights)를 두고 있다. 아시아에는 지역 인권레짐이 없다.

# 제4장
# 인권의 이론

## 1. 왜 인권의 이론이 필요한가?

UN은 인권을 되살리면서 이전에 자연권 개념이 비판받았던 부분들은 무시하였다. UN에 의한 인권의 선언(declaration), 증진(promotion), 기준설정(standard-setting), 제도설립(institution-building) 등의 실천은 주로 정치가와 법률가에 의해 이루어졌고, 활동가들은 이를 촉구하고 지원하였다. 그러나 이들은 이러한 실천을 하는 데 필요한 이론적 정당화에 대해서는 크게 관심을 쏟지 않았다. 사실 이론적 정당화가 불필요하다고 여겼을지도 모른다. 인간권리(human rights)를 실천하는 것은 주로 인종주의, 식민주의, 정치적 압제 등 명백한 인간악행(human wrongs)에 대응하는 것이었다. 그러면서 인권을 미국독립선언을 따라 '자명한' 진리라 여기려고 했던 것이다. 그러나 이것만으로는 충분하지 않다. 인권의 개념은 현재 분명히 논란 속에 있으며, 그 정당성을 밝힐 필요가 있기 때문이다. 인권 개념의 역사를 보면 왜 그러한지를 알 수 있다.

크리스트교와 자연법 이론에 근거를 두었던 고전적 자연권 개념이 비종교화되자 근거(foundations)에 대한 이의제기가 발생하였다. 더 이상 신의 의지로는 정당성을 보장할 수 없게 되자, 인간(남성)의 권리(Rights of Man)에 와서는 그것이 이성이나 자연에서 비롯되는 것이라고 말하게 되었다. 그러나 이러한 추론에 대해서는 논란이 매우 많았다. 버크(Burke), 벤담(Bentham), 마르크스(Marx) 등 인간(남성)의 권리에 비판적이었던 이들은 역시 이성과 자연에 기대어 각기 다른 방식으로 이 개념을 부정하였다. 19세기에 들면 '이성'은 '과학적 이성'을 뜻하게 되었는데, 당시 과학은 자연권 개념에 적대적이었다. 또한 자연권이론의 바탕인 개인주의에 대한 반발이 일고, 정치철학의 기초 개념을 사회로 보는 아리스토텔레스주의 사상이 부활하였다. 그리하여 **사회과학**은 두 가지 이유, 즉 비과학적이며, 반사회적이라는 이유로 자연권 개념에 적대적이게 되었다. 근대철학과 사회과학의 관점에서 보면 UN에 의한 자연권 개념의 부활은 매우 심각한 문제였다.

인권 이론에 대한 회의론은 이론적으로 막아낼 수 있다. 리처드 로티(Richard Rorty)는 모든 신념에는 이론적 **근거**가 없기 때문에, 인권에도 이론적 근거는 **없다**고 주장하였다. 그러나 그는 이러한 사실을 아쉬워할 필요는 없다고 한다. 왜냐하면 우선 그 사실은 부정할 수 없는 철학적 진리이며, 또 인권을 주장하기 위해서는 이론보다 동정심(sympathy)이 더 필요하기 때문이다.(Rorty 1993) 그러나 여기서 로티는 **동기부여**와 **정당화**를 혼동하고 있다. 동정심은 하나의 감정이다. 우리가 감정에 따라 어떤 행동을 취했을 때, 그것이 정당한지 여부는 그 행동을 취한 근거에 따라서만 판단할 수 있다. 로티는 증명할 수 없는 형이상학적인 이론을 철학에서 제거하고 싶어한다. 하지만 그는 인권 이론 비판에 몰두한 나머지 이성적 추론 과정마저 제거해 버렸다. 우리는 인권을 위한 우리의 행동을 지지할 논리적 근거가 필요하다. 왜냐하면 인권의 원칙을 따른 행동이 무엇인지가 불명확할 때가 있기 때문이다. 또 인권을 반대하는 이들도 자신들의 논거를 가지고 주장할 수 있는데, 이럴 때 우리의 논거가 더 우월한지, 그렇다면 왜 그런지를 알아야 하기 때문이기도 하다.

정치과학자 데이비드 포사이드(David Forsythe)는 인권 이론에 대해 다른 종류의 이의를 제기하였다. 철학 이론에는 원래부터 논란이 많기 때문에 이론에 너무 신경을 쓰다가는 인권을 실천하는 데 방해가 될 것이라고 주장하였다.(Forsythe 1989) 포사이드는 주로 인권법의 정치에 관심이 많았다. 그러나 인권의 정치는 그 밑에 깔린 이론의 영향을 받기 마련이어서 이론을 무시했다가는 인권의 정치를 제대로 이해할 수 없다. 그뿐만 아니라 인권을 실천하기 위한 정당성을 확보할 수 없게 될 것이다. 또한 포사이드는 세계정치에서 다수의 행위자들에게 인권의 철학이 중요하다고 말했는데, 이것은 그도 이론의 중요성에 암묵적으로 동의한 것이라 볼 수 있다.(Forsythe 1989: 60) 인권법도 실은 어떤 논쟁들의 결론을 표현한 것으로, 인권의 이론이 있어야 그 논쟁도 가능한 것이다.

버크, 벤담, 마르크스는 각기 다른 이유로 프랑스혁명 당시의 권리선언과 같은 것들이 강력한 비판을 받아야 한다고 믿었다. 그들의 주장은 세계인권선언에도 적용될 수 있을 것이다. 이러한 주장들이 옳지 않다고 교조적으로 추측하는 것은 무책임한 일이다. 권리선언에 대한 이론적 비판에 대해서는 이론적으로 면밀히 대응할 필요가 있다. 포사이드가 주장한 것처럼, 이론이 서로 다르지만 실천적으로는 동의에 다다를 수 있다면 그것은 국제정치에 있어 바람직한 일이다. 그러나 만일 그러한 동의가 왜 바람직한 것인지, 어떻게 가능할 것인지, 실행에 옮기기는 왜 어려운지 등을 이해하기 위해서는 인권 개념을 지지하거나 훼손하는 서로 다른 이론들을 검토해야 한다.

포사이드는 인권법과 인권의 실천을 평가할 때에는 관념적인 기준이 아니라 '현실가능성'에 따라야 한다고 제안하였다.(Forsythe 1989: x) 그러나 오늘날 정치이론가들은 대부분 '관념적 이론'과 '비관념적 이론'을 구분한다. 관념적 이론은 현실을 묘사하지는 않지만 현실을 평가할 수 있는 어떤 기준들을 논리적으로 주장하고 제시한다. 비관념적 이론은 현실을 제시하고 그 '현실가능성'을 분석한다. 관념적 이론은 우리에게 **현실화할 가치가 있는** '현실가능성'의 방향을 제시한다. 따라서 관념적 이론은 매우 실천적인 것이다. 그리고 여러 기준을 통하여 실질적 현실성을 평가하고, 우리의 행동 방향을 안내한다. 우리는 현실성을 염두에 둠으로써 이상을 추구하는 데 있어 상당히 엄격한 한계를 잘 제시할 수 있다. 그러나 우리에게 만일 이상이라는 개념이 없다면 그것이 어떻게 그렇게 되는지를 이해할 수가 없다.

알런 거워스(Alan Gewirth)는 다음과 같은 인권 이론을 제시하였다. 인권을 주장하는 모든 이들은 그것이 정당하다는 전제를 가지고 있다. 그러나 이러한 믿음을 갖는 이유가 분명하지 않을 때가 많은데, 그럴 때 우리는 그것이 좋은 이유인지 아닌지를 알 수가 없다. 또 서로 다른 인권을 주장하는 이들이 서로 충돌하는 경우도 생기는데, 이럴 때 인권에 관한 이론이 없다면 우리는 거기서 합리적인 선택을 할 수가 없다. 인권 이론이란 다음과 같은 질문에 답하려는 것이다. 인권이라는 것이 존재하는가? 인권이 무엇인지 우리는 어떻게 아는가? 인권의 내용과 범위는 무엇인가? 인권 사이에는 서로 어떠한 관계가 있는가? 인권은 절대적인 것인가, 혹은 특정 상황에서는 완전히 보류될 수 있는 것인가?(Gewirth 1981) 우리는 이러한 질문에 대한 대답을 **법학**에서는 찾을 수 없다. 오히려 이런 질문을 통해 법률이 제 할일을 하고 있는가에 대한 질문이 더 생길 뿐이다.

세계인권선언 초안이 마련되던 동안 UN의 문화기구인 유네스코(UNESCO)* 는 그 같은 선언이 가질 수 있는 이론적 문제점들에 대한 조사를 실시하였다. 조사결과를 담은 발간물 서론에서 자크 마리탱(Jacques Maritain)은 이 프로젝트가 인권의 철학적 기초, 즉 인권 개념의 올바른 해석과 그 정당성을 밝히기 위한 탐색이었다고 설명하였다. 마리탱은 인권 개념의 정당성을 밝힐 필요는 있

---

\* UN교육과학문화기구(UN Educational, Scientific and Cultural Organization). 교육, 과학, 문화의 보급 및 교류를 통하여 국가간의 협력증진을 목적으로 1947년 설립된 최초의 UN 전문기구.

으나, 그 정당성에 대해 하나의 합의(consensus)를 이끌어내는 것은 전 세계 철학의 다양성을 고려할 때 불가능한 일이라고 주장하였다. 무슨 인권이 존재하는지에 대해서는 동의를 이루어낼 수 있으나, 그 권리들이 왜 존재하는지에 대해서는 동의를 이루어낼 수가 없기 때문이다. 그는 실천적으로는 동의를 이루어냈으나, 이론적인 동의는 이루어내지 못하는 상황이 생길 것으로 보았다. 그리고 인권의 철학적 정당성을 밝히는 데는 다양한 방법들이 있을 것이다. 그렇게 바탕에 깔린 철학이 서로 다르기 때문에, 인권을 실행할 때 어느 정도의 한계가 적절한가, 서로 다른 인권들 사이에는 어떤 관계를 맺는 것이 올바른가 등에 대한 합의를 이루어낼 수 없을 것이라고 보았다. 이것은 하나의 국제적인 권리선언에 너무나 많은 기대를 걸지 말라는 전 세계를 향한 경고다. 기준을 만들면서 단어 하나하나에 합의를 이루는 것은 쉬울 수 있으나, 인권기준을 이행하겠다고 합의하기 위해서는 가치관에 대한 동의가 필요할 것이다. 전 세계에 다양한 가치관이 혼재한다는 사실을 감안하면, 이것은 어려운 일이다. 결국 마리탱은 이론적인 가치보다는 실천적인 가치에 대한 합의를 이끄는 것이 기대할 수 있는 최선의 방법일 것이라고 제안하였다.(Maritain 1949)

유네스코에 공헌한 몇몇 이들은 권리와 의무의 관계에 대해 관심을 보였다. 마하트마 간디(Mahatma Gandhi)는 모든 권리는 상응하는 의무를 다할 때 가질 수 있는 것이라고 했다.(Gandhi 1949) 에드워드 H. 카(E. H. Carr)는 권리는 의무를 수반하는 것이라고 주장하면서, 그것은 국민이 정부를 지지하고 필요한 재원을 제공하지 않으면 정부는 국민들의 권리를 보호할 수 없기 때문이라고 하였다.(Carr 1949: 21-2) 비록 권리와 의무 간의 관계가 인권 이론에 있어 하나의 중심적인 문제로 남아있지만, 우리는 의무이행이 인권의 **전제조건**이 되어야 한다는 명제를 거부하는 이론가들이 있다는 사실을 나중에 확인할 것이다.

마가렛 맥도널드(Margaret Macdonald)는 1940년대 후반 세계인권선언이 초안되고 있던 당시 발표한 논문을 통해 실증주의적 관점에서 자연권의 개념에 대해 문제제기하였다. 그녀는 자연권에 관한 명제들이 어떻게 입증되는지 질문하였다. 경험적 관찰로는 입증할 수가 없었기 때문이다. 이에 대해 자연권이론가들은 자연권은 '이성'에 각인되어 있다고 주장하였다. 그러나 맥도널드는 이렇게 '이성'에 호소하는 것은 동어반복에 지나지 않는다고 생각했다. 인간이 인권을 가지는 이유가 자신이 인간이기 때문이라고 말하는 것은, 인간은 인간이다라고 말하는 것과 같다는 것이다. 이에 자연권이론가들은 인간은 이성적이기 때문에 자연권을 갖는다고 대답하였으나, 다시 맥도널드는 인간이 이성적이라고 가정하더라도 그것이 논리적으로 인간이 자연권을 갖는다는 결론으로 이어지지는 않는다고 주장하였다. 자연권이론가들은 결국 이성과 자연권 사이에 있는 간극을 메우는 데 실패했다. 맥도널드가 생각하기에 자연권이라는 개념의 주장이 나오게 된 것은 열악한 사회조건으로 인해 고통 받는 개인들을 부각시키려는 의도에서 비롯된 것이었다. 그러나 사실 자연은 아무런 평가기준도 제공하지 않는다. 그런 기준은 인간선택의 산물일 뿐이다. 그녀는 인간본성을 설명하는 데는 여러 가지 방법들이 있으며, 철학자들은 인간본성에 대해 각기 다른 개념을 가지고 다른 결론들을 도출해왔다고 지적하였다.(Macdonald 1963) 맥도널드의 주장에 따르면 자연권은 경험적으로 입증할 수 있는 사실도 아니고 자명하게 참인 전제로부터 연역한 사실 역시 아니다. 이것이 인권의 정당성을 주장하는 이론이 맞닥뜨리는 어려움이다. 그녀는 인권이 인간선택의 산물이라고 결론을 내렸다. 하지만 이로 인해 인권은 전혀 정당화될 수 없게 되었다. 그녀의 결론은 나치주의에 대응하기에 적절하지 않은 주장이다.*

결국 UN은 아직 그 철학적 정당성이 매우 불분명한 상태에서 인권이라는 개념을 국제법과 국제정치에 도입하였다. 이 같은 불분명함은 한편으로는 제2장에서 검토한 바와 같이 자연권 개념이 이미 역사적으로 비판을 받아왔던 사

---

\* 제2차 세계대전을 일으키고, 유대인과 사회주의자들을 학살한 나치정권은 독일국민의 압도적 지지로 선출되었다. 나치주의 또한 인간이 선택한 결과인 것이다.

실에 기인한 것이며, 다른 한편으로는 세계인권선언이 채택될 당시 인권의 기초에 대한 철학적 합의가 부족했기 때문에 발생한 것이었다. 인권 개념에 대한 문제제기는 여기서 그친 것이 아니다. 다음은 또 다른 문제제기들 중 일부다.

1. 인권은 자연 상태에서 존재하지 않는, 인간의 발명품이다. 따라서 '자연스럽지도' 않고 '자명하지도' 않다. 도덕적으로 강제적일 뿐이다. 그것도 도덕적 강제성과 정당성을 가진 주장에 바탕을 둔 것이라야 그렇다고 말할 수 있다.
2. 아리스토텔레스(Aristoteles)가 인간이 사회적 동물이라고 말한 것은 옳다. 따라서 인권 이론은 좋은 사회를 위한 이론을 뒤따라야 하며, 그것보다 앞서서는 안 된다.
3. 사회의 이익이 개인의 권리에 우선하기 때문에, 개인의 사회에 대한 의무가 개인의 권리에 우선한다.
4. 좋은 사회라는 개념도 각 사회마다 다르며, 거기서 나오는 권리의 개념도 모두 다르다. 보편적인 권리의 개념은 존재하지 않는다.
5. 국제인권법은 정치권력과 현실적인 동의에 따라 나온 산물일 뿐 그에 대한 도덕적 합의도 충분치 않다. 진지하게 이론적 정당성을 밝힌 적도 없다. 일반적인 원칙에 말로만 동의를 하면서 이 원칙들의 의미와 정책집행에 관하여 동의하지 않았다는 사실은 숨기고 있다.

인권의 정당성을 밝히기 위해서는 이 같은 주장에 맞서야 한다. 이것이 인권 이론의 과제다.

## 2. 인권의 이론

### 권리

인권 이론과 관련해서는 해결해야 할 과제가 많다. 인권 개념이 의미하는 바가 무엇인지, 그것을 정당화해주는 근거는 무엇인지, 그 논리는 무엇이고, 실질적 이행은 어떻게 가능한지, 각 권리들의 실체는 무엇인지, 권리가 어떻게 의무를 창출해내는지, 그 권리가 무엇에 대한 의무를 부과하는지, 누가 그러한 의무를 지는지 그리고 인권과 여타의 가치들 사이에는 어떠한 관련이 있는지 등이 설명해야 할 과제다. (Donnelly 1985a: 1)

인권은 다른 권리와 구분되는 특별한 권리여야 한다. 인권은 흔히 **법적 권리**나 **시민권**과 대조되는데, 이들 권리는 특정 사회의 법률이나 관습으로부터 나온 것이기 때문이다. 도널리(Donnelly)는 인권은 단지 인간이기 때문에 갖게 되는 권리라고 말한다. 이것은 매우 상식적이지만 만족스럽지 못한 공식이다. 왜 단지 인간이라는 이유만으로 **어떤** 권리를 갖게 되는지 분명하지 않기 때문이다. 더구나 왜 세계인권선언에 나열된 권리를 갖는지는 더 불분명하다. 사실 도널리의 공식은 세계인권선언의 목록을 설명하기에는 매우 부적절하다. 예를 들어 세계인권선언 제22조에서는 모든 사람은 '**사회의 일원으로서**' 사회보장을 받을 권리를 가진다고 말한다. 제21조에서는 모든 사람은 자국의 정부에 참여할 권리를 가진다고 말하지만, 그것은 인간이기 때문에 가지는 권리가 아니라 성인 국민이기 때문에 가지는 권리이다. 보통 아동과 외국인은 이 권리를 가질 수 없다.

의무나 자비심을 강조하는 것과 같은 여타의 도덕 담론들과 권리 담론 사이에는 차이가 있다. 만일 당신이 X에 대한 권리는 있지만 X를 갖지 못하였다면, 이것은 옳지 않은 일일 뿐만 아니라 **당신**에게도 나쁜 일이기 때문이다. 권리 담론을 통해 우리는 권리를 누릴 **정당한 자격**이 있는 사람들 하나하나에 관심을 갖게 된다. 권리보유자에게는 자신의 권리 향유가 위협받거나 부정될 때 그 권리를 강력하게 청구할 특별한 자격이 주어지는데, 이것이 바로 권리 개념이 지닌 뛰어난 가치다. 권리를 갖는다는 것이 단순히 어떤 이익을 누린다거나 타인의 의무로 인해 이익을 얻는다는 것과 구분되는 점이다.(Donnelly 1985a: 1-6, 12-13; 1989: 9-12)

인권은 단지 인간이기 때문에 갖는 권리만은 아니다. 도덕적으로 정당하고 인간에게 근본적인 이익을 보호하기 위해, 특히 정치권력의 남용에 저항하기 위해 고안된 특별한 중요성을 지닌 권리다. 인권은 여타의 권리에 비해 그 비중이 훨씬 더 크다. 그렇기 때문에 매우 심각한 이유가 아니고서는 침해할 수 없다. 로널드 드워킨(Ronald Dworkin)이 제시한 권리의 '우월성' 주장은 많은 이들에게 영향을 주었다. 그렇지만 이것을 권리가 여타의 도덕적 혹은 정치적 고려대상보다 항상 우월하다는 것으로 해석한다면 잘못이다. 드워킨의 관점에서 권리는 단지 '정치행정의 일상적 목표' 보다 '우월한' 것으로, 비교적 약한 권리 개념이다.(Dworkin 1978: xi, 92) 인권은 더욱 강한 의미의 우월성을 가지고 있기 때문에 일상적 정치정책보다 우월한 것 이상일 것이다. 그러나 인권이 여타의 모든 고려대상보다 우위에 있다고 주장한다면 그것도 옳지 않다. 그렇기 때문에 세계인권선언 제29조에서는 '민주사회의 도덕, 공공질서 및 일반적 복리에 대한 정당한 필요' 에 부응하기 위해 인권에 제한을 두고 있는 것이다.

### 여타의 가치들

권리 담론을 비판하는 이들은 권리보다 더 중요한 도덕가치가 있다고 말하면서, 권리에 호소하게 되면 이 같은 가치들을 훼손할 수 있다고 주장하곤 한다. 부모가 자식들을 사랑해야 하고 자식들은 부모를 존경해야 한다는 사실을 예로 들 수 있다. 부모나 자식이 자신들의 권리만 주장하게 되면 사랑과 존경으로 이루어진 서로간의 관계가 손상될 것이다. 하지만 만일 부모가 자식들에게 심각한 해를 입힌다면 그때는 자식이나 자식을 대신할 성인이 이러한 권리에 호소할 수밖에 없다. 이상적으로 권리보다 우월한 여타의 가치가 그 기능을 다 하지 못할 때 권리가 뛰어드는 것이다. 사람들은 자신의 권리로 누릴 수 있는 것을 누리지 못하게 위협당할 때 권리를 요구하는 경향이 있다. 그러나 그것을 정상적으로 누릴 수 있으면 권리는 거의 행사되지 않으며, 권리는 이럴 때 가장 잘 보장된다.(Donnelly 1985a: 13-15) 권리 담론이 정당한 이유는 사회질서가 부당할 때 거기에 저항하는 것을 정당화해주기 때문이다. 정의가 지배하는 곳에서는 권리에 호소할 필요가 없다. 이것이 바로 권리 개념이 사회조화를 깬다는 주장에 반박할 수 있는 근거다.

일부 이론가들은 집행가능하지 않은 권리는 아예 권리가 아니라고 말한다. 그러나 사람에게는 집행가능하지 않는 무엇인가에 대한 도덕적 권리가 있다. 나치독일 치하의 유대인들은 수많은 도덕적 권리를 갖고 있었으나 전혀 집행가능하지 않았다. 현재에 집행할 수 없는 도덕적 권리의 존재를 인식하고 있다면, 미래에는 그 권리가 집행되게 할 수 있을 것이다. 도널리는 또한 권리에는 지역의 관습에서부터 국내법과 국제법 그리고 보편적 철학에 이르기까지 서열이 있다고 설명한다. 권리를 요구하는 이들은 보통 가능한 가장 낮은 단계를 선호할 것이다. 보통 자기 지역의 법률에 호소하는 것이 세계인권선언이나 임마뉴엘 칸트(Immanuel Kant)의 도덕철학에 호소하는 것보다 더 쉽고 효과적이기 때문이다.(Donnelly 1985a: 15-21)

일부 철학자들은 '권리에 기반한'(rights-based) 도덕체계를 논하면서 인권을 그러한 예로 들기도 한다. 그러나 이 같은 관점은 받아들일 수 없는 이유가 충분하다. 첫째, 만일 권리가 도덕의 **기초**가 되어버리면, 누군가가 더 근본적인 가치에 기대어 권리를 비판할 때 그러한 비판으로부터 방어할 근거가 없어지기 때문이다. 둘째, 권리가 항상 여타의 가치보다 더 근본적이라고 가정하면 교조주의에 빠질 우려가 있기 때문이다. 권리는 여타의 가치와 균형을 이루어야 한다. 그래야만 인권의 우선순위가 어느 정도가 되어야 적절한지를 정할 수 있게 된다. 우리가 만일 권리의 한계에 대해 설득력 있게 설명하려고 한다면, 여타의 가치들 역시 고려하여야 한다. 예를 들어 타인의 종교를 모욕하는 말이나 행동을 할 권리가 있는가라는 질문에 대해, 권리는 항상 여타의 가치보다 우월하다는 가정을 가지고서는 합당한 답변을 할 수가 없다. 쟁점이 되는 여타 가치의 도덕적 비중을 확인하고 평가하여야 하기 때문이다. 권리는 중요하다. 하지만 도덕체계의 전부는 아니다. 우리가 무엇인가를 할 권리를 가졌지만 그렇게 하는 것이 옳지 않을 때도 있다. 예를 들어 자국 정부에 대해 부당하게 비난만 퍼붓는 것과 같은 행위가 그러한 것이다. 한편 아무도 강요할 권리는 없지만 우리에게는 무엇인가를 해야 할 도덕적 의무가 있기도 하다. 예를 들어 자선단체 기부와 같은 것이 그러하다. '나쁜 일을 할 권리'가 있을 수 있다. 그리고 자비의 의무는 있지만 거기에 상응하는 권리가 없을 수 있다. 이와 같이 모든 사람은 각자의 자유에 대한 권리를 갖고 있다. 하지만 자유로운 사회에 대한 권리는 갖고 있지 않다. 어떠한 개인도 자유로운 사회를 제공해야 할 의무를 질 수 없기 때문이다. 따라서 자유로운 사회는 개인의 권리로 환원할 수 없는 공동선으로 여겨져야 할 것이다.

 권리에는 또한 개인적 근거와 집단적 근거가 있을 수 있다. 표현의 자유에 관한 권리를 예로 들면 개인적 근거는 말하는 사람이 자신의 견해를 표현할 권리와 듣는 사람이 그 견해를 들을 권리가 될 수 있다. 하지만 자유로운 사회가 추구하는 공동선이기 때문에 정당성을 갖는다고 볼 수도 있다. 특히 출판의 자유 같은 경우는 출판업자, 편집자, 기자 혹은 독자들이 갖는 개인적 권리들로 환원할 수 있는 성질의 것이 아니다. 자유로운 사회의 공동선으로 보는 것이 더 적절하다. 우리는 좋거나 필요한 모든 것에 대해 인권을 가지고 있는 것은 아니다. 사랑을 받을 필요도 있고 사랑을 받는 것은 좋은 것이지만, 우리가 인권으로서 사랑받을 권리를 갖고 있지는 않다. 왜냐하면 아무도 우리를 사랑해야 할 의무를 갖고 있지 않기 때문이다. 따라서 인권이 특별히 중요한 가치를 갖는 것임에는 틀림없지만, 권리와 여타의 가치들 사이에는 복잡한 관계가 있다.

한편 인권에 대한 **책임**이 누구에게 있는가에 대해서는 논란이 있다. 정통파들은 국가가 그 책임을 지고 있는 유일한 혹은 주요한 주체라고 본다. 그러나 이러한 관점에는 의문이 제기될 수 있는데, 세계인권선언 제30조에서 비국가집단이나 개인에 의한 인권침해도 염두에 두고 있기 때문이다. 다국적기업과 같은 강력한 비국가행위자에 대한 우려가 늘고, 여성주의자(feminist)들이 여성들의 권리가 침해되고 있는 곳은 사적 영역이라는 분석을 내놓자, 인권사상가들은 전통적 인권 이론이 인권을 요구하는 대상과 관련하여 국가에만 지나치게 집중해왔다는 견해를 갖기 시작하였다. 이 문제에 관해서는 국가는 민간기업에 의한 인권침해를 예방하고 여성을 보호할 일차적인 책임을 갖고 있다고 정리할 수 있다. 한편 인권 개념이 '사적인' 피해에까지 확대되면, 광범위한 의미에서의 범죄도 다루게 되어 인권의 차별성과 선명성을 잃게 되는 것 아니냐는 의문도 제기되고 있다.

우리는 왜 인권이 인권과 충돌하는 전통적 가치보다 더 우월해야 한다고 믿어야 하는가? 도널리는 근대화의 힘으로 인해 전통적 공동체와 그 공동체가 구성원에게 제공하던 보호체계가 붕괴되었기 때문에 인권이 이들을 보호해야 했다고 주장한다. 비록 인권이라는 개념이 전통문화에서는 낯선 것이었지만 말이다. 그리하여 정치적 및 문화적 자기결정권은 그 장점에도 불구하고, 인간의 존엄성(dignity)을 위해 인권 개념으로 제한을 가할 수 있다는 것이다. (Donnelly 1985a: 82-5) 도널리의 이러한 주장은 인권이 서있는 위치를 잘 설명해준다. 그러나 인권을 침해하는 면이 있는(예를 들어 특정한 종교에만 특권을 준다든지 하는) 문화가 세계인권선언에 더 충실한 문화보다 우월하다고 믿는 사람들에게는 소용이 없다.

도널리는 인권에 대한 국제적 합의가 '인간본성에 관한 설득력 있고 매력적인 이론'에 바탕을 둔 것이라고 말하며, 그 합의에 기대어 자신의 '근대화'

논리를 펼친다.(Donnelly 1989: 21-4; 1999: 85; 2001: 9) 여기서 도널리가 제시하는 인권의 **세 가지** 기초를 볼 수 있다. 합의, 인간본성에 관한 설득력 있는 이론 그리고 인간본성에 관한 매력적인 이론이 그것이다. 도널리는 합의로부터 나온 주장을 좋아하는 것 같은데, 아마 인간본성에 관한 철학이론들 사이에 존재하는 복잡한 논란을 피할 수 있기 때문일 것이다. 그러나 도널리의 이러한 주장에는 신빙성이 없다. **진지한** 합의가 존재하는지 확실하지 않을 뿐만 아니라, 합의라는 것이 윤리적인 것이 아니라 현상적인 것이어서 그 자체로는 아무것도 정당화할 수 없기 때문이다. 도널리는 자유주의적 가치인 자율(autonomy)에 기반을 두고 인간본성에 관한 '설득력 있고 매력적인' 이론에 호소함으로써 이러한 사실을 암묵적으로 인정한다.(Donnelly 2001: 11-2) 그러나 이 같은 대안에도 문제가 있다. 일부 문화에서는 자치의 가치를 인정하지 않으며, 심지어 대체로 그 가치를 인정하는 자유주의자들조차도 그 의미와 중요성에 대해서는 각기 다른 의견들을 보이기 때문이다.(Parekh 1994; Kymlicka 1995; Barry 2001)

### 인간본성

도널리는 인권이 인간의 **필요**에 기반을 둔 것이라는 발상을 거부한다. 왜냐하면 사람들의 합의에 따라 인간에게 필요한 것의 집합을 만드는 과학적인 방법이 없기 때문이다. 그리고 그는 인권의 기초는 필요 그 자체보다는 존엄성의 필요에 있다고 주장한다. 그러나 인권과 '존엄성' 사이의 관계에는 인권과 '필요'의 관계만큼이나 문제가 있다. 예를 들자면 사람의 안전에 대한 권리는 인간의 필요에 따른 것이기도 하지만 존엄성을 지키기 위해 필요한 것이기도 하다. 그러나 사람들 대부분에게 거의 항상 '필요' 한 것이지만, 존엄성이 보장되는 삶을 위해 항상 필요한 것은 아니다. 군인들은 존엄성을 갖춘 삶을 살기 위해 민간인들이 보통 필요로 하는 만큼의 안전은 누리지 못하고 사는 것이 그러한 경우다. 필요와 권리의 관계는 분명히 복잡하다. 누군가는 무엇인가를 필요로 하지만 그것에 대한 권리는 갖지 못하는 경우도 있다. 그 권리가 타인에게 불합리한 요구를 강요할 수도 있기 때문이다. 사람들에게 우정은 필요한 것이지만, 아무도 인권으로서 우정에 대한 권리를 가질 수는 없다. 아무도 친구가 되어주어야 할 의무는 없기 때문이다. 한편 비록 인권이 필요에서 직접 비롯되는 것은 아니지만, 식량에 대한 필요와 같이 일부 필요는 일부 인권의 기초가 되기도 한다. 일정 수준의 식량은 존엄성을 갖춘 삶에 필수적이므로 인권으로서의 식량권의 근거가 될 수 있기 때문이다. 그러나 인간이 식량을 필요로 한다는 사실 자체 또한 이 권리를 지지하는 것으로 볼 수도 있다.

마르타 누스바움(Martha Nussbaum)은 필요 이론과 존엄성 이론을 융합하여 '역량'(capabilities) 이론을 제시하였다. 이 이론에서는 역사적 변화와 문화적 차이를 통틀어서 우리가 타인을 인간으로 인정하는 근거가 무엇인지를 규명하려고 애썼다. 이 이론에 따르면 인간을 인간으로 정의하기 위해서는 인간에게 필수적인 어떤 역량이 있어야 한다. 이러한 역량은 논란이 많은 형이상학적 인간본성 이론에서 나온 것이 아니라, 역사적 증거에서 비롯된 것이다. 인간역량(human capabilities) 이론은 종교, 문화, 철학 사이에 깊이 팬 골을 넘어서고 역사와 문화의 차이를 민감하게 고려하면서, 가능한 보편적이고자 한다. 또한 인간본성에 대해 특정 해석방식이 더 우월하다고 여기지 않고 인간이 본질적으로 무엇인가에 대한 합의를 도출하려고 한다. 이 이론에서는 인간에게 필수적인 기능을 목록으로 만들었다. 이 목록은 그 필수 기능들이 다양한 지역과 개인의 개념들에 따라 다양한 방식으로 열거될 수 있도록 의도적으로 모호하게 만들어졌다. 또한 이문화간(異文化間, cross-cultural) 교류를 통해서 만들어지는 것이기 때문에 언제라도 변경 가능하고 끝이 없다. 이 목록은 인간의 역량과 한계로 이루어져 있는데, 이는 인간은 무엇인가를 할 수 있는 역량도 있지만 동시에 무엇인가를 필요로 하는 존재이기 때문이다.

이 이론이 갖는 의미는 무엇일까? 우선 인간은 언젠가는 죽을 운명이며, 특별한 상황에서는 죽음을 선택할 경우도 있겠지만 일반적으로는 죽음에 대한 거부의식을 가지고 있다. 인간은 육체를 가지고 있으며, 최소한의 식품, 음료와 거주지를 필요로 한다. 태어나 삶을 시작하는 유아기에는 약하고 의존적이다. 기쁨과 고통을 경험하면서 고통에 대한 일반적 거부의식을 갖게 되고, 대부분 성적 욕망을 경험하며, 한 장소에서 다른 장소로 이동하기도 한다. 감각을 통해서 외부세계를 인지하고 상상력, 사고력, 분별력을 갖게 되며, 무엇인가를 이해하려고 노력하게 된다. 실용적 이성을 갖게 되고, 어떻게 해야 삶이 더 좋아지는지를 생각하고 거기에 따라 행동하고자 한다. 다른 사람을 인식하고, 친근감을 느끼게 되며, 걱정을 해주기도 하며, 놀고 웃기도 한다. 인간은 또한 자연세계 속에서 살면서 자연세계와 만족스러운 관계를 유지해야 한다. 그러나 인간은 모두 독립된 개인이다. 어떤 문화권에 속해 있든 간에 혼자서 태어나고 혼자서 죽는다. 사람들 사이의 관계가 가깝건 멀건 간에 독립된 개인으로서 서로 관계를 맺는 것이다.

이 이론은 두 가지의 문턱(threshold)을 명시한다. 첫째는 삶이 그것을 넘지 못할 경우 인간으로 존재할 수 없는 문턱이며, 둘째는 삶이 그것을 넘지 못할 경우 좋지 않은 문턱이다. 이 이론은 인간의 자율을 중요시하기 때문에, 첫째 문턱을 넘어선 사람들이 둘째 문턱으로 어떻게 갈 것인가에 대해서 많은 이야기를 할 수는 없다. 그러나 모든 기초역량들에는 각각 개별적이고 본질적인 중요성이 있다는 점은 분명하다. 그렇기 때문에 하나의 역량을 늘이기 위해서 다른 하나의 역량을 줄이는 방식의 흥정(trade-off)은 엄격히 제한되어야 한다. 그 역량들은 또한 상호의존적인 것이다. 예를 들자면 우리가 음식을 먹기 위해서는 움직여야 한다는 것이다.

이 역량이론을 증명하기 위해 실제로 보편적 동의가 필요하지는 않다. 이론에서 제시한 목록의 내용 중 일부에 대해 반대하는 이들이 있다면, 그 목록에 포함된 실용적 이성이나 타인의 인정과 같은 구성요소를 통해 이해를 얻어낼 수 있을 것이다. 그뿐만 아니라 이 이론은 공통의 인간애와 문화 차이의 존중이라는 개념과 특정한 문화적 관행을 비판할 수 있는 근거 또한 제시하고 있다. 이 이론은 각기 다른 상황에서 의도적으로 모호하게 만들어진 원칙들을 각기 다르게 해석하면서, 서로 참여적 대화를 이루어야 지속될 수 있다. 또한 이 이론은 실용적 이성을 인간의 기본적인 역량으로 여기고 자율의 가치를 존중하기 때문에 기본적인 자유주의 가치에 어느 정도 부합한다고 볼 수 있다. 그러나 선택을 할 때 물질적 조건을 강조하는 점에 있어서는 자유주의적이라기보다는 사회민주주의적인 면이 더 많다. 또한 역량이론은 인종주의와 성차별주의에 확고하게 반대한다. 특히 인종주의자들과 성차별주의자들이 이 이론에서 강조하는 공통의 인간애라는 개념을 부정하기 때문이다.

역량이론은 한 사회에 사는 인간들 각각이 누리는 삶의 질을 관찰함으로써 전통, 사회적 조건 그리고 그 사회를 평가하는 기초를 제공한다. 끝으로 누스바움(Nussbaum)은 사람들에게 공유된 약점이 있다고 생각하는 것이 동정심이라는 감정의 바탕이 되고 인간에게 역량이 있다는 생각이 존중의 바탕이 되어 도덕적인 행동을 불러일으킨다고 주장한다.(Nussbaum 1992) 누스바움의 역량이라는 개념과 인권 사이에는 강한 유사성이 있다. 예를 들어 실용적 이성이라는 역량은 양심(conscience)의 자유를 보호해야 할 근거가 될 수 있다. 그러나 누스바움은 인권에 대해서는 유보적인 입장이다. 역량 개념이 권리 주장에 정당성을 부여할 수는 있다. 하지만 인권보다 더 명백할 뿐만 아니라 문화를 뛰어넘는 호소력을 가진 개념이기 때문이다.(Nussbaum 2000: 5, 79, 96-101) 그럼에도 불구하고 역량이론에 반대하는 기본적인 이견 두 가지가 있다. 첫째는 역량이라는 것은 자연적인 사실로서 도덕적으로 중립적인 것이며, 심지어 도덕적으로 악하게 될 잠재성도 가질 수 있다는 것이다. 예를 들어 상상력은 예술작품을 창조하는 데 사용될 수도 있지만, 희한한 고문방법을 만들어내는 데 사용될 수도 있다. 따라서 우리는 선한 역량과 악한 역량을 구분해낼 또 다른 도덕이론이 필요하게 된다. 둘째 주장은 하나의 필요를 충족시키는 것이 다른 필요를 충족시키는 것과 충돌할 때, 역량이론은 아무런 방향성을 제시하지 못한다는 것이다.(Gray 1986: 47-9) 첫째 이견에 대해 역량이론은 인간번영을 위한 최소한의 조건을 명시하여, 이것을 통해 선한 역량과 악한 역량을 일정 정도 솎아낼 수 있다고 반박한다. 예를 들어 예술이 고문보다 인간번영에 이바지하는 바가 더 크다는 것이다. 둘째 주장에 대해서는 기초적인 형태의 역량이 보다 발전된 형태의 역량보다 더 우선시 된다고 반박한다. 그러나 역량이론은 그 우선순위에 대해서는 더 이상의 견해를 제시하지 않는다. 누스바움은 자신의 이론이 최종적인 권위나 완결성을 가졌다고 주장하지 않기 때문이다. 대신 사회정책을 평가하는 데 있어 다른 이론들에 비해 더 탄탄한 기반을 마련해줄 수 있다고 주장한다.(Nussbaum 2000) 이렇게 역량이론은 인권의 정당성을 위한 비교적 강력한 철학인류학적인 기초를 제공한다.

한편 자연권이론에서나 국제법상 인권을 구축하는 과정에서나 인권의 내용은 비교적 고정적인 것으로 보인다. 그러나 인권의 개념은 시간이 지남에 따라 변화하는 것이다. 이 같은 변화는 어떤 가치나 그 가치를 위협하는 것이 변화한다는 사실과 관련해서 설명할 수 있다.(Donnelly 1985a: 35) 역량이론에서는 더 안정적인 역량과 더 역동적인 역량을 구분하려고 한다. 그러나 권리의 변화에 관해서는 이러한 관점보다는 인권은 '사회적으로 구성되는 것'이라는 도널리의 관점이 더 잘 **설명**해줄 수 있을 것이다. 반면 역량이론은 삶의 질이라는 개념을 통해서 그러한 변화를 **평가**하는 데 더 적합하다. 도널리는 인권이 건강한 발전을 위한 조건을 창출한다고 주장하였지만,(Donnelly 1985a: 38, 40) '사회구성주의'는 역량이론 같은 이론에 의존하지 않고는 무엇이 건강한 발전인지를 설명할 수가 없다. 도널리는 구성주의 이론에 '정치적으로 적절한 철학적 인류학'이 필요하다는 사실을 인정하였는데, '인간본성에 관한 실질적 이론'을 제공하여야 철학적으로 방어할 수 있는 인권의 목록을 만들어낼 수 있기 때문이었다.(Donnelly 1985a: 36-7) 또 도널리는 인권을 행동하는 데 있어서의 정당성과 목적은 인간을 '진정한 인간'으로 만드는 것이라고 주장했는데, 이 같은 주장은 그의 이론을 역량이론의 접근방식에 더욱더 가깝게 다가가게 하는 것이다.(Donnelly 1989: 17-9, 21)

### 권리간 충돌

　제2장에서 살펴본 바와 같이 인권 개념은 역사적으로 공리주의 철학의 도전을 받아왔다. 공리주의(utilitarianism)는 자연권이 비과학적이고 사회질서를 전복시키려 한다고 반대했다. 대신 정부의 정당성을 평가하는 척도로서 공리성의 원칙(혹은 공동선, 최대다수의 최대행복, 복지의 극대화 등의 비슷한 뜻으로 해석될 수 있다)을 제시하였다. 인권의 개념은 제2차 세계대전 이후 부활하였는데, 당시 파시즘의 문제점을 보다 명료하게 보여주기 위해서는 공리성(功利性)보다는 인권의 개념이 더 적절하였기 때문이었다. 행복의 극대화라는 공리주의적 개념은 원칙적으로는 파시즘을 비난하지 않으며, 어떤 상황에서는 오히려 승인할 수도 있다는 문제점이 있다. 그러나 실은 인권이라는 새로운 개념조차도 공리주의적 주장을 인정하였다. 세계인권선언 제29조에서는 다른 목적 중에서도 '민주사회의 일반적 복리'의 목적을 위해서는 제한될 수도 있다고 제시하고 있는 것이다.

　드워킨(Dworkin)은 인권이 공동선보다 우위에 있다고 생각하였다. 많은 인권이론가들은 인권과 공동선의 관계를 표현할 때 드워킨의 주장을 인용한다. 그러나 이렇게 공식화된 주장이 의미하는 바가 무엇인지 그리고 그것이 정당한지 여부는 대체로 명확하지 않다. 만일 한 개인의 인권으로 인해 사회 전체의 이익이 위협받는 경우에도 권리가 공동선보다 여전히 우위에 설 수 있어야 하는가? '공동선' 자체를 인권의 언어로 분석하기 시작하면 이러한 문제는 더 풀기 어려워진다. 예를 들어 한 사람을 살해한 후 그 사람의 신체장기를 사용하여 열 사람의 생명을 구할 수 있다면 그렇게 해야 하는가? 그 열 사람도 인권으로서의 생명권을 갖고 있지만, 인권을 지지하는 사람이라면 열 사람을 살리기 위해 한 사람을 죽인다는 데 직관적으로 거부감을 가질 것이다. 이른바 '권리 공리주의'에서는 권리보호의 극대화를 위해서 때때로 정당화될 수도 있겠지만, 인권지지자들은 대체로 다른 사람들의 인권을 보호하기 위해 한 사람의 인권을 희생시키는 일을 마땅치 않게 생각한다. 이 같은 권리의 충돌을 어떻게 해결해야 하는가에 대해서는 여전히 논란이 많다.

존스(Jones)는 이러한 상황에서 역설적이게도 규칙공리주의(rule-utilitarianism)*가 인권 이론을 구해낼 수 있을 것이라고 주장하였다. 규칙공리주의에서는 우리가 공동선을 가장 잘 증진시킬 수 있는 규칙에 따라 살아야 할 것을 강조한다. 따라서 규칙공리주의적 관점에서 보면 타인의 인권 보호를 위해 한 사람의 인권을 침해하지 않는 것은 그것이 정당한 규칙을 위반할 것이기 때문이다. 단기적으로는 해로운 것보다 이로운 것이 더 많다 하더라도 규칙공리주의자들은 그렇게 해서는 안 된다고 본다.(Jones 1994: 203-4) 이 같은 견해는 다수 타인의 인권을 보호하기 위해 소수의 인권이 침해되어서는 안 된다고 믿는 이들에게는 그럴듯한 해결책이다. 그러나 우리가 항상 이 같은 입장을 취해야 하는지는 확실치 않다.

인권이 중요한 개념이기는 하지만, 다른 인권이나 다른 사람의 같은 인권, 혹은 다른 가치와 충돌할 수도 있다. 이것은 본질적인 문제이다. 도널리가 주장하는 구성주의는 이러한 충돌을 해결하는 데 도움이 안 된다. 이 문제를 해결하는 데는 알런 거워스(Alan Gewirth)의 이론이 유용하다. 그에 따르면 인권은 도덕적으로 행동하는 데 필수적인 것이기 때문에 정당성을 가진다. 따라서 인권이 충돌을 일으키게 되면 도덕적으로 행동하는 데 더 중요한 권리들이 그렇

---

* 19세기 초 존 스튜어트 밀(John Stuart Mill)은 "공리성 혹은 최대행복의 원리는 어떤 행위가 행복을 증가시키는 경향에 비례하여 옳은 것으로, 행복을 감소시키는 경향에 비례하여 나쁜 것으로 보는 것이다"라고 말했는데, 이런 의견을 '규칙공리주의'라고 부른다. 한편 18세기 말~19세기 초 제레미 벤담(Jeremy Bentham)은 '행위공리주의'를 내세우면서 매 행위의 쾌락, 고통 증가율을 측정해서 윤리적 평가를 내릴 것을 주장하였다. 이 계산을 위해 그는 쾌락과 고통의 가치를 계량화 및 수치화하고 평균을 내서 합산한 뒤, 이해관계에 있는 다른 사람들의 행복 지수와 더해서 전체적인 행복도를 측정하기 위한 길고 복잡한 공식까지 제시했다고 한다.

지 않은 권리들보다 우선시되어야 한다는 것이다. 예를 들어 굶지 않을 권리는 유급휴가의 권리보다 우선될 것이다.(Gewirth 1978; 1982) 그러나 이 이론은 동등하게 중요한 권리들 간의 충돌에 대해서는 해결책을 제시하지 못한다.

일부 정치이론가들은 보편적 인권의 개념이 '제국주의적' 일 수 있다고 믿지만, 정부의 올바른 행태에 대한 최소한의 기준이 존재해야 한다는 사상을 포기하고 싶지는 않았다. 그래서 이들은 '기본권'(basic rights)이라는 개념을 채택하기에 이르렀다.(Walzer 1980; Rawls 1993; Miller, D. 1995) 슈(Shue)는 기본권을 다른 모든 권리를 누리는 데 필수적인 권리라고 정의하였다. 기본권을 보장하기 위해서 필요하다면 다른 권리들이 침해될 수도 있다. 하지만 기본권은 다른 권리를 보장하기 위해서라도 침해되어서는 안 된다. 기본권 개념은 권리간 충돌의 문제에 대하여 어느 정도 방향성을 제시한다.(Shue 1996) 하지만 어떤 권리가 다른 권리를 누리는 데 필수적일 수 있는지는 확실치 않다. 예를 들어 음식을 먹는 것은 표현의 자유에 대한 권리를 누리는 데 필요한 것이지만, 음식을 먹을 **권리**가 꼭 필요한 것은 아니다. 한편 도널리는 '기본권'을 명시함으로써 존엄성을 갖춘 삶에 필수적인 다른 인권들이 무시되지 않을까 우려하였다.(Nickel 1987: 102-5; Donnelly 1989: 38-41) 결국 '기본권'은 논란이 많은 개념이며, 따라서 권리간 충돌의 문제를 해결하는 데는 큰 도움이 되지 못한다.

어쩌면 권리간 충돌의 문제는 이론을 통해서는 해결할 수 없을지도 모른다. 만일 그렇다면 그것은 주목해야 할 문제다. 인권 담론이 도덕적 및 정치적 생활에서 해결할 수 없는 딜레마일 수 있다고 받아들이기가 어렵기 때문이다. 그것은 아마도 인권이 복잡한 문제들을 간단히 풀 수 있는 해결책이라고 흔히들 표현하기 때문일 것이다. 권리를 좀더 복잡하게 공식화하면 일부 명백한 충돌은 해결할 수도 있을 것이다. 예를 들어 표현의 자유에 대한 권리는 특정 형태의 학대를 표현할 권리를 제외시키도록 구체화한다면, 인종적 학대를 당하지 않을 권리와 서로 충돌하지 않을 것이다.(Jones 1994: 199-201)

스타이너(Steiner)는 권리간 충돌로 인해 묵과할 수 없는 독단이 발생할 수도 있으므로, 권리는 항상 '공존가능'(compossible)한 것이어야 한다고 주장하였다. 즉 충돌을 피할 수 있는 권리 이론만이 합리적이라는 것이다. 그러나 스타이너가 주장하는 권리 이론에서는 사적재산의 권리만 인정할 뿐 UN에서 인정하는 경제적 및 사회적 권리의 대부분을 배제하였다.(Steiner 1994) 그렇기 때문에 스타이너에 비판적인 이들은 그의 이론이 기본적 인권보다 재산권이 우위에 서는 묵과할 수 없는 상황을 허용하는 것이라고 비난한다.

한편 시민적 및 정치적 권리만이 진정한 인권이라는 관점은 이미 널리 퍼져있다. 시민적 및 정치적 권리는 정부로 하여금 어떠한 행위를 하지 않도록 요구만 하기 때문에(예를 들어 고문 중단의 요구) 보편적으로 성취될 수 있는 반면, 경제적 및 사회적 권리는 보편적이지 않은 특정 제도(복지국가와 같은)에 의존하는 것이기 때문에 일부 정부들이 감당할 수 없는 지나치게 많은 비용이 들기 때문이다. 불가능한 것을 해야 할 의무는 있을 수 없으므로, 어떤 경제적 및 사회적 요구를 충족시키는 것이 불가능하다면 그것을 누릴 **권리** 또한 존재할 수 없다는 것이다.(Cranston 1973; Rawls 1999: 80) 이러한 주장에는 슈(Shue)와 도널리(Donnelly)가 효과적으로 대응하였다. 도널리는 두 종류의 권리 사이의 구분이 혼란스럽다는 점을 지적하였다. 즉 재산권은 시민적 권리로 간주되지만, 이성적으로 판단해 보건데 경제적 권리로 간주될 수도 있는 것이다.(Donnelly 1989: 30) 슈는 생존권과 같은 어떤 기본적 경제적 권리를 존중하지 못하면 시민적 및 정치적 권리가 쓸모없어질 수 있다고 주장했다. 이들은 또한 시민적 및 정치적 권리를 보호하는 데 역시 비용이 많이 들 수 있으며(예를 들어 공정한 재판을 제공하는 데는 비용이 많이 든다), 정부가 어떤 적극적인 행동을 취해야 하거나 행동을 취하지 않아야 하는 것은 두 종류의 권리 모두에 해당하는 것이라고 주장하였다. 결국 시민적 및 정치적 권리만이 진정한 인권이라고 여기는 데는 아무런 근거가 없다.(Shue 1996; Donnelly 1989)

## 민주주의

인권과 민주주의 사이에는 상호보완성이나 혹은 상호연관성이 있다고 정의하고 그렇게 믿는 경우가 많다. 예를 들어 1993년 비엔나선언에서는 민주주의와 인권이 '상호의존적이며 상호보강적' (interdependent and mutually reinforcing)이라고 역설하였다. 그러나 사실 인권과 민주주의의 관계는 상당히 복잡하다. 인권과 민주주의 모두 그 바탕을 이루고 있는 것은 개인의 존엄성 존중과 같이 유사한 가치들이다. 경험적으로 볼 때 민주주의는 인권을 보호하는 데 가장 적합한 정부형태라고 볼 수 있다. 하지만 경제적 및 사회적 권리의 경우에는 일부 선거민주주의 정부에서보다 일부 권위주의 정권 하에서 더 잘 보호되는 경우가 있다.(Chun 2001) 하여간 인권과 민주주의는 그 이론적 기초가 서로 다르거나 서로 경쟁적일 수도 있다. 민주주의 이론에서는 누가 통치를 하느냐라는 질문에 '인민'이라고 대답을 한다. 하지만 인권 이론에서는 통치자가 어떻게 행동해야 하느냐라는 질문에 모든 개인의 인권을 존중해야 한다고 대답한다. 민주주의는 집단적 개념이며, 민주적 정부가 개인의 인권을 침해할 수도 있다. 인권은 정부의 권력을 제한하기 위해 고안된 개념이며, 정부로 하여금 인민의 지배에 복종하도록 하기 때문에 민주주의적 특성을 띠고 있다. 그러나 인권은 모든 정부의 정당한 권력을 제한하는 것이며, 민주적 정부도 예외가 될 수 없다. 인권보호를 위해 헌법에서 인권을 보장하기도 한다. 그러나 이것은 민주적으로 선출된 정치적 정책결정자의 권력을 주로 민주적으로 선출되지 않은 재판관에게 이전시키는 결과를 낳고만 것일 수도 있다.

월드런(Waldron)은 권리의 헌법적 보장을 권리에 기반하여 비판하였다. 그는 인권의 가치가 개인의 존엄성에서 비롯된 것이라면, 그 개인의 민주적 참여에 따른 결과가 법정에서의 판결보다 우선되어야 한다고 주장하였다.(Waldron 1993) 달(Dahl)도 비슷한 의견을 제시하였다. 인민은 스스로에게 무엇이 이로운지를 판단하는 최선의 재판관이며, 따라서 자신들의 권리를 가장 안전하게 수호할 수 있다고 주장하였다. 그렇기 때문에 민주주의는 권리보다 우선하는 것이다.(Dahl 1989) 한편 드워킨(Dworkin)은 다수결주의적 민주주의와 평등주의적 민주주의를 구분하였다. 다수결주의적 민주주의는 '다수에 의한 압제'를 허용할 수 있으며, 모든 시민이 평등하다고 인정하지 않기 때문에 불완전한 형태의 민주주의라 볼 수 있다. 평등주의적 민주주의에서는 모든 시민의 평등성을 인정하고, 모든 시민의 권리를 헌법으로 보장함으로써 다수에 의한 권리침해를 막았다. 드워킨에 따르면 헌법적으로 민주적 권리를 보호하는 것은 비민주적인 것이 아니다. 민주적 평등성을 보호하기 위한 의도에서 나온 것이기 때문이다.(Dworkin 1978; 1996) 이 같은 논쟁은 해결하기 어려운 문제인데, 그 이유 중 일부는 법원의 판결에 대해 제기되는 복잡하고 경험에서 비롯된 의문 때문이다. 가장 실질적인 민주주의에서는 기본권의 보호를 독립된 법원에 위임한다. 그러나 법원이든 선출직 입법기관이든 인권이나 민주주의를 보호할 것이라고 장담할 수는 없기 때문에 일부 이론가들은 특정한 제도보다는 인권과 민주주의를 강력하게 지지하는 정치문화가 더 나은 방어책이라고 주장하기도 한다.

### 소결

인권 개념은 '개인주의적'이고 책임**보다는** 권리를 강조하며, 이기심을 조장한다는 이유로 종종 비판을 받는다. 그러나 로크의 고전적 자연권 이론의 바탕을 이루고 있는 자연법은 모든 사람에게 타인의 권리를 존중해야 할 의무를 부과하였다. 권리 개념이 이기적으로 사용될 수도 있다. 그러나 모든 개념은 악용될 수 있다. 예를 들어 의무 개념이 강자가 약자를 통제하는 데 사용될 수도 있는 것처럼 말이다. 권리 옹호자들은 보통 타인의 권리를 위해서 싸운다. 그렇게 하면서 이기적이게 행동하지 않는다. 세계인권선언 제29조에서는 모든 사람은 사회적 의무를 가진다고 가정하고 있다. 또한 거워스(Gewirth)는 인권 개념은 인권을 지속시킬 수 있도록 해주는 공동체에 대한 의무를 수반한다고 주장한다.(Gewirth 1996) 한편 인권 개념은 비사회적인 개인의 개념을 전제로 하고 있다고 비판하는 이들도 있다. 그러나 인권의 개념은 정당성을 지닌 정부에 관한 이론에 주로 기반을 두고 있다. 즉 인권 개념은 비사회적인 것과는 거리가 멀며, 오히려 주로 **정치적인** 개념인 것이다.

세계인권선언에서는 인권을 인정하는 것이 세계 정의의 기초가 된다고 선언하였다. 그러나 인권과 정의의 관계는 복잡하다. 정의를 주장하는 자유주의 이론가들은 정의의 개념이 인권의 개념보다 더 근본적인 것이며, 권리를 어떻게 배분해야 하느냐에 대해서는 인권 개념보다는 정의 이론이 더 잘 설명할 수 있다고 주장한다. 하여간 정의 이론은 인권과 관련하여 중요한 위치를 차지하고 있다.(Barry 1965: 149-51; Beltz 1979) 일부 이론가들은 누군가가 인권을 요구하는 것이 합당한지 여부는 그것이 정의에 부합하는지 여부에 따른다고 주장한다.(Cranston 1973: 14) 이와는 대조적으로 도널리는 인권 개념이 정의 개념보다 더 명확하고 논란도 적다고 주장해왔다.(Donnelly 1982) 현실에서는 인권 개념이 국제적 정의에 대한 어떠한 **특정** 이론보다 논란이 적을지도 모른다. 그만큼 정치적으로는 더 유용한 것이다. 그러나 우리는 인권 또한 여러 측면에서 매우 논란이 많다는 사실도 알고 있다. 하여간 정의를 주장하는 자유주의 이론가들은 대부분 인권을 받아들이고 있다. 그리고 국제정치에 있어 권리에 기반한 접근법(rights-based approach)과 정의에 기반한 접근법(justice-based approach) 중에서 어느 것이 더 유효한지는 이론보다는 현실에서 판단할 문제다.

인권 개념을 반대하는 이들은 보통 그 이유 중 하나로 권리가 자연에서 비롯한 것이 아니라 특정 사회의 문화와 제도 속에서 나온 것이라는 점을 든다. 이 같은 주장은 세계인권선언에 있는 권리들 중 일부 조항에 반대하는 의도에서 나온 것이다. 존스(Jones)는 선언 제22조에서 '모든 사람은' 사회보장을 받을 권리를 가지며 **각 국가의 조직과 자원에 따라서** 자신의 존엄에 불가결한 경제적, 사회적 및 문화적 권리를 실현할 권리를 가진다고 선언한 점을 지적하였다. 존스는 제22조가 인권이라기보다는 시민의 권리를 설명한 것이라고 주장한다.(Jones 1994: 160-63) 그러나 이 조항은 이 권리가 보편적이긴 하지만 국가의 조직과 자원에 따라 그 이행하는 방식이 다를 수 있다고 선언한 것으로 이해되어야 한다. 인권에 가해지는 제한은 사회가 만든 것이기 때문에, 인권은 사회적으로 그리고 다양하게 구체화되어야 한다는 것이다.(Jones 1994: 192-94) 세계인권선언 제29조에서는 인권이 특정한 목적을 위해서 법에 따라 제한을 받을 수 있다고 허용하고 있다. 그러나 이 조항은 다른 조항과 달리 모호하게 표현되어 있다.

권리는 인간 사이의 관계를 지배하는 규칙에서 나온 것이다. 이러한 뜻에서 권리는 필연적으로 사회적이다. 이것은 권리란 권리보유자(right-holders)에게 권력을 주는 것이라는 생각과도 통한다. 권력은 사회적 관계이며, 정당한 권력은 타인의 권리를 보호하기 위해 규칙에 따라 제한될 수 있다. 권리보유자에게 권력을 준다는 사실은 권리의 개념이 갖는 두드러진 특징이다. 인간의 의무보다는 인간의 권리를 강조하는 것은 권리보유자의 도덕적 가치를 강조하는 것이다. 인간 개인이 도덕적 지위를 갖기 위해서는 타인에 대한 의무 역시 뒤따른다는 사실을 부정하지 않았다는 것이다. 인권의 개념은 인간 개인을 도덕적 주체로 존중하고, 연약한 생물체로 여길 것을 요구한다. 인권은 이기적이거나 반사회적인 개념이 아니다. 개인의 책임이나 공동체의 가치를 부정하지도 않는다. 인권은 개인의 자율을 존중하면서 인간 연대를 확인시키는 개념이다. 마리탱과 포사이드는 세계의 종교와 철학이 다양하고 철학의 성격 자체가 '본질적으로 논쟁적'이기 때문에, 인권의 '철학적 기초'에 합의를 구하는 것은 불가능할 것이라고 말했다. 옳을 수도 있다. 그렇다고 이러한 사실이 인권 개념에 심각한 타격을 주는 것은 아니다. 철학적 기초라는 발상 자체에 문제가 있기 때문이다.(Rorty 1993) 인권을 지지하는 이유는 다양하다. 도널리는 인간 존엄성을 존중해야 하기 때문이라고 했고, 거워스는 인권이 도덕적 행동의 기초라고 했으며, 로티는 인권이 인간 동정심의 요구에 따른 것이라고 했고, 누스바움은 인권이 인간 번영의 조건이라고 했다. 인권이 도덕이나 정치의 전부는 아니다. 사회질서 등 다른 가치와도 조화를 이루어야 한다. 또한 절대적인 것도 아니다. 인권도 서로 충돌할 수 있기 때문이다. 하지만 분명한 것은 인권 개념이 정치 이론에서 주도적인 역할을 할 수 있는 도덕적 및 인도주의적 근거는 매우 강력하다는 점이다.

제5장
# 사회과학의 역할

## 1. 인권과 사회과학

  인권 개념의 기원은 철학 혹은 법학을 통해 찾을 수 있었다. 자연권 개념은 애초에 빈부차이에 관한 크리스트교 이론을 정교화하기 위해 개발되었으나, 17세기에 들면서부터 절대왕정에 저항하여 재산에 대한 권리와 오늘날 우리가 시민적 및 정치적 권리라 부르는 권리를 방어하기 위한 것으로 발전하였다. 이렇듯 인권은 **규범적** 개념, 즉 인간이 어떻게 행동해야 하는지를 규정하기 위한 것이었다. 이러한 규범적 성격을 이어받은 현대의 인권 개념은 정부가 무엇을 해야 할지 혹은 하지 말아야 할지를 주로 규정하기 위해 고안되었다. 프랑스혁명 이후부터 UN이 설립되기 전까지 자연법의 개념이었던 자연권은 과학적 실증주의 철학의 도전을 받았다. 당시 등장하고 있던 사회과학에 큰 영향을 끼치고 있던 이 실증주의 철학에 따르면 과학은 규범적이지 않은 학문이다. 즉 과학은 인간이 어떻게 살아야 하는지에 대해서는 아무런 언급을 하지 않는다는 것이다. 인권 개념이 사회과학에 있어 문제가 된다는 사실이 처음으로 표출되기 시작한 것은 1947년 미국인류학회(American Anthropological Association) 집행위원회가 세계인권선언 초안 당시 UN 인권위원회에 인권에 관한 성명서를 제출하면서부터다. 미국인류학회는 이 성명서에서 세계인권선언이 전 세계의 다양한 문화들을 충분히 존중하지 못할 수 있다는 우려를 표명하였다.(American Anthropological Association 1947) 그러나 이 성명서는 인류학계 내에서조차 비판을 받았다. 인권에 관해서는 과학적으로 접근할 수 없기 때문에 과학자 집단에는 인권에 대하여 언급할 자격이 없다는 것이었다.(Steward 1948; Barnett 1948)

이렇게 규범적 개념인 인권과 사회과학 사이에 생긴 깊은 골은 대체로 법률이 메워주었다. 법률은 규범적인 것이지만, 법률의 준수 정도를 측정할 수 있다는 점에서는 실체적인 면도 있다. 또 법률이 어떻게 만들어졌고, 어떻게 해석되며, 어떻게 집행되는가에 대해서도 연구할 수 있다. 즉 인권과 관련한 다양한 사회적 행위들을 사회과학에서 연구할 수 있는 것이다. 인권 개념은 또한 정치적인 것이다. 인권이라는 규범적 원칙은 사람들이 인권을 법률에 포함시키기 위해 투쟁할 수 있도록 동기를 부여하기 때문이다. 특히 정치사회학은 법률 연구를 통해 인권에 관한 사회적 행동을 이해하는 데 중요한 사회과학 분야다. 사회운동에 관한 비교연구는 인권법의 제정과 집행에 관한 다양한 양태를 설명하는 데 도움이 될 수도 있다. 인류학이나 일부 사회학과 같은 **해석적** 사회과학도 인권문제가 여러 문화체계에서 어떻게 다르게 이해되는가를 설명함으로써, 법학이 지배하고 있는 인권 담론에 좀더 발전된 시각을 가져다줄 수 있다. 인권 개념은 권위적인 면이 많은 법학으로만 다룰 수 있는 것이 아니다. 하나의 **사회적 관행**(법적 관행도 포함)의 체계로 다루어 사회과학적 방법으로 연구할 수 있는 것이다. 철학과 법학이라는 높은 곳에 있는 인권 개념은, 해석적 사회과학을 통해서 그 권리의 보호가 실제로 필요한 보통 사람들의 일상생활로 내려올 수 있을 것이다.(Preis 1996)

## 2. 법학의 주도

1970년대 이전까지 인권에 관한 모든 학문적 작업은 법률가들이 도맡았고, 인권에 관한 대부분의 글들은 법학학술지에 실렸었다. 유네스코가 1970년대 초부터 1980년대 중반까지 출판된 학술지들을 대상으로 실시한 조사에 따르면, 인권에 관한 학술지는 거의 모두 법학학술지였다. 다른 종류의 학술지에 인권에 관한 글들이 실린 경우도 있었으나 여기에도 사회과학이 기여한 바는 극히 미미하였다. 대학에서 가르치는 인권강좌 또한 법률적 관점이 압도적이라는 조사결과도 있다. 인권에 대한 법적 접근법은 인권의 윤리학적·정치학적·사회학적·경제학적·인류학적 측면들을 분석하기에 적절치 않다. 인권법에는 사회적 및 정치적 기원과 사회적 및 정치적 결과가 있는데, 법률적 분석만으로는 이러한 사실들을 이해할 수 없다. 사회과학에서는 법학연구와는 다른 관심사와 연구방법들을 상당히 많이 보유하고 있으며, 이러한 것들이 인권에 관한 사회적 현실을 조망하는 데 도움이 된다.(Pritchard 1989) 하지만 최근까지도 사회과학은 인권을 대체로 간과해왔다.

법률은 인권이 침해되었는지 혹은 존중되었는지에 대해 **판단**하는 데 주로 관심이 많다. 사회과학이 맡아야 할 임무는 인권의 침해와 존중에 대한 **설명**이다. 판단적 학문분야에서는 인권침해의 양이나 심각성을 감소시키기 위한 가설을 세우기도 한다. 사회과학은 그 가운데 작위적인 가설을 경험적으로 실험하여 효과적인 정책입안에 기여할 수도 있다.(McCamant 1981)

## 3. 정치과학

1948년 세계인권선언이 채택된 이후 1970년대 중반까지 정치과학에서는 묘사 수준의 몇몇 연구를 제외하고는 거의 인권을 다루지 않았다.(McCamant 1981: 532) 인권을 이렇게 간과한 데는 정치과학에 영향을 많이 준 두 가지 관점, 즉 현실주의(realism)와 실증주의(positivism)의 영향과 관련이 있다. 현실주의에 따르면 정치란 절대적으로 권력의 추구에 관한 것으로 인권과 같은 윤리적 고려는 주변적인 것에 지나지 않는 것이며, 실증주의에 따르면 사회과학 연구에 있어 윤리적 판단은 비과학적이고 '주관적'인 것이기 때문에 배제해야 했기 때문이다. 이러한 상황은 1970년대, 특히 미국의 카터(Carter) 대통령 집권 때부터 변하기 시작하였다. 인권이 국제정치 현실의 일부분이 되고 있었던 것이다.

1976년 리처드 클로드(Richard Claude)는 인권의 정치과학에 있어 중요하고 선구적인 저서를 펴냈다. 이 책에서 그는 인권은 법절차의 분석만으로는 설명할 수 없다고 주장하였다. 그리고 사회과학자들이 인권이 발전하는 데 밑바탕에 깔려있는 사회적 동력을 연구해야 하며, 여기에는 역사적 접근과 비교연구가 필요하다고 주장하였다. 그는 프랑스, 영국, 미국에서 인권이 발전해온 '전통적' 패턴을 설명하면서, 인권제도가 성숙하게 발전하기 위해서는 다음의 4가지 문제가 해결되어야 한다고 주장하였다. 첫째, 정치적 자유의 보장, 둘째, 법적권리의 보장, 셋째, 평등한 시민권에 바탕을 둔 정치참여권의 확립, 넷째, 사회적 및 경제적 권리의 인정.

클로드는 비교사적 분석을 통해 다음의 몇 가지 경험적 가설을 개발했다.

1. 사적 경제활동에 참여하는 사람이 많아질수록 표현의 자유에 대한 법적보장이 더 많아지는 경향이 있다.

2. 시민들이 평등한 권리를 요구할수록 국가는 더 강력해진다.
3. 엘리트들이 대중의 지지를 받기 위해 경쟁할수록 더 많은 대중참여와 시민평등권을 부추긴다.
4. 정치에 빈곤층이 많이 참여할수록 경제적 및 사회적 권리는 더 많이 이행되는 경향이 있다.

이 '고전적' 모델에 따르면 인권법의 제도화를 위한 경제적 기반은 사적 경제와 자본주의 경제가 등장하면서부터 마련되었다. 그리고 성숙한 인권제도가 발전하려면 다음 세 가지 형태의 의사결정 방식이 차례로 도입되어야 한다. 첫째는 시장교환으로 여기에는 법적 보장이 요구된다. 둘째는 거래인데 이를 통해 권리가 새로운 사회적 힘으로 확장될 수 있다. 셋째는 점점 더 복잡해지는 일련의 권리들을 규제하고 관리하는 중앙집권적 의사결정이다. 그러나 이들 3개국에서 인권은 사회와 경제의 비교적 점진적인 변화라는 맥락 속에서 발전하였다. 따라서 이러한 연구 결과는 급속한 변화를 추구하거나 혹은 그 과정 중에 있는 국가들에는 잘 적용되지 않을 수 있다. 클로드는 급속한 변화는 보다 강한 중앙집권적 의사결정 구조를 야기할 수 있으며, 그것이 고전적 모델에 따른 인권제도가 출현하는 데 장애물이 될 수도 있다고 주장하였다.(Claude 1976)

같은 책에서 스트로우즈(Strouse)와 클로드는 통계분석을 통하여 급속한 경제발전은 정치적 권리에 부정적인 영향을 끼친다는 사실을 발견하였다. 그리고 그들은 개발도상국들이 종종 시민적 및 정치적 권리와 급속한 경제성장 사이에서 고통스러운 흥정딜레마(trade-off dilemmas)에 맞닥뜨리게 된다고 결론지었다.(Strouse and Claude 1976) 이들은 정부가 급속한 경제성장을 추구하면서 동시에 시민적 및 정치적 권리를 보호하는 것은 불가능하다는 것을 암시한다. 그러나 통계분석은 그것이 불가능하다는 것을 설명할 수는 없다. 자주 일어나지는 않는다는 것만 확인할 수 있을 뿐이다.

도널리(Donnelly)는 경제발전과 인권의 관계를 다른 방법으로 고찰하였다. 그는 이들 관계와 관련하여 흔히 이야기되는 세 가지의 흥정(trade-off)을 놓고 설명하였다. **요구의 흥정**은 투자를 위해 기본적 요구를 희생하는 것이다. **평등의 흥정**은 심각한 불평등이 급속한 경제발전을 위해서는 불가피한 것이라는 믿음에 바탕을 둔 것이다. **자유의 흥정**은 정치적 권리가 대중주의 정책을 조장하여 경제성장을 가로막는다는 가정에서 나온 것이다. 흥정 이데올로기는 경제발전이 결국에는 사람들의 기본적 요구를 충족시키고 불평등을 줄이며, 시민적 및 정치적 권리를 보호하게 될 것이기 때문에, 경제발전 과정에서 발생하는 인권침해는 일시적 현상일 뿐이라고 주장한다. 도널리는 브라질과 남한의 비교연구를 통하여 이러한 이데올로기가 경험적으로 사실인지 여부를 검토하였다.

1970년대까지 브라질의 경제는 빈곤층의 기본적 요구를 충족시키고 불평등을 감소시킬 수 있을 만큼 충분히 성장하였으나, 실제로는 그렇게 하지 못하였다. 부유층이 너무 많은 권력을 가졌고 그 권력을 기존의 불평등을 유지하는 데 사용하였기 때문이다. 흥정 이론에서는 부유층과 권력층이 시간이 지나면 빈곤층과 취약계층의 권리를 보호해줄 것이라고 가정하였지만, 브라질의 사례는 그것이 옳지 않은 가설이라는 것을 확인해주었다. 또한 급속한 경제성장을 위해 인권침해가 **필연적**이라는 것도 증명할 수 없었다. 한편 1960년부터 1980년까지 남한에서는 브라질보다 더 급속한 경제성장이 이루어졌지만 불평등의 정도는 훨씬 더 적었고, 사회적 및 경제적 권리도 비교적 잘 보호되는 편이었다. 그러나 남한의 경우 문화적 동질성, 일제 식민주의와 미국 원조에 의한 경제적 이익, 북한으로부터의 안보위협으로 인한 사회기강 유지 등 통계분석으로는 간과될 수 있는 특징들이 있다. 남한은 요구의 흥정과 평등의 흥정이 급속한 경제발전에 **필수적**이라는 가설에 반박할 수 있는 사례다. 한편 이 기간 동안 남한의 시민적 및 정치적 인권침해의 기록은 매우 심각했다. 경제개발에는 종종 정치탄압이 뒤따르기도 하지만, 정치탄압이 필연적으로 경제개발을 이끄는 것은 아니다. 여기서 여전히 남는 질문은 경제성장을 위해서 정치적 탄압은 **필연적**인가 하는 것이다. 급속한 발전은 승자와 패자를 낳게 되고, 승자는 패자를 억압할 필요가 생길 수 있다. 그러나 이것이 사실이라 하더라도 **어떠한** 정치탄압도 경제개발을 위해 정당화될 수는 없다. 정치적 권리와 경제개발 사이의 정확한 관계는 여전히 풀리지 않은 문제로 남아있다. 도널리는 한 국가가 발전할수록 탄압의 정당화는 불가능해진다고 믿는다. 또 인도네시아의 예에서 볼 수 있듯이 정치적 탄압은 정권의 정통성에 위기를 가져올 수 있다.* 그리하여 그는 경제적으로 발전한 권위주의 체제에 자유화와 민주화가 이루어지면 그 사회를 안정화하는 데 도움을 줄 수 있다고 주장한다.(Donnelly 1989: 163-202) 하지만 소련이나 유고슬라비아에서 그랬던 것처럼 자유화와 민주화로 인해 사회가 오히려 불안정해질 수 있다고 반박할 수도 있다. 특히 자유화와 민주화에 더해 경제개발이 이루어지지 않았을 때는 더욱 그러하다. 민주화 과정 중에 있는 정권을 어떻게 안정화할 것인가는 오늘날 정치과학의 핵심적인 과제다.

테드 거(Ted Gurr)는 1986년 발간된 그의 저서에서 인권과 관련한 문제들을 연구하는 데 실증주의가 어떻게 적용될 수 있는지를 보여주었다. 그는 국가폭력을 연구 대상으로 삼음으로써 인권이 규범적 개념으로서 지니는 문제점을 회피하려고 하였다. 이 연구에는 정권과 반대세력이라는 기본 모델이 사용되었다. 그는 폭력은 국가가 권위를 확립하고 유지하기 위해 선택할 수 있는 수많은 정책 중 하나라고 간주하였다. 그리고는 국가, 반대세력, 민족과 계급 그리고 지구적 환경과 관련하여 14개의 가설을 주창하였다. 그 가설 중 일부는 다음과 같다. 첫째, 반대세력에 의한 위협이 클수록 국가는 폭력을 사용하는

---

* 1968년 집권한 인도네시아의 수하르토(Suharto) 정권은 30여 년간 '개발독재'를 지속했으나, 계속된 정치적 탄압과 장기독재로 인해 국민적 저항에 부딪혔고 1998년 결국 몰락하였다.

경향이 더 크다. 둘째, 민족이 다양하고 사회가 불평등할수록 국가는 폭력을 사용하는 경향이 더 크다. 셋째, 외부의 위협에 직면한 국가일수록 내부에서 폭력을 사용하는 경향이 더 크다.(Gurr 1986) 이 가설들을 경험적으로 검증하려면 국가폭력의 정도에 따라 어떤 편차가 있는지를 설명하여야 한다. 그의 가설 중 아주 흥미로운 것들도 있다. 경제적으로 혹은 군사적으로 돋보이지 않아 국제사회로부터 주목받지 못하는 국가들이 국내에서 폭력을 사용하는 경향이 더 많다는 흥미로운 가설이 그 예다. 그러나 이 가설들간의 관계에 있어서는 여전히 불명확한 부분이 많다. 예를 들어 국가에 대한 위협이 국가폭력을 증가시키는 경향이 있고, 민주적 제도는 국가폭력을 감소시키는 경향이 있다. 그렇다면 민주적 국가에 심각한 위협이 닥친다면 어떻게 될 것인가? 테드 거는 국가폭력의 정도는 증가할 것이라고 시사하였는데, 아마도 그것이 옳을 것이다. 하지만 이 문제에 대하여 명확한 답변을 제시하지는 않았다. 이 가설들은 또한 폭력의 **동학**(dynamics)에 대해서도 설명하지 못한다. 예를 들어 구유고슬라비아에서 민족적 다양성이 국가폭력과 상호관계가 있었다고 설명할 수는 있지만, 공산정권이 붕괴하고 난 이후 이 사회에서 벌어진 상황에 대해서는 거의 아무것도 설명할 수가 없는 것이다.

테드 거가 국가-반대세력 모델을 통해 국가폭력을 설명하려고 한 반면, 포레이커와 랜드맨(Foweraker and Landman)은 대중사회운동이 어떻게 인권제도를 세울 수 있는가에 대해 질문을 던졌다. 사회운동은 국가로 하여금 권리를 인정하고 집행하게 만들기 위해 투쟁하는 것인데, 그렇기 때문에 사회운동적 접근은 테드 거의 국가중심적 이론과 연관이 있다. 사회운동은 권리를 추구하고, 그리하여 획득한 권리가 다시 사회운동을 강화한다는 점에서 양자는 서로 변증법적 관계를 갖고 있다고 할 수 있다. 그러나 사회운동이 언제나 권리를 세울 수 있는 것은 아니다. 오히려 역효과를 내서 더 많은 탄압을 불러일으키기도 한다. 한편 국가는 권리라는 일종의 양보를 베풀면서 권력의 정통성을 사고 싶어 하기도 한다. 경제적 동력은, 역사를 돌이켜 보건데 자본주의적 재산권의 보호와 시민의 시민적 및 정치적 권리에 바탕을 둔 새로운 법제도를 주장하는 철학 이론과 결합되어왔다. 가장 확실한 권리 보장은 활발한 NGO(비정부단체)의 활동과 독립적이고 권한이 있으며 부패하지 않은 사법부 활동이 조화를 이루었을 때 가능하다. 권리 담론은 관심사가 비슷한 사람들 사이에 연대의식을 만들어낼 수 있고, 그렇기 때문에 문화적 맥락이 다른 곳에서도 새로운 문제에 대한 투쟁이 필요할 때면 쉽게 적용될 수 있다는 점에서 도구적 가치가 있다. 권리 담론은 관심사가 서로 다르거나 심지어 양립할 수 없는 이들 사이에서도 연대의식을 불러일으킬 수 있다. 예를 들어 여성, 소수민족, 선주민 등의 관계가 그러할 것이다. 또한 사회운동은 법률과 정치 그리고 '원칙상의 권리'와 '현실상의 권리' 사이의 간극을 줄이려고 애를 쓴다. 그러나 사회가 권위주의 체제에서 민주주의로 변화해가면서 권리의 보호가 법적영역의 문제로 옮겨가고, 사회운동은 이전에 맡았던 훌륭한 역할을 더 이상 요구받지 않게 될 수도 있다. 포레이커와 랜드맨은 경험적 및 양적 접근 방법을 이용한 비교분석을 통해, 사회의 대중세력은 거스를 수 없는 역사적 동력의 희생자가 되어야만 하는 것이 아니라 오히려 민주주의를 이루어낼 수 있는 힘이라는 논지를 펼친다. 이들은 자신들의 경험적 연구가 브라질, 칠레, 멕시코, 스페인 등 유사한 4개 국가의 사례에 국한된 것이었지만, 이렇게 검증된 낙관적 메시지가 전 지구적으로 적용될 수 있을 것이라고 주장하였다.(Foweraker and Landman 1997)

그러나 포레이커와 랜드맨의 연구에는 한계가 있다. 그들은 연구를 시민적 및 정치적 권리에만 국한시켜 경제적, 사회적 및 문화적 권리는 배제하였다. '시민권'만을 연구함으로써 '인권'을 무시한 것이다. 하지만 이들의 연구는 비교연구 방법과 경험적 및 통계적 방법을 활용한 정치사회학이 사회운동과 법적 권리 사이의 관계를 어떻게 설명할 수 있는지를 보여주는 좋은 예다. 권리에 관한 지나친 법률주의적 접근에 대한 강력한 교정수단이 될 수 있는 것이다.

## 4. 사회학

정치과학은 인권의 개념에 대해 모순된 태도를 취하였는데, 이는 권리 개념에 적대적인 실증주의의 영향을 받음과 동시에 권리 개념의 근원이 된 규범적 정치철학의 영향도 받았기 때문이다. 사실 사회학은 인권에 대해 아예 할 이야기가 없을 수도 있다. 정치과학처럼 실증주의의 영향을 받은데다, 정치철학과는 애초에 태동기때부터 거리를 두었기 때문이다. 이러한 사실에도 불구하고 포레이커와 랜드맨은 권리를 위한 투쟁이 사회학적 속성을 갖는다는 점을 보여주기도 하였다.

사회학자 브라이언 터너(Bryan Turner)는 이들의 분석을 더 발전시켜 UN을 통해 인권이 제도화되는 현상은 지구화라는 사회적 과정에서 나타나는 중요한 특징이며, 사회학적 용어로 표현해 인권을 지구적 이데올로기로 볼 수 있다고 주장하였다. 막스 베버(Max Weber)는 이전에 법률과 권리를 뒷받침하고 있던 종교적 및 형이상학적 기초는 사회의 역사적 '합리화'에 의해 무너졌다고 주장한 바 있는데, 터너는 여기에 주목하였다. 실증주의와 상대주의는 비종교화 과정의 결과로 나타난 것이다. UN이 세계인권선언을 채택하면서 자연권이라는 형이상학적 개념을 인권이라는 비종교적 개념으로 전환시킨 것도 이러한 맥락에서였다. 사회학적 관점에서 보면 인권은 하나의 '사회적 사실'이며 본래적 가치를 갖는 것은 아니다. 터너는 시민권 개념이 근대 민족국가와 밀접하게 연관되어왔다는 사실에 있어서는 포레이커와 랜드맨과 같은 생각을 갖고 있다. 하지만 오늘날에는 제국주의, 지구화, 지역분권화, 이주노동자, 난민, 선주민 문제 등, 민족국가라는 틀거리 안에서 시민권과 권리를 분석하는 것이 적절한지 의문을 제기할만한 여러 가지 문제들이 발생하였다고 주장한다. 그리고 지구화로 인해 민족국가 내부에서 해결할 수 없는 문제들이 발생하였기 때문에, 시민권 개념은 인권 개념으로 확장되어야 한다고 주장한다. 사회학적으로 볼 때 사회제도가 약자를 보호하지 못하고 오히려 그들에게 위협을 가해 왔지만, 사회제도는 또한 약자를 보호하기 위해 필요한 것이라는 생각에서 인권이라는 개념이 나왔다는 설명이 가능하다. 인권의 사회적 및 법적 제도화는 이 같이 현대사회에 내재한 딜레마를 푸는 데 가장 유리한 시도라고 말할 수 있다.(Turner 1993, 1995)

말콤 워터즈(Malcolm Waters)는 인권에 관한 사회학 이론은 사회구성주의적 (socio-constructionist) 접근방식을 채택해야 한다고 주장한다. 사회구성주의에서는 인권의 보편성을 하나의 사회구성체로 여긴다. 이러한 관점에서 보면 인권이 제도화되는 것은 정치적 이해 사이에 존재하는 균형 관계를 반영하는 것이다. 권리 담론이 발생하는 이유는 터너가 주장했던 것처럼 약자를 보호하기 위해서나 제도가 위협받기 때문이 아니라 계급이해 때문이라는 것이다. 그는 세계인권선언 초안을 작성하고 보다 정교화해 채택하는 데 이르기까지의 과정을 4가지 이해관계와 관련하여 설명한다. 첫째, 제2차 세계대전 이후 패전국들을 비난하고 처벌하려는 승전 연합국들의 이해, 둘째, 냉전시기 서로 상대방의 정통성을 깎아내리려는 강대국들간의 이해, 셋째, 타국의 사안에 개입하는 것을 정당화하려는 초강대국들의 이해, 넷째, 국가에 저항하여 권리를 주장하려는 혜택 받지 못한 집단의 이해가 그것이다.(Waters 1996) 이러한 주장은 근대사에서 꽤 잘 알려진 몇몇 사건들을 이해관계에 관한 현실주의 이론으로 해석한 것이다. 그러나 이 이론은 이상주의를 무시하여, 타인의 권리를 위해 일하고 있는 인권단체들의 역할은 설명하지 못한다.

스태머즈(Stammers)는 법률과 국가주의에 빠진 인권 연구를 비판하면서 인권침해는 주로 국가 이하의 사회적 단위에서 발생한다는 점을 지적하였다. 그리고 인권에 대한 권력론적 관점을 주장하였다. 이러한 관점은 경제적 및 사회적 권리가 주로 민간 경제주체에 의해 침해된다거나, 여성인권의 침해는 남성에 의해 저질러진다는 사실을 보여주는 데 유용하다. 또 그는 도널리처럼 국가가 인권문제의 해결책이 되어야 한다는 관점은 잘못되었다고 보는데, 인권문제를 해결할 힘이 부족한 곳에 인권보호의 책임을 부과하는 꼴이 되기 때문이다. 한편 국가주의자들은 국가가 인권문제를 해결할 것을 기대하면서 국가권력을 더 증대시킬 것을 주장하는데, 스태머즈는 그것이 인권문제의 근본 원인이라고 본다. 국가주의적 해결책은 본질적으로 엘리트주의적이며, 인권문제에 대한 민주적 해결을 가로막는 것이다. 또한 인권이 제도화될수록 인권을 보다 확실히 보호하기보다는 기존 권력체계에 대한 위협을 줄이는 방향으로 흐를 것이다. **사회학적** 관점이 인권은 결코 제도화되지 않아야 한다는 것을 뜻하는 것은 아니다. 제도화는 권력과 연계된 하나의 사회적 과정으로 분석되어야 하며, 항상 유익하게만 여겨져서는 안 된다는 점을 환기하는 것이다. 마찬가지로 사회운동 또한 항상 인권을 증진시키는 것은 아니며, 사회운동만이 인권을 증진시키는 것은 더욱 아니다. 비록 사회운동이 인권을 보호하는 데 있어 제도를 보충하는 역할을 할 수 있지만 말이다. 권력론적 관점은 우리가 단순히 권리의 법률적 형식화만 연구하는 데서 멈추지 말고 권력의 분배에 있어 제도와 사회운동이 어떠한 영향력을 갖는지를 고려해야 한다는 사실을 보여준다.(Stammers 1999)

이보다 전에 로다 하워드(Rhoda Howard)는 영연방* 아프리카의 인권상황을 분석하면서 한 사회가 인권을 실현시킬 수 있는 역량은 그 사회가 지닌 구조에 많은 영향을 받는다고 주장하였다. 인권침해를 낳은 가장 오래되고 주된 요인은 사회적 및 정치적 불평등이라는 것이다. 영연방 아프리카 국가들은 주로 다음 세 가지 경제상황의 영향을 받고 있다. 첫째는 원자재와 노동의 착취에 따

---

* 영국과 구 영국제국 식민지에서 독립한 국가들의 그룹. 코먼웰스(Commonwealth)를 번역하여 일반적으로 부르는 말이나, 오스트레일리아, 뉴질랜드, 캐나다와 같이 영국 국왕을 원수로 받드는 국가도 있고, 인도, 가나와 같이 별개의 국왕이나 대통령이 있는 국가도 많이 속해 있어 엄밀한 의미에서는 연방이라는 표현이 적절치는 않다. 각국 사이에 정치적 통합은 없으나 경제원조와 개발투자와 같은 비정치적 국제협력이 큰 역할을 하고 있다. 아프리카 국가로는 나이지리아, 가나, 시에라리온, 케냐, 우간다 등이 속해 있다.

른 식민지 유산이며, 둘째는 이 국가들이 세계경제에서 차지하고 있는 극도로 취약한 위치 그리고 셋째는 국가와 지배계급이 국가경제를 지배하고 있는 상황이다. 이들 국가의 경제는 자본주의 지구경제에서는 주변부에 위치하며, 형태적으로는 자본주의와 자본주의 이전 형태가 혼합되어 있다. 인구 대부분은 영세농민이며 이들의 수입은 세계시장가격이나 국가독점의 매매관련청 등의 지급에 의해 결정된다. 국가는 국가를 유지하고 도시자본주의 부문을 지원하기 위하여 영세농민 노동의 잉여가치를 착취한다. 그러나 영세농민들은 흩어져 살고 있고 교육수준이 낮으며 경제적으로 어려움을 겪고 있기 때문에 인권을 위한 사회운동을 동원해내기가 어렵다. 국가는 경제 논리로 통제되고, 국가엘리트들은 경제적·정치적 도전세력이 될 잠재성이 있는 반대행위자들을 용납하지 않는다. 그리하여 국가에 저항하는 부르주아 도전세력들의 성장을 가로막는다. 또한 탈식민지 통치자들은 이전의 식민지배자들로부터 행정부의 사법부 개입 관행 등과 같은 권위주의 지배형태를 답습하였다. 아프리카 국가들은 또한 약소국이기 때문에 권위주의 체제가 된 측면도 있는데, 사회를 규제할 정통성과 행정조직이 부족하여 강압에 의한 통치에 의존할 수밖에 없었기 때문이다. 국가의 정통성은 다양한 민족 집단을 아우르는 국민국가를 형성하는 데 실패함으로써 더 약화되었다. 그러나 아프리카에서 끊임없이 발생하고 있는 민족분쟁을 민족성만으로 설명해서는 안 된다. 국가권력과 사회불평등 현상과도 관련이 있다는 사실을 고려해야 하기 때문이다.

하워드는 인권사회학에 구조적 접근을 시도하였지만, 문화의 역할 또한 도외시하지 않았다. 그는 식민지 이전의 아프리카 문화는 대체로 공동체주의 문화였으며, 개인의 권리보다는 개인이 사회에서 갖는 역할과 지위를 통하여 인간의 가치가 인식되었다고 보았다. 사실 이러한 가치는 특별히 '아프리카적인' 것만은 아니고, 자본주의 이전 사회에서는 어디서나 찾을 수 있는 것이었다. 아프리카는 약 5세기에 걸쳐 국제적 자본주의와 상호작용을 하였으며, 현대 아프리카 사회에는 자본주의적 구조와 가치가 현저하게 나타나고 있다. 전통적인 사회조직은 근대화(특히 도시화)를 통해 완전히 붕괴되었으며, 전통문화 또한 상당부분 그렇게 되었다. 사회에서의 역할과 지위는 더욱 분화되고 유동적이게 되었고, 결국 수많은 아프리카인들은 보다 개인주의적인 가치를 받아들이게 되었다. 이들은 스스로가 전통적인 제도를 지지하지 않는 근대적 개인이었지만, 동시에 근대적 국가와 지배계급을 상대하여야 했다. 이제 아프리카 공동체주의나 문화상대주의는 한낱 신화가 되어버렸고, 근대적 엘리트들이 전문직과 지식계급을 독차지하기 위해 서로 다투는 데 이용될 뿐이다. 한편 전통 아프리카 문화가 인권 기준에 부합하지 않는 면도 있다. 특히 여성과 아동의 지위에 있어서 더욱 그러하다. 그러나 오늘날 아프리카는 두드러지게 전통적인 사회라기보다는 근대적 정치·경제 문제를 갖고 있는 근대적 사회다. 하워드는 아프리카가 물질적 자원과 정치적 권력에 접근할 수 있는 정도에 차이가 있었다는 점이 인권의 실현을 가로막는 장애요인이었다고 주장하고, 인권학계가 이 점을 간과해왔다고 지적하였다. **사회학적 현실주의**가 결여된 **법학적 이상주의**에만 빠져있다는 것이다. 따라서 그녀는 인권을 중진시키기 위해서 법률개혁만 하는 것은 충분치 않으며, 구조적 변화가 이루어져야 한다고 역설한다.(Howard 1986)

하워드는 인권침해의 주된 원인이 사회구조라고 지적했지만, 인권을 위한 구조적 변화가 어떻게 가능한지에 대해서는 설명하지 않았다. 이후에 그녀는 자유주의적 자본주의 사회가 인권 개념이 발전하는 데 필요한 구조적 변화를 만들어냈으며, 이러한 변화가 사적인 인간과 자기결정권을 가진 개인이라는 개념을 만들어냈다고 주장한다.(Howard 1995) 여기서 하워드는 사회학의 한계에 부딪히게 된다. 그 한계에 대해서는 제2장에서 이미 설명한 바 있는데, 인권침해와 인권 이데올로기의 등장에 대해 구조적으로 설명하기 시작하면 인권에 윤리적 정당성을 부여할 수 없다는 것이다. 하워드의 사회학은 사회구조가 어떻게 인권침해를 유발하고 변화를 가로막는지를 보여줄 수 있다. 또 그 변화는 어떻게 일어날 수 있는지를 시사하기도 한다. 그러나 그녀의 노력에도 불구하고, 우리가 그러한 변화를 왜 반겨야 하는지에 대해서는 설명할 수 없었다. 실증주의적 분석에서 윤리적 옹호로 옮겨가는 데는 실패하고 만 것이다.

하워드의 인권사회학이 마르크스 구조주의적인 설명과 자유주의 윤리의 불편한 결합을 시도하였다고 한다면, 우디위스(Woodiwiss)는 '담론'(discourse) 이론을 채택하였다. 하워드의 연구가 영연방아프리카 국가들의 비교적 실패한 경제 상황에 대한 연구에 기초한 것이었다면, 우디위스의 연구는 동아시아와 동남아 국가들의 비교적 성공적인 경제상황에 대한 분석에 바탕을 둔 것이다. 우디위스는 '가부장주의' 개념을 규정하면서 가부장이 보이는 자애심에 대한 존경심으로 인해 사회적 불평등을 자연스럽게 여기고 정당화하는 담론이라 하였다. '강제력을 가진 자애심'(enforceable benevolence)이라는 개념이 통치의 한 가지 형태로 여겨지는데, 이때 자애심의 내용은 민주적으로 결정되고 합법적으로 집행되는 것이어야 한다. 우디위스는 가부장주의와 인권은 서로 병존할 수 있다고 하면서, 도널리가 주장하는 자유주의나 하워드가 주장하는 사회민주주의가 아닌 '강제력을 가진 자애심'이 대안적인 인권체제의 기반을 마련해줄 수 있다고 주장한다. 그는 가부장적 사회에서는 문화차이로 인하여 자유주의적 권리를 이행할 수 없을 것이라고 주장하면서, 근대화로 인해 인권과 유사한 개념들이 서로 수렴하는 경향이 생겼다는 하워드의 주장에 반대한다. 우디위스는 이 같이 문화차이는 변화할 수 없는 것이라는 가정을 밑바탕에 두고 있지만, 사실 그의 분석 자체는 오히려 그렇지 않다는 것을 보여주고 있다. 결국 그는 원칙적으로 인권에서 자유주의를 분리해내는 데 실패하였다. 다만 자유주의적 인권원칙들이 특정 문화적 맥락에서는 이행하는 데 어려움이 있을 수 있다는 정도를 보여주었다고 말할 수 있을 것이다.

우디위스의 주장에 따르면 인류는 지난 100여 년간 하나의 지구적 존재를 이루어오면서, 인권 담론이라는 형태의 동일한 제도구조와 새로운 이념적 차원을 가지게 되었다. 자본주의 사회에서 법률은 그 사회가 권리와 의무에 따를 것을 명령함으로써 이념적으로 사회적 관계를 강화한다. 법치주의는 자유주의와 같은 특정 정치철학과 동일시할 수 없는 것으로, 자의성의 감소라는 사회구조적인 의미를 갖는 것이라 볼 수 있다. 따라서 법률이 어떻게 인권을 보호해야 하는가는 사회구조적 맥락에 따라 다양할 수밖에 없다. 그리고 인권법이 효과가 있는지 여부는 지역 내에서의 계급관계뿐만 아니라 초국가적 경제세력에 의해서도 결정된다.

우디위스는 이른바 1946년 이후 태평양 지역에서는 '미국식 사회적 근대성'(거칠게 말해 도널리가 옹호하는 세계인권선언의 인권 개념)이 인권 담론을 뒷받침하던 주된 이데올로기였다고 주장한다. 하지만 미국에서는 '포스트모던 사회'(이른바 후기산업사회)가 도래하면서 이러한 권리 중 일부, 특히 노동에 관련한 권리들이 쇠퇴하고 있다고 지적하였다. 한편 태평양 지역에서는 일본의 자본주의적 가부장주의가 지배이데올로기로서의 위치를 점할 수 있는 여지가 여전히 남아있었다. 우디위스는 태평양 지역에서는 노동자의 인권이라는 서구적 개념보다 가부장주의가 노동자들에게 더 유리한 것 같다고 말한다. 노동법과 인권 체계가 존중될 수 있는 가장 좋은 방법은 가부장주의적 문화와 사회구조적 편견을 노동자들이 선호하는 방향으로 동원하는 것이다. 그의 사례연구에 따르면 노동법 제도와 인권 체계가 보이지는 않지만 넓은 정치적 지지를 받고 있는데, 이는 '강제력을 가진 자애심'에 바탕을 두었기 때문이라는 것을 알 수 있다. 그는 이것이 아마도 유럽중심적 인권 담론을 뛰어넘는 아시아적 방식이 될 수 있을 것이라고 주장한다.

우디위스는 가부장주의와 인권이 근본적으로 양립불가능하지는 않다고 결론을 내린다. 자율을 인정하지 않는 가치나 제도에서도 권리는 표현될 수 있기 때문이다. 따라서 도널리가 주장했던 것과는 반대로 인권에는 자유민주주의 국가나 개인주의적 가치가 필수적인 것이 아니며, 가부장주의가 젠더(gender)에 관한 분야를 제외하고는 자유주의만큼이나 인권에 부합한다는 것이 우디위스의 주장이다. 그러나 젠더의 문제는 예외라고 하기에는 너무 큰 분야다. 또 인권과 자유주의를 분리한 것도 아시아적 가부장주의에 대한 사회학적 분석의 결과가 아니라 인권과 평등 사이의 개념적 연관성에 따라 인권 개념을 재정의한 결과일 뿐이다.

한편 우디위스는 자본주의가 인권 존중에 본질적으로 반대된다고 믿는다. 자본주의는 그 자체가 하나의 구조적 관계망이며 동기부여를 제공하는 근원이다. 따라서 개인이 자본과 임노동 관계 사이에서 어떠한 위치에 있느냐에 따라 다른 처우를 받도록 만들며, 이 같은 위치짓기는 개인들이 어떤 자유를 가질 수 있는가를 결정한다. 이것은 개인이 어떠한 사회적 관계망에서 어떠한 위치를 차지하느냐에 상관없이 똑같은 처우를 받도록 해야 한다는 인권 담론과는 반대되는 이야기라는 것이다. 그럼에도 불구하고 우디위스는 인권을 훼손시키는 자본주의의 경향은 질서와 정통성에 대한 구조적 요구가 있기 때문에 해소될 수 있을 것이라고 말한다.(Woodiwiss 1998) 여기서 우디위스가 보여준 것은 가부장주의와 자본주의 **둘 다** 인권 개념에 내포된 평등이라는 자유주의적 이상을 훼손시키는, 즉 구조적 불평등을 가진 사회체제라는 사실이다. 그러나 동아시아의 가부장주의적 사회 혹은 다른 어떤 자본주의 사회에서도 평등한 권리를 위한 진보가 불가능하다는 것을 보여준 것은 아니다. 그의 사회학적 분석은 평등한 인권을 이루는 데 구조적 및 문화적 장벽이 있다는 사실을 알려주는 유익한 조언이라 할 수 있다. 그는 도널리의 '사회적 근대성'을 **반대**하지는 않았다. 문화다양성이 존재하는 지구자본주의 세계에서 인권의 진보를 이루는 데는 구조적 장애물이 있다는 사실을 강조한 것으로 보아야 한다.

## 5. 심리학

우디위스는 인권의 현실에 관해서는 사회학이 심리학보다 더 강력한 분석을 제공할 수 있다고 주장하였다. 심리학은 인간의 (개인적) 정신에 대한 과학이기 때문에 사회과학으로 볼 수 없다고 믿는 이들도 있다. 그러나 인권과 관련한 행위는 인간 정신의 산물이며, 따라서 심리학 역시 그 행동들을 이해하는 데 기여해야 한다.

심리학 개념 중 인권과 관련이 많은 개념은 동정심(sympathy)이다. 대부분의 인간은 타인이 고통 받는다는 사실을 알면 같이 고통스러워한다. 그리고 고통 받는 이가 자신과 가깝거나 유사성을 가진 사람일 경우에 더 고통스럽게 된다. 예를 들어 먼 나라의 낯선 사람보다는 자기 자식이 고통 받을 때 훨씬 더 괴로워한다. 그리하여 사람들은 자신과 가장 가깝고 자신이 가장 아끼는 사람은 도우려고 하지만, 멀리 있는 낯선 사람의 고통에는 무관심한 경향이 있다. 경우에 따라서 사람들은 낯선 이들에게 적대감을 갖기도 한다. 극단적인 경우에는 타인을 사람으로 여기지 않고, 그리하여 정상적인 도덕의 도움을 받을 자격이 없는 것으로 여기기도 한다. 다시 말해 인권을 가지고 있지 않다고 여기는 것이다. 결국 동정심이 인권침해를 막을 수도 있지만, 제한적인 동정심은 오히려 인권침해를 유발할 수도 있다.

한편 인권과 관련된 심리학 개념으로는 잔혹성(cruelty)도 들 수 있다. 정부는 특정한 목적을 획득하기 위한 효율적인 수단의 하나로, '합리적인' 인권침해를 저지르기도 한다. 그러나 그런 경우 대부분 그렇게 효율적이지도 않으며 심지어 역효과를 내는 잔혹성이 드러나기도 한다. 인간본성에 잔혹한 부분이 있다는 사실 자체로는 인권침해를 설명할 수 없다. 그 잔혹성은 발전되기도 하고, 다른 방향으로 전환되거나 억제되기도 하며, 특정한 사회적 상황에서는 폭발하기도 한다. 예를 들어 아돌프 히틀러(Adolf Hitler)의 심리상태를 언급하지 않고서는 유대인 대학살을 적절하게 설명하기 어려울 것이다. 하지만 그의 심리상태만 가지고는 설명이 충분하지 않다는 것도 분명하다. 히틀러가 가졌던 살인자적 욕망 그 자체가 설명되어야 하며, 또한 그러한 욕망의 실현은 특정 사회적 조건 하에서만 가능하기 때문이다.

인권침해를 설명하기 위한 또 다른 접근 방식으로 **희생양이론**이 있다. 이 이론은 **분노-공격성 이론**에 바탕을 둔 것인데, 분노한 사람은 공격적이기 쉽다는 것이다. 여기서 그 분노에 책임이 있는 누군가(분노 유발자)는 명백한 공격대상이다. 그러나 분노한 사람이 불만을 유발하는 사람을 공격하지 못할 수도 있는데, 여기에는 네 가지 이유가 있다. 첫째, 분노를 유발한 이가 누구인지 모를 수가 있다. 예를 들어 피폐하게 된 아프리카 농민들은 자신들이 처한 상황에 대해 책임져야 할 사람이 누군지 모를 수 있다. 둘째, 분노 유발자를 알지만 접근할 수 없는 경우가 있다. 그 아프리카 농민이 자신의 빈곤에 대한 책임이 국제통화기금(IMF)에 있다는 사실을 알게 되더라도 그 기구에 도달할 수 있는 방법이 없는 것이다. 셋째, 분노 유발자가 너무나 강력할 수도 있다. 만일 군대가 농민의 농작물을 빼앗아간다면, 농민은 보복이 두려워서 군대를 공격할 수 없을 것이다. 넷째, 분노를 유발하는 자가 지역문화의 보호를 받고 있을 수도 있다. 예를 들어 어떤 불만의 원인을 제공하여 비난받아야 할 대상이 교회인 경우라면 공격적인 복수는 진압되고 말 수 있다. 이 이론에 따르면 불만 유발자에게 공격이 향할 수 없으면, 그 공격이 다른 대상으로 **옮겨가는** 경향이 있다고 한다. 분노 혹은 불만 유발자를 알 수 없거나, 알아도 접근할 수 없거나, 접근할 수 있더라도 너무 강력하거나, 도덕적으로 보호를 받는 집단이라면 공격을 할 수가 없게 된다. 그리하여 **옮겨진 공격**의 대상은 누군지 알고 접근가능하고, 약하고, 경멸하는 개인 혹은 집단이 되기 쉬운데 이것이 바로 희생양 이론이다. 소수민족들은 이러한 특징을 갖는 경우가 많고, 그래서 불합리한 공격의 대상이 되기 쉽다.

실험심리학에서는 평범한 도덕적 개인의 경우, 자신이 속한 집단의 기준이나 권한을 가진 사람의 명령이라면 자신의 도덕적 가치와 어긋나더라도 순응하는 경향이 있다는 사실을 밝혀냈다.(Glover 1999: 294; Milgram 1974) 이 실험결과에 따르면, 살인자의 성향을 가진 지도자가 사회적 환경이나 지도자에 대해 의문을 갖지 않는 평범한 지지자들로부터 협력을 동원해낼 경우 대규모 인권침해가 발생하는 경향이 있다고 한다. 한편 유대인 대학살(Holocaust) 당시 유대인들을 치료해주었던 사람들에 대한 연구결과에 따르면, 인권을 보호하는 행동 또한 합리적이고 독립적인 도덕적 사고에서 비롯한 것이라기보다는, 원래부터 인도적인 집단이나 권위 있는 인물을 따른 행동이었다고 한다.(Hallie 1979; Tec 1986; Oliner and Oliner 1988)

## 6. 인류학

　제2차 세계대전 이후 미국 인류학계는 실증주의와 상대주의가 혼합된 사조가 주도하고 있었다. 1960년대 급진적 인류학자들은 당시 문화 '제국주의적' 접근방식을 갖고 있던 인류학계 엘리트들의 권위에 도전하기 위하여 상대주의를 채택하였다.(Washburn 1985, 1987; Spiro 1986) 인류학은 과학적이어야 한다는 인식론적 요구가 있지만, 인류학자들은 연구대상이 되는 사람들의 이익을 해치지 않거나 혹은 보호해야 한다는 윤리적 요구도 있는데, 이 둘 사이에 긴장관계가 생긴 것이다.(Washburn 1987)

　이 같은 논쟁에서 인권은 거의 아무런 역할도 부여받지 못하였다. 그러나 일부 인류학자들은 '신념 있는' 급진주의적 인류학과 당시 성장하고 있던 인권운동 사상들을 결합하기 시작하였다. 그 예로 영국의 서바이벌인터내셔널(Survival International)과 미국의 컬처럴서바이벌(Cultural Survival)과 같이 학문으로서의 인류학과 부족민·선주민의 권리에 대한 관심을 결합한 활동가 단체를 들 수 있다. 1988년 컬처럴서바이벌은 『인권과 인류학』(Human Rights and Anthropology)이라는 책을 발간하였다. 이 책의 서문에서 인류학자들의 연구 대상인 민중들은 종종 대규모 인권침해의 피해자들임을 밝혔다. 이렇게 인류학자들이 전문가 집단을 통해 인권에 대한 우려를 표명한 적은 있지만, 인류학이라는 학문 자체는 인권을 간과해왔다. 이에 대해 인류학자들 사이에서는 문화다원주의를 무시하는 국가정책에 대해 연구해야 한다는 주장이 제기되었다. 이 같은 연구가 과학적으로 정당한 것이고, 윤리적으로도 필요하다는 것이 그 이유였다.(Downing and Kushner 1988) 다우닝(Downing)은 인류학이 여러 문화 속에서 권리 개념이 어떻게 다르게 작용하는지 그리고 외부의 사상을 어떻게 받아들이는지를 보여줌으로써 인권과 문화다양성을 이해하는 데 기여할 수 있음을 시사했다.(Downing 1988) 바넷(Barnett)의 주장에 따르면, 인류학자들은 각각의 문화가 그 문화에 속한 이들에게 갖는 가치에 대해 민감하게 여기면서도 그 문화들이 내부적으로 억압적일 수도 있다는 점은 인정하고 있다고 한다. 따라서 문화차이를 인정한다는 것은 타문화에의 개입을 배제해야 한다는 것을 뜻하는 것이 아니라 개입이 이루어질 때 문화적 맥락을 존중해야 할 의무가 있다는 것을 뜻한다.(Barnett 1988) 도우티(Doughty)는 남미에는 '시민권' 개념을 정의할 때 선주민들을 배제하는 방식을 따르는 전통이 있다고 지적하면서, 그로 인해 선주민들이 대규모 인권침해의 피해자가 되었다고 주장하였다. 또한 그는 인류학자들이 문화차이에 대한 국가정책에 대해서 무관심한 태도를 취해온 그 자체가 과학적 및 도덕적 오류라고 말했다.(Doughty 1988) 쉬르메어(Schirmer)는 인권이 갖는 문화적 특성을 강조하면서, 인류학자들이 생각해야 할 문제는 보편주의와 상대주의 사이의 관계가 아니라 인권적 문화와 그렇지 않은 문화 사이의 관계라고 주장하였다.(Schirmer 1988)

엘런 메서(Ellen Messer)는 UN의 인권보장시스템은 **법률주의**와 **국가주의**가 주도한다고 지적하였다. 인류학자들이 보기에 법률은 단지 문화체계의 한 형태일 뿐이다. 따라서 인류학적 개념으로서의 인권은 법률적 개념과는 다를 것이다. 그러나 메서는 인류학자들이 '문화'를 더 이상 고립된 지역적 개체로 보아서는 안 되고, 상호작용 및 상호의존적인 전 지구적 문화체계의 일부로 보고 연구해야 한다고 주장하였다. 보편주의와 상대주의 사이의 논쟁은, 문화란 변화하는 것이고 인권도 문화적 다원성이 존재하는 세상에서 이행되어야 하는 것이라는 점을 인정하면 극복할 수 있다. 그는 인류학자들이 국제인권법과 각각의 문화들 사이에 어떤 관계가 있는지를 규명함으로써 인권운동에 도움을 줄 수 있을 것이라고 주장하였다. 그리고 서로의 관계는 상호충돌적일 수도 있지만, 그 충돌은 문화적 우월감이나 협박을 통해서가 아니라 대화와 이해를 통해서 해결되어야 한다고 덧붙였다.(Messer 1993)

리처드 윌슨(Richard Wilson)은 정부와 인권NGO들이 선호하는 법실증주의와 사회정치적 현실주의 담론이 실은 인권침해를 당한 피해자들의 주관적인 경험을 잘못 표현하고 있다고 비판하였다. 따라서 이 담론들은 고도로 도덕주의적인 인권 담론 가운데 도덕성에 문제가 될 수 있는 부분이라고 할 수 있다. 인권 담론의 추상적 보편주의로 인해 종종 지역적 맥락을 무시하여, 권리를 둘러싼 분쟁에 내재한 사회적 및 문화적 측면들을 잘못 이해하기도 한다. 인권법은 명확하고 확고한 어조로 표현되어 있지만, 인권의 현실은 복잡하고 불확정적이다. 인권 담론이 주관성을 넘어 권위 있는 객관성으로 옮겨가기 위해서, 역설적이게도 관련 주제들을 탈인간화시키고 있는 것이다. 인류학의 임무는 인권 담론에 인간을 되돌려 놓는 일이다.(Wilson 1997a; 1997b)

쉬르메어와 스톨(Stoll)은 탈맥락적인 보편주의로 인권을 위한 국제적 개입을 시도하는 것은 비효율적일 수 있다고 주장하였다. 사회적으로 초래할 결과는 무시한 채 과도하게 사법개혁에만 초점을 맞추거나, 복잡한 사회적 혹은 정치적 관계를 지나치게 단순화시킬 수 있기 때문이다. 인류학은 인권 문제로 어떤 사회에 개입할 필요가 있을 때 그 사회의 문화적, 사회적 및 정치적 맥락에 대한 더욱 깊은 이해를 도와줌으로써 좀더 효과적인 개입이 가능하게 해줄 수 있다.(Schirmer 1997; Stoll 1997) 이 같은 인류학적 관점에서 보면 일부의 인권적 개입 시도에 대한 비판은 적절할 수도 있다. 하지만 우리는 국제적 인권단체들에도 많은 인류학자나 국가전문가들이 일하고 있다는 점을 알아야 한다. 국제단체들이 지역 상황에 대해서 무지하다고 지나치게 과장해서는 안된다는 것이다.

## 7. 국제관계학

전통적으로 인류학은 지역단위의 문화에만 관심을 갖고 연구하였을 뿐 더 큰 정치구조에는 무관심하였다(따라서 국가에 의해 자행되는 인권침해에도 관심을 기울이지 않았다). 하지만 오늘날 인류학은 지역문화를 국제세력과 연결하여 생각하기 시작하였다. 한편 국제관계학 분야 역시 인권에 대해서는 오랜 기간 무관심해왔다. 국가가 인권과 같은 윤리적 기준보다는 자기 이익에 따라 움직인다고 보는 현실주의이론이 지배적이었기 때문이다. 예외적으로 1970년대 말 미국의 지미 카터(Jimmy Carter) 대통령이 외교정책에 인권을 결합하면서 시작된 미국 외교정책 관련 인권 연구가 있기는 하였지만 말이다.

R. J. 빈센트(R. J. Vincent)는 국제관계학에 인권 연구를 처음으로 도입한 선구자다. 그는 국제관계에서는 인권이 주변적인 것이거나 자국의 이익 증진을 위해서만 이용되는 경향이 많지만, 어쨌건 인권 개념은 국제법과 지구적 윤리체계에서 한 부분을 차지하게 되었다고 주장하였다. 1975년 유럽안보협력에 관한 헬싱키회의(Helsinki Conference on Security and Co-operation in Europe)에서 소련이 원칙적으로 인권을 받아들였다. 그 이후 인권은 냉전하의 국제관계에서 중요한 주제가 되었다. 냉전 기간 동안 인권은 부유한 북반구와 가난한 남반구 간의 국제관계에도 등장하였다. 남반구는 주로 경제적 및 사회적 권리와 집단주의적 권리 개념, 특히 자기결정권과 발전권을 주장한 반면에, 북반구는 시민적 및 정치적 권리에 더 우선시하는 경향이 있었다. 어떠한 국가도 외교정책에 있어 인권에 대한 고려를 무시할 수 없게 되었는데, 인권은 이러한 방식으로 국제관계에 편입되었다. 그러나 외교정책 전문가들은 인권에 대해서는 으레 경계의 눈초리를 보낸다. 또 인권 기준을 이행하는 것보다는 신설하는 것에만 관심이 더 많으며, 구체적인 사례보다는 일반적인 논의를 하는 것을 더 선호한다. 또한 인권을 외교정책상의 문제점들에 대한 해결책으로서가 아니라 또 다

른 하나의 **문제점**으로 보고 있다. 빈센트는 이러한 관점에 반대하여 인권을 외교정책에 적용하려면, 신중한 판단이 선행되어야 국익도 증진시킬 수 있을 것이라고 주장하였다. 그렇기 때문에 인권 외교정책은 인권침해 문제 중 심각성과 변화가능성이 가장 큰 것에만 집중해야 하는데, 그는 생존권에 초점을 맞추는 것이 이러한 두 가지 범주에 가장 잘 부합한다고 생각하였다.(Vincent 1986)

인권 개념은 레짐(regime)*이론을 이용하여 국제관계학 분야에 접목될 수도 있다. 앞서 제3장에서 보았듯이 국제인권체제는 규제적 레짐으로 간주될 수 있다. 도널리는 레짐을 선언적 레짐, 증진적 레짐, 이행레짐, 강제레짐으로 분류하고, 다시 각각은 비교적 약한 레짐이나 강한 레짐으로 구분하였다. 국제인권레짐은 비교적 강한 증진적 레짐이면서 비교적 약한 이행레짐이지만, 강제레짐은 아니라고 볼 수 있다. 그는 인권레짐이 일반적으로 약한 이유에 대해서는 다음과 같이 설명한다. 제2차 세계대전 이후 나치의 잔학행위를 보고 선언적 인권레짐을 설립하는 것은 비교적 쉬운 일이었다. 우선 비용이 매우 적게 들었기 때문이다. 그뿐만 아니라 당시 각국은 그것을 강한 레짐으로 발전시키는 데 전혀 관심이 없었다. 강한 인권레짐은 강대국의 외교정책이나 불안정한 지배세력들에는 위협이 될 수 있는 것이다. 오늘날 국제인권레짐이 약한 이유는 심각한 재원 부족 때문인데, 인권 증진을 주장하는 국가들이 자신들의 주장만큼 충분한 재원을 공급하지 않기 때문이다. 또한 도널리는 정치에 원인이 있고 정치적으로 해결할 수 있는 문제들에 대해 지나치게 법률적으로 접근하는 것도 인권레짐이 약한 이유라고 보고 있다. 하지만 인권레짐이 약하게나마 존재하는 이유는 외교정책상 윤리적 관심이 전혀 부재하지는 않기 때문이라고 설명한다. 또 외교정책에는 일관성을 유지하려는 경향도 약하게나마 존재하

---

\* 자유주의 국제관계학 개념의 하나로 세계정부가 존재하지 않는 상황에서 국제사회가 특정한 주제와 관련하여 다양한 문제를 해결할 수 있도록 할 것을 다양한 행위자들이 공통적으로 기대하는 일정한 패턴. 인권레짐, 환경레짐, 무역레짐 등이 국제적으로 거론된다.

고 있다. 그래서 일단 자국의 국익을 위해 어떤 인권침해 사실에 대해 비난하기 시작하면, 이후에 완전히 국익을 위한 것이 아닌 다른 인권침해 사실에 대해서 비난해야 하는 상황을 맞이할 수 있다. 국제인권레짐은 자국의 인권상황을 개선하고자 하는 국가들에게 정치적 지원이나 기술지원을 통하여 도움을 줄 수도 있다. 유럽의 인권레짐은 비교적 강한 편인데, 유럽 국가들이 비교적 윤리적 의지가 강할 뿐만 아니라 자국의 국익에 가해질 수 있는 위험부담도 적기 때문이다. 미주지역에서도 미주간 인권레짐이 상당히 활발하게 작동하고 있는데, 그럼에도 불구하고 대규모 인권침해가 발생하고 있으며 그러한 사실이 활발한 활동의 이유가 되기도 한다. 도널리는 이 같은 움직임이 미국의 주도적인 역할 덕택이라고 생각한다. 아프리카에는 매우 약한 인권레짐이 존재하며, 아시아와 중동 지역에는 아예 존재하지도 않는다. 이것은 이 지역의 엘리트들이 인권에 대한 도덕적 의지가 약하며, 인권레짐을 갖지 않았을 때 생기는 국가이익이 더 크기 때문이다.(Donnelly 1989: 206-18, 252-8)

　1945년부터 오늘날까지 인권레짐은 상당한 정도로 성장하였다. 노동자의 권리, 여성의 권리와 같이 일반적인 권리뿐만 아니라 인종차별을 당하지 않을 권리, 고문당하지 않을 권리와 같은 보다 구체적인 권리도 같이 성장하였다. 이 같은 성장은 대체로 선언적 및 증진적 레짐에 한한 것이었다. 이행레짐 및 강제레짐으로 옮아가는 일은 국가주권에 보다 큰 위협이 될 수 있기 때문에, 극도로 느리고 불균형하게 진행되고 있다. 인권레짐은 국제관계에서 도덕적 관심이라는 것이 비록 주변적이나마 역할을 한다는 사실을 보여준다. 사실 인권레짐은 그것이 가장 덜 필요한 국가들에서 가장 강력하게 작동하지만, 이들 국가에서 이루어지는 개선이란 사소한 것일 뿐이다. 정작 인권침해가 아주 심각한 국가들에서는 거의 아무런 개선도 이루어지지 않고 있다. 일반적으로 인권레짐은 국가들의 인권에 대한 의지를 **반영할** 뿐, 실제로 그 의지를 **강화**시키는 경우는 아주 지엽적인 경우에만 한한다.(Donnelly 1989: 223, 227-8)

　국제관계에서 인권은 다자주의적 방식(예를 들어 레짐을 통한) 혹은 국가의 외교정책을 통한 양자주의적 방식으로 반영된다. 도널리는 인권이 외교정책에 포함되는 것을 저해하는 요소로 세 가지 주의, 즉 현실주의, 국가주의, 상대주의를 꼽았다. 현실주의는 국가가 이기적이며 도덕적 목표를 추구하지 않는다는 입장이다. 국가주의는 국가가 각자 다른 국가의 내정에 간섭하지 않아야 한다는 입장이다. 상대주의는 국가가 자국의 가치를 다른 국가에 강요해서는 안 된다는 입장이다. 도널리는 이러한 원칙들이 중요하다는 점은 인정하지만 그렇다고 해서 외교정책에서 인권을 배제할 수 있는 것은 아니라고 주장한다. 국익에는 인권증진이 포함될 수 있고, 불간섭 원칙은 인권보호 의무를 준수함으로써 보장받을 수 있으며, 문화를 뛰어넘는 합의가 인권에 대해서는 일부 존재하기 때문이다. 각 국가들은 다른 사회의 인권에 영향을 주기 위해 '조용한 외교'부터 경제봉쇄, 군사적 개입에 이르기까지 다양한 수단들을 쓴다. 하지만 이러한 모든 수단들에는 두 가지의 결점이 있다. 그 수단을 사용하는 국가들이 대체로 국익 때문에 행동에 나선다는 점과 '대상' 국가들은 그러한 압력을 견뎌내는 것이 더 이로울 수도 있다는 점이 그것이다. 그렇다고 해서 외교정책적 수단들이 인권을 전혀 개선할 수 없다는 뜻은 아니다. 단지 성과물이 제한적이거나 불균등적일 수 있다는 것이다.

강대국들은 일반적으로 사안이 윤리적으로 매우 중요하더라도 비용이 아주 적게 드는 경우가 아니면, 인권을 목적으로 하는 개입은 하지 않으려고 한다. 설사 그러한 개입이 이루어지고 대규모 인권침해를 막는 데 성공한다 하더라도, 외부의 군사력으로 권리를 존중하는 사회를 안정적으로 건설하는 것은 만만치 않은 일이다. 나토가 코소보에 있는 알바니아계인들의 인권을 보호하기 위해 유고슬라비아에 군사개입한 사건이 좋은 예로, 아직까지 논란의 여지가 많은 문제다. 그리하여 도널리는 인권보호는 국제적인 문제라기보다는 주로 국내적인 문제라고 결론을 내렸다.(Donnelly 1989: 229-37, 242-49; 1998: 85; 1999: 90-1) 인권을 위한 군사개입이 조심스럽게 다루어져야 하는 문제라는 점은 분명하다. 그러나 민중이 스스로를 해방시켜야 한다는 주장은 민주주의적으로 보이기는 하지만, 수많은 민중들을 매우 오랜 기간 동안 압제 하에 방치하게 만들 수 있다는 점도 기억해야 한다.

도널리는 인권 개념이 UN에 의해서 발전되고 국제법에 편입되었다는 배경 때문에, 국제적 차원의 인권보호만 지나치게 중요시 되고 있다고 지적하였다. 그리하여 지금껏 각기 다른 사회에서 인권존중의 정도가 서로 다르게 나타나는 현상을 어떻게 이해해야 하는가에 대해서는 그 중요성이 심각하게 저평가되어왔다. 그는 이러한 상황에서 비교정치과학 영역이 기여할 부분이 있을 것이라고 주장하였다.(Donnelly 1989: 260-9) 이 주장에는 장점도 있지만 염두에 두어야 할 측면이 있다. 첫째, 실증주의에서 정치과학 학문영역이 '과학적이고' 가치배제적(value-free)이어야 한다고 강조하면서 가치적재적(value-laden) 과제인 인권을 무시하였다는 점이다. 둘째, 경험적으로 볼 때 인권에 적대적인 국제 혹은 국내 세력과 인권을 지지하는 국제 혹은 국내 세력 간에 어떠한 **상호작용**이 이루어지는지가 국내의 인권상황을 이해하고 인권 증진을 위한 정책을 수립하는 데 더욱 중요하다는 점이다.

인권연구에 있어 국가 단위와 국제 단위를 통합하려는 가장 대담한 시도는 토마스 리세(Thomas Risse)와 그의 동료들이 제시한 '부메랑이론' 일 것이다.(Risse, Ropp and Sikkink 1999) 이 이론에 따르면 억압적인 국가에서 인권은 대부분 다음과 같은 과정을 거치며 개선된다. 국가 내부에 사회운동의 압력이 존재하고 그것이 다른 국가나 국제적 NGO에 의해 보완이 되면, 그때 '부메랑' 이 그 대상국가에 되돌아와 국내의 압력집단에게 더 많은 자유를 제공해줄 수 있게 된다. '부메랑' 전략은 그 성공을 결코 보장할 수는 없지만, 인권 개선을 위한 최선의 희망이라 볼 수 있다. 이 이론에 대해서는 제7장에서 더 자세히 검토해볼 것이다.

한편 인권에 대한 법률주의적 접근과 자유주의 정치과학적 접근 모두 국가만 지나치게 강조할 뿐, 민간경제조직, 그중에서도 다국적기업에 의한 인권(특히 경제적 및 사회적 권리) 침해 사실을 무시하였다는 비판을 받아왔다. 인권 담론이 개인과 국가간의 관계만을 강조하기 때문에 인권침해의 **구조적** 원인이 무시되고 있다는 지적도 있다. 그간 인권활동가들과 인권학자들은 **자본주의**에 대해 언급하기를 꺼려왔다.(Evans 1998) 인권침해의 구조적 및 경제적 원인에 대해 연구할 수 있는 학문 분야는 **국제정치경제학**(international political economy: IPE)일 것이다. 국제정치경제학은 아마도 인권연구 분야에서 가장 간과되어온 학문 분야일 것이다. 하지만 국제정치경제에는 인권연구에 기여할 부분도 많지만 위험성도 있다. 바로 인권의 심장부라 할 수 있는 **개인**의 복지를 간과하고 있고, 인류학에서 강조하는 인권침해의 **주관적** 경험에 대한 강조가 부족하기 때문이다. 국제정치경제는 우디위스의 담론사회학과 유사하여, 비슷한 장점과 한계를 갖고 있다. 즉 인권침해의 구조적 원인을 강조하지만 인권운동의 잠재성은 덜 중요시한다는 것이다.

## 8. 소결

니체(Nietzsche)는 윤리적 이상주의자들을 '현실로부터 떠나는 이민' 이라고 표현했다.(Glover 1999: 29) 인권의 사회과학이 해야 할 일은 인권지지자들을 현실로 돌려보내는 것이다.

이 현실은 객관적인 제도나 구조에 관한 것일 수도 있고 주관적인 의미나 가치에 관한 것일 수도 있다. 인권의 사회과학에는 동정심과 과학적 정연함도 요구된다. 인권 개념은 규범적 철학, 법학 그리고 사회과학이 만나는 영역에 놓여있다. 사회과학은 인간의 삶의 방향을 제시해줄 수 없기 때문에 충분치 않다. 철학이 방향 제시를 해줄 수는 있겠지만, 어떠한 행동에 동기를 부여하기에는 미약하다. 철학과 사회과학은 인권에 대한 이해를 명확하게 해주지만, 각각으로는 옳은 일을 행하는데 있어 필수적이지도 충분하지도 않다. 인권을 이해하기 위해서는 철학과 과학이 기여하는 바와 그것의 한계를 같이 이해하여야 한다. 사회과학은 그 자체로 하나의 사회적 과정이며, 그것을 인권과 연결시키는 데는 어려움이 있다. 역사적으로 과학은 권력과 무지로부터의 해방이라는 사상과 연결되어 있는 만큼, 자유와 복지와도 연결되어 있다. 그렇지만 실증주의 과학철학은 도덕에 대한 무관심에 빠질 수도 있고, 인류학과 같은 '해석적' 사회과학은 도덕적 상대주의에 빠질 수 있기 때문이다.(Bellah et al. 1983: 1-6)

알버트 허쉬만(Albert Hirschman)은 근대 사회과학의 특징으로 '반도덕주의적 태도'를 꼽았는데, 이것은 마키아벨리(Machiavelli)의 반도덕주의 정치과학에서 시작된 것으로 볼 수 있다. 사회과학자들은 도덕을 진지하게 여기지 않도록 하는 '숙련된 무능력'을 갖고 있다. 그렇기 때문에 이제는 어떻게 해서든 윤리적 진지함과 과학의 분석적 정연함이 함께할 수 있도록 하여야 한다.(Hirschman 1983: 21-4, 30) 로버트 벨라(Robert Bellah)는 우리가 사회과학과 철학을 구분하는 것은 각각의 학문영역을 '정화'(淨化)하려는 노력에서 비롯된 것이라고 주장하였다. 이 같은 차별화에 장점이 있을 수도 있다. 하지만 이렇게 과학과 윤리학이 분화되었기 때문에, 서로 다시 만나기 위해서는 우리가 이미 설정한 경계를 다시 뛰어넘는 지적 활동의 수고를 들여야 하는 것이다. 사회과학에서 실증주의는 생산되는 지식의 질을 높이기 위해 윤리학을 배제하려고 노력하였다. 그러나 이러한 시도는 실패하였다. 역설적이게도 실증주의는 스스로가 하나의 윤리적 문제일 수밖에 없는 사회적 현실이라는 사실을 이해하지 못했기 때문이다. 모든 사회적 현실처럼 사회과학도 권력의 장 안에 자리잡고 있다. 이 같은 사회적 사실을 인식하지 못하면, 이미 그렇듯 권력에만 더욱더 봉사하게 된다. 인권의 사회과학은 다른 목적을 가져야 하며, 윤리적 책무를 자각해야 한다.(Bellah 1983)

제6장
# 보편성, 다원성, 차이: 문화와 인권

## 1. 문화제국주의의 문제

세계인권선언 제1조에서는 모든 인간은 태어날 때부터 동등하다고 선언한다. 1993년 비엔나선언에서는 모든 인권이 보편적이고 불가분적이며 상호의존적임을 확인한다. 일반적으로 인권 이론가들은 모든 인간이 단순히 인간이기 때문에 인권을 갖는다고 말한다.(Gewirth 1982: 1; Donnelly 1985a: 1; 1999: 79)

그러나 세계인권선언에조차 인권이 보편적이라는 주장을 뒷받침하지 못하는 조항이 있는데, 예를 들어 제25조에서 어머니와 아동은 특별한 보호와 지원을 받을 권리를 가진다고 하는 것이다. 즉 세계인권선언에 따르면 인권 중 일부는 특별한 범주의 인간만이 가질 수 있는 것이 된다. 비엔나선언에서도 여성, 아동, 소수자, 선주민, 장애인, 난민, 이주노동자, 극빈자, 사회소외층 등 여러 종류의 특별한 범주를 인정하고 있다. 우리는 세계인권선언에서 선언한 바와 같이 모든 이가 '어떠한 종류의 차별도 없이' 동등하면서도 어떻게 특별한 범주의 인권을 가지는 사람이 있을 수 있는지 이해할 필요가 있다.

인권 중에는 노예 상태에 처하지 않을 권리와 같이 논쟁의 여지도 없이 보편적인 권리들이 있다. 그러나 일부의 권리는 보편적일 수 있는 **잠재성**만 있을 뿐이다. 이러한 권리들에는 두 가지 종류가 있다. 첫째는 어떤 특별한 상황에서만 작동하는 권리들로서, 공정한 재판을 받을 권리 등이 그 예다. 둘째는 성인이 되는 것 등과 같이 대부분의 인간이 충족할 수 있는 어떠한 기준을 충족시켰을 때 작동하는 권리들이다. 국제문서들에서 언급하고 있는 또 다른 특별한 범주, 예를 들어 여성이나 소수자는 특별한 인권을 갖지는 않지만 인권침해에 특별히 취약한 사람들로 분류된다.

인권에 대해 비판적인 일부 사람들은 인권의 보편성을 주장하는 것은 인간 각각의 차이를 무시하는 것이라고 주장한다. 보편성이란 제2차 세계대전 이후 서구국가들이 인권담론을 지배해오면서 만들어낸 환상이며, 인권의 '보편성'은 '문화제국주의'를 위한 하나의 이데올로기적 위장술일 뿐이라는 것이다. 인권 개념에 있어서 보편성과 차이 사이에 존재하는 긴장관계는 비엔나선언에 잘 드러난다. 비엔나선언에서는 인권의 보편성을 확인하면서도 '국가별, 지역별 특수성과 다양한 역사적, 문화적, 종교적 배경들의 중요성에 유념해야 한다'는 제한을 가한 것이다.

비엔나회의를 준비하던 당시 아시아의 정부와 지식인들은 보편적 인권 사상에 문제를 제기하면서 논쟁을 불러일으켰다. 아시아에는 독특한 아시아적 인권 개념이 존재하는데, 비서구사회에는 서구와 다른 문화가 존재하고, 빈곤국에는 부유국과는 다른 요구사항이 있기 때문이라는 것이다.(Tang 1995) 일부 인권 옹호론자들은 이 같이 차이를 강조하는 주장은 권위주의 정권의 압제적 행태를 이데올로기적으로 위장하기 위한 것일 뿐이라고 본다.(Christie 1995) 그러나 보편주의자들 중에서도 보편성을 주장할 때 문화다양성을 진지하게 고려하여야 한다고 믿는 이들도 있다.(Donnelly 1989: part III; Baehr 1999: chapter 2) 하지만 인권의 보편성에 보다 더 광범위하고 심각하게 도전을 가하는 이들도 있다. 이들은 인권의 보편성이 합리주의 철학에 따른 '계몽 프로젝트'의 일부이며,

19세기 과학적 진보에 대한 이상과 20세기 중반의 사회민주주의에 대한 이상이 결합된 구시대적 '사회근대화론'의 일부라고 주장한다.(Woodiwiss 1998) 또한 '포스트모던'(postmodem) 철학에 따라 보편주의적 확실성을 '해체'(deconstruction)하는 데 바탕을 둔 '차이'의 정치학 역시 그러한 도전 중 하나다. 자유주의적·민주주의적 인권 원칙에 바탕을 두고 제국주의에 도전했던 때가 첫 번째 물결이었다고 한다면, 이제 반(反)보편주의자들이 문화차이를 찬양하면서 두 번째 물결을 일으키고 있는 것이다. 결과적으로 인권의 보편성이라는 간단한 사상이 대안문화적 관점과 문화에 따라 인권이 다르게 해석된다는 관점과 경쟁하게 되었다.(Chan 1999; Othman 1999)

흔히들 인권 개념은 자유주의적 개인주의라는 서구의 개념에서 비롯된 것이며, 다수의 비서구문화에서는 그 뿌리를 찾을 수 없다고 한다.(Aidoo 1993; Bell et al. 1995) UN과 그 주변에서는 비서구문화에도 인권 개념의 뿌리가 존재한다는 주장이 제기되기도 하지만 학자들은 매우 회의적이다.(UNESCO 1949: 260; Chun 2001: 21) 도널리는 오늘날 인권이라는 단어로 다루어지는 여러 문제들이 마치 근대 이전의 서구문화권에서 그러했듯이 비서구문화권 전통에서도 인권이 아니라 '옳은 것'(the right)과 의무라는 단어로 다루어졌다고 주장한다. 비서구문화나 근대 이전의 서구문화 속에서는 **인간의** 권리가 아니라 공동체나 공동체 내의 다양한 신분과 지위에서 비롯된 권리들이 존재하였다는 것이다.(Donnelly 1985a: 49-51, 86) 도널리의 주장에는 유의미한 부분도 있지만 과장된 부분이 많다. 한편 일부 이슬람 학자들은 인권을 신에 대한 의무로부터 끌어내면서 로크와 비슷한 주장을 편다. 이슬람문화에서 이슬람교도(Muslim)와 비교도들이 권리에 있어 서로 평등하다는 것을 인정하기를 꺼려할 수 있지만, 이는 로크가 프로테스탄트교도와 로마가톨릭교도, 무신론자, 이교도들이 평등하다는 점을 인정하기를 꺼려했던 것과 유사하다. 도널리는 근대적 개념의 인권은 로크의 개념보다는 더 평등주의적이며, 서구의 자연권이론이 근대적 인권 개념으로 발전할 수 있었던 것처럼 이슬람문화도 비슷한 방식으로 발전할 수 있다고 말한다. 그가 인권 개념을 정의나 의무와 같은 다른 개념과 구분하는 것은 옳은 것이지만, 비서구문화권을 다루면서 다양한 도덕 개념들을 인권 개념으로 발전시킬 수 있는 역량에 대해서는 과소평가하고 있다.

일부 문화권에서는 중요한 몇몇 지점에서 인권과 서로 조화될 수 없다는 사실은 의심할 여지가 없다. 그러나 이것이 그다지 새로운 문제는 아니다. 고전적 자연법이론도 그 이론이 비난하는 행위를 지지하는 문화에 익숙했기 때문이다.(Tuck 1979: 85) 자연법을 단순히 서구의 가치를 비서구인들에게 **주입**(imposition)한 것이라고만 할 수는 없다. 로크의 자연권이론에서 그랬던 것처럼, 서구인들에게도 비서구인들의 권리를 보호할 **의무**가 존재할 수 있기 때문이다. 보편주의 안에서 다양성을 인정하는 데 두 가지 방법이 있을 수 있다. ① 문화의 다양성에도 불구하고 모든 문화에 적용되는 어떤 도덕적 규칙을 고집하는 방법이 있지만 ② 보편적 원칙이 다양한 사회적 맥락에서 어떻게 다양하게 해석 및 적용되어야 하는지를 설명하는 방법도 있다. 예를 들어 공정한 재판을 받을 권리를 위해 모든 국가에 동일한 재판절차가 요구되는 것은 아니라는 것이다.

인권의 보편성이 '문화제국주의'라고 비난받아야 한다는 사실은 아이러니다. 인권의 기원부터 나치 제국주의에 대한 반대에서 시작되었기 때문이다. 보편주의를 비판하고 문화차이를 옹호하는 이들도, 인권의 근본 원칙 중 하나인 **보편주의**에 따라 인종주의를 비난하는 데는 거의 대부분 반대하지 않는다. 하지만 세계인권선언 중 일부 조항이 다른 조항에 비해 문화를 초월하여 더 많은 호소력을 갖고 있는 것은 사실이다. 예를 들어 제16조에서 자유로이 결혼할 권리를 규정한 것이 그러하다. 하지만 이 또한 초안 당시에는 이슬람문화에 반대된다는 이유로 사우디아라비아가 이 조항에 반대했었다.(Morsink 1999a: 24) 한편 반(反)보편주의자들도 실은 보편적인 원칙(예를 들어 문화차이의 가치를 인정해야 하는 것 같은)에 기대어 주장을 하는 측면이 있는 반면에, 서구 자유주의 철학자들 중에도 보편주의적 도덕률을 강력히 주장하는 데 회의적인 이들이 있다는

점은 생각해볼 만한 부분이다.(Rawls 1999)

일반적으로 국제인권기구들은 보편적 인권 기준이 다양한 문화적 맥락에서 다양하게 해석되어야 한다고 여겨 왔다. 예를 들어 시민적 및 정치적 권리에 관한 국제협약에서는 인권이사회(Human Rights Committee) 위원을 선출할 때 다양한 형태의 문명과 사법제도를 대표할 수 있게끔 고려하도록 규정하고 있다. 그리고 인권이사회는 가족생활에 대한 권리에 대해 언급하며 사회경제적 조건과 문화적 전통에 따라 다양할 수 있다고 이미 발표한 바 있다.(Robertson and Merrills 1996: 64) 유럽인권재판소는 유럽의 인권 기준을 해석하는 데 국가별로 차이가 있음을 인정하기 위해 '해석의 한도'(margin of appreciation)라는 개념을 도입하였다.(Arai 1998; Gross and Aolain 2001) 또 국가들이 인권조약들을 비준할 때는 일부 조항을 유보(reservation)할 수도 있는데, 이렇게 함으로써 보편적 기준들이 법률적으로 완화되기도 한다. 인권을 두고 나타난 보편주의 대 상대주의 문제가 서구 국가들과 그 이외의 국가들 간의 문화적 경쟁을 대변한다고 보는 경우가 많다. 하지만 여기서 국제 인권 기준들을 받아들이는 것을 특히 더 꺼려해온 나라는 바로 미국이었다는 사실은 눈여겨 볼만한 사실이다.(Forsythe 1995: 301) 인권에 관하여 법률적 차원에서는 그나마 합의와 유보가 뒤섞인 채 존재하고 있지만, 정치적 차원에서는 훨씬 더 많은 의견 차이들이 존재한다. 특히 인권과 국제적 경제정의 사이의 관계는 더욱 그러한데, 이는 주로 시민적 및 정치적 권리와 경제적, 사회적 및 문화적 권리 중에서 어디에 더 우선순위를 두어야 하는가에 대한 논쟁의 형태로 나타난다. 세계인권선언에서는 암시적으로 그리고 비엔나선언에서는 명시적으로 이 두 종류의 권리 사이에 '불가분성'이 있음을 확인하였다. 그러나 1996년에 채택된 두 개의 규약에서는 이 두 종류의 권리를 서로 별개의 것으로 다루고 있으며, 실제 현실에서는 이보다 훨씬 더 그러하다.

도널리는 극도의 궁핍 상태가 발생하여 생존을 위해 사회적 연대가 필요한 경우에는, 인권 개념이 없는 집단주의 문화라 하더라도 도덕적으로 받아들여질 수 있다고 생각한다. 그러나 오늘날 대부분의 개인들은 자본주의 경제와 민족국가로 인해 소규모의 협력적 전통공동체로부터 현저하게 분리되었다고 주장하였다. 이러한 상황에서 문화적 전통을 주장하는 것은, 사실은 자기 사회의 전통문화에 거의 혹은 전혀 관심이 없는 권위주의 엘리트들이 흔히 사용하는 방식이다. 근대화된 엘리트들은 자신들의 폭압적이고 부패한 정권을 비판으로부터 방어하기 위하여 종종 사이비 전통과 관습을 만들어낸다. 보편적 인권 기준이 심각하게 침해되는 경우는 대부분 명백한 근대적 통치형태의 산물이지 전통문화에 기반을 둔 것이 아니다. 이러한 상황에서 개인이 인간존엄성을 보호받으려면 인권이 필요하다. 결국 인권 개념은 '현대에 거의 보편적인 적절성'을 가진다는 것이다.(Donnelly 1989: 59-60, 64-5) 이러한 주장에도 역시 장점은 있지만, 지나치게 포괄적인 경향이 있다. 사실 근대화와 전통문화 사이의 관계는 상당히 복잡하다. 그러므로 오늘날 실제로 등장한 인권패키지가 모든 이들의 존엄성을 가장 잘 보장할 수 있으려면, 추상적인 보편원칙으로만 이루어질 것이 아니라 지역 전통들도 민감하게 이해하여 그것을 바탕에 두어야 할 것이다.

어쨌든 인권 개념이 옳은 것이라면, 보편주의의 거부를 의미하는 극단적 상대주의는 옳지 않은 것이 된다. 그러나 인권 개념은 보편적인 것이지만 자율의 가치를 전제로 하기 때문에, 현실에서 인권을 실천하는 데 있어서는 얼마간의 다양성이 따르기 마련이다. 자율의 가치를 따른다는 것은 인권을 실천할 때 다양한 문화적 및 사회경제적 조건에 따라 얼마간 편차가 생길 수 있다는 뜻이다. 그러나 인권침해의 피해자가 그 인권침해를 정당화하는 문화를 지지할 때는 아주 어려운 문제가 생긴다. 예를 들어, 영양실조에 걸리고 교육을 받지 못한 여성들이 자신들을 그러한 상황으로 몰아넣은 문화를 지지하는 것을 때때로 볼 수 있다. 누스바움(Nussbaum)은 피해자가 표현하는 의견은 도덕적으로 결정력을 가지지 못한다고 주장한다. 음식과 교육을 누리지 못하게 한 바로 그 부당함으로 인해 피해자들은 또 다른 형태의 삶을 상상할 능력을 갖지 못하게 되었으며, 그리하여 대안에 대한 욕구를 표현할 능력도 갖지 못하게 되었기 때문이다. 겉으로는 자신의 상황에 만족하고 있는 것처럼 보이지만, 그것이 상황을 결코 정당화할 수 없다. 그것 자체가 옳지 않은 자신의 상황의 일부일 뿐이다.(Nussbaum 1993) 반대의견을 낼 여지가 부족한 상황에서 겉으로만 동의하는 것은 거짓된 동의다. 정의는 약자들이 진정한 선택을 할 수 있는 능력을 가질 수 있게 해주어야 한다. 문화상대주의는 약자에게 적대적으로 편향되어 있다. 오닐(O'Neil)은 그렇기 때문에 어떤 문화는 정의의 재판을 받아야 할 수도 있다고 주장한다.(O'Neill 1993) 이러한 상황에서 흔히 '대화'가 필요하다고 주장하기도 한다. 그러나 부당한 문화에 의한 피해자가 그 대화에 참여하지 못한다면 이 역시 해결책으로서 적절하지 않은 것이다. 그렇다고 외부에서 강제적으로 개입한다면 그 역시 바람직하지 못한 결과를 낳을 것이다. 이 문제를 풀 수 있는 일반적인 해결책은 존재하지 않는다. 그러나 누스바움과 오닐이 제안한 일종의 문화비평 같은 것이나, 다양한 형태의 개입이 낳게 될 결과들을 전후맥락을 고려하여 이해하는 것이 해결책 모색에 필요하다고는 말할 수 있다. 도널리는 보편적 인권보다 그것을 받아들일 수 없는 문화가 더 우세한 상황이 아주 드물지만 정당화될 수도 있다고 인정하였다. 하지만 그는 대체로 상당히 견고한 형태의 인권 보편주의를 견지하고 있다. 그리고 그것은 국가가 실행에 옮겨야 하는 것이라고 주장한다. 하지만 어떤 사람들은 자기 문화가 단지 **자기의** 문화라는 이유만으로 거기에 부합하는 존엄성만을 추구하기도 하는데, 그렇기 때문에 자유를 보장하는 국가일지라도 자신들에게 권리를 강제하면 자신들의 삶의 방식에 개입하는 것으로 여겨 달갑지 않게 받아들일 수 있다. 도널리의 주장은 이러한 사실을 간과하고 있는지도 모른다.(Donnelly 1989: 110-16)

    강고한 보편주의자들이라도 인권이 실현되는 형태에 있어서는 대체로 상당한 정도의 다양성을 허용한다. 예를 들어 사법절차에 관한 것들이 그러하다. 인권 원칙은 매우 일반적이기 때문에 실제로 적용되기 위해서는 해석이 필요한데, 그 해석 자체는 바로 하나의 문화적 과정이다. 인권의 해석에 대한 전 지구적인 권위자가 부재한 상태에서 그 해석의 방식은 다양한 문화적 맥락에 따라 서로 다를 수밖에 없다. 이로 인해 인권을 문화에 따라 특수한 방식으로의 '해석' 하는 것과 인권의 보편적 적용을 훼손하는 것을 어떻게 구분하느냐가 또 하나의 과제로 남는다. 보편적 원칙과 지역적 해석에 대해 각각의 명확한 근거를 찾는다면 권리의 보편성과 문화차이의 권리 사이에서 균형을 맞추는 데 도움이 될 것이다.

인권의 보편주의는 또한 서구 자유주의에 바탕을 두었다는 이유로 비판을 받은 데 이어, 자유주의에 비판적이던 서구 비평가들로부터도 비판을 받기 시작하였다. 이른바 공동체주의(communitarianism)에 바탕을 둔 이들은 자유주의가 지나치게 '개인주의적'이고 인간 공동체의 공동선에는 별로 관심을 기울이지 않는다고 보았으며, 인권 역시 그러하다고 내비쳤다.(Waldron 1987: 151, 166-209; Mulhall and Swift 1996) 이것은 복잡한 논쟁이다.(Caney 1992) 하지만 인권 개념이 공동체를 무시하게 만든다는 비난에는 근거가 없다. 권리 보호를 위해서 공동체가 필수적이라는 점은 권리 이론가 로크가 이미 강조한 바 있기 때문이다.(Gewirth 1996) 공동체주의자들은 때때로 자유주의와 인권 이론에서 가장 중요한 개념인 '개인'이 지나치게 '추상적'이라고 말하기도 한다. 하지만 공동체주의 이론에서 가장 중요한 개념인 '공동체' 역시 마찬가지로 추상적이다. 특히 공동체주의자들은 공동체 구성에 권력이 정도가 얼마나 개입되는지, 권력이 공동체의 일부 성원들을 탄압하기 위해 어떻게 사용되는지를 쉽게 간과한다. 또한 아무리 작은 공동체일지라도 내부적으로는 공동체의 가치관에 대한 분쟁이 있기 마련인데 공동체주의자들은 흔히 그것이 얼마나 그러한지도 간과한다. 인권 개념은 공동체가 나약한(vulnerable) 개인들로 이루어져 있음을 인식하는 것이다. 그렇다고 공동체가 개인의 번영에 있어 필수적일 수 있다는 점을 부정하는 것은 아니다. 공동체주의는 인권의 보편성에 반대하여 문화상대주의를 지지하는 경향이 있다. 하지만 현실에 있어서 다수의 공동체들은 자신들이 살고 있는 국가나 더 큰 공동체로부터의 탄압에 맞서 싸우기 위해 일부

인권 개념들을 자신들의 문화에 편입시켜왔다는 점을 간과해서는 안 된다.

우리는 이따금씩 인권의 보편주의가 '문화제국주의'라고 비난받는 경우를 본다. 그러나 모든 인간은 권리에 있어 평등하다. 즉 인권 개념은 보편적이고 **평등주의적**인 것이다. 제국주의는 본질적으로 **불평등주의적**이며, 제국주의에 반대하는 이들은 대부분 일종의 도덕적 평등주의를 전제로 둔다. 따라서 인권 개념은 제국주의와는 거리가 멀 뿐만 아니라, 오히려 제국주의를 비판하는 근거를 제공해준다. 인권이 제국주의라고 비판하는 이들은 반(反)제국주의가 그 자체로서 보편적으로 정당한 원칙이라고 생각하지만, 제국주의를 비난하면서 어떠한 보편원칙을 근거로 두고 있는지는 대체로 분명하게 밝히지 않았다. 로크의 고전적 자연권 이론에서는 제국주의가 자연권적 자유권에서 비롯되는 정치적 자기결정권을 침해하기 때문에 비도덕적이라고 주장했다. 즉 권리에 기반하여 제국주의에 반대할 수 있는 강력한 자유주의적 주장이 이미 존재하는 것이다. 일부에서는 바로 그 권리에 기반한 자유주의 자체가 서구문화적인 것이기 때문에 그것을 보편화하려는 것이 제국주의적이라고 주장한다. 그러나 자유주의적 보편주의의 장점은 모든 이에게 평등하게 자유와 권리를 준다는 데 있다. 자유주의적 보편주의를 비판하는 반제국주의자들의 단점은 보편적 자유권을 위하면서 자유의 보편화에는 반대하는 것처럼 보이는 비일관성에 있다. 흔히 문화상대주의가 반제국주의를 뒷받침한다고 잘못된 주장을 하지만, 실제는 그러하지 않다. 문화상대주의는 제국주의 문화를 비판하는 데 필요한 어떠한 근거도 제시하지 못하기 때문이다. 만일 반제국주의가 보편적으로 옳은 것이라면, 어떠한 보편적 원칙에 바탕을 둔 것이어야 한다. 반제국주의가 채택할 수 있는 현실가능하고 가장 적절한 원칙은 바로 자유주의 인권 원칙이다.

## 2. 문화상대주의

인권의 보편주의에 반대하는 반제국주의 주장이 인기가 있을 수 있는 이유는 강한 호소력을 지닌 다음의 두 가지의 사상을 표현하고 있다고 여겨지기 때문이다. ① 모든 사람은 동등하게 존중받을 자격이 있다는 것과 ② 문화는 사람의 정체성의 일부 혹은 그 이상을 구성하기 때문에, 어떤 사람을 존중하면 그 사람의 문화도 존중해야 한다는 것이다. 그러나 이러한 원칙들은 문화상대주의와 맞지 않다. 이들 역시 보편적 원칙이기 때문이다. 문화상대주의자들은 상대주의를 보편적 원칙에서 유도해내려는 유혹을 피하기가 어렵다는 것을 알게 되었다. 이 사실이 문화상대주의가 매력적으로 보이지만 왜 현실에서는 통하지 않는지를 보여준다. 모든 문화를 존중해야 한다는 원칙은 자기모순이다. 일부 문화는 모든 문화를 존중하지 않기 때문이다. 사람을 존중해야 한다는 원칙이 모든 문화를 존중해야 한다는 것을 뜻하는 것은 아니다. 따라서 인권침해를 인정하는 문화는 그것이 단지 문화라는 이유만으로 존중받아야 한다고 요구할 수 없는 것이다. 보편적 인권에 부합하지 않는 문화가 어떤 측면에서는 가치가 있을 수도 있지만, 그렇다고 문화상대주의를 근거로 인권의 보편주의 전체를 부정할 수는 없다. 인권을 지지하면서 인권을 침해하는 문화를 존중하는 것은 모순이다. 따라서 인권을 지지하는 사람들은 특정한 문화 혹은 최소한 특정한 문화의 특정한 측면은 존중하지 않아야 한다는 사실을 인식하여야 한다.

문화상대주의에 바탕을 두고 인권에 반대하는 주장은 종종 국가주권에 바탕을 두고 반대하는 주장과 혼동되기도 한다. 양자가 모두 한 사회의 내부사안들에 대해 외부인들이 간섭하는 것을 막기 위해 쓰이기 때문이다. 그러나 이 두 주장의 논리는 상당히 다르며, 상호 양립할 수 없는 부분 또한 상당히 많다. 국가주권을 주장하는 것이 문화상대주의를 주장하는 것이 아닌 것은, 국가주권의 원칙이 인권 원칙만큼이나 보편적인 것이기 때문이다. 국가주권의 원칙은 부당한 간섭을 막고 국가간 평화를 유지하는 데 있어 일면 가치가 있을 수도 있다. 하지만 인권침해자들을 보호하거나 국가에 의한 문화파괴를 지원할 수도 있다. 따라서 주권에 관한 논쟁과 문화에 관한 논쟁을 서로 구분하는 것은 중요한 일이다.

문화는 인권을 실현시키는 데 다양한 방식으로 올바르게 관여할 수 있다. 인권의 원칙은 추상적이고 일반적인 것이지만, 항상 복잡하고 특수한 상황에서 이행되어야 한다. 그러한 특수한 상황 중에는 항상 지역문화가 포함될 것이다. 인권의 정당성이 인간존엄성의 보호와 증진에 있는 것이라면, 인권을 이행할 때 반드시 지역문화와 그 지역문화가 인간존엄성에 기여할 수 있는 바를 고려해야 한다. 따라서 국제적인 문서만 가지고는 인권을 실현할 수 없다. 지역문화를 포함한 지역의 특수한 상황에 대한 판단이 매개되어야 하기 때문이다. 하지만 사람들 사이에는 의심할 여지없는 자신들의 지역문화를 놓고도 서로 다툼이 있을 수 있다는 점을 기억하여야 한다. 지배엘리트나 다수자의 문화 해석이 그 문화를 대표한다고 여기면서 피지배계층이나 소수자들을 희생시키는 잘못된 문화 존중의 오류가 너무나도 자주 발생하고 있기 때문이다.

한편 문화상대주의가 일부에서 호소력을 갖는 이유 중 하나로 인권이 '철학적 기초'에 문제가 있다는 주장을 들 수 있다. 인권의 철학적 기초에 문제가 있는 것은 사실이다. 그러나 모든 신념은 철학적 기초에 문제가 있다. 이 말은 문화상대주의도 철학적 기초에 문제가 있다는 것을 의미한다. 이 같은 상황에서는 인권과 문화상대주의가 각각 누구의 이익에 봉사하는가를 질문해 보아야 할 것이다. 인권은 모든 사람의 기본적 이익을 보호하기 위하여 고안된 것이다. 문화상대주의는 약소한 문화를 '제국주의적' 침범으로부터 보호할 수 있다. 하지만 압제적인 엘리트들을 보호할 수도 있다는 것을 우리는 이미 자주 보아왔다. 서구 자유주의자들 중 좋은 의도를 가진 사람들이나 인권을 지지하는 사람들조차, 제국주의 혹은 심지어 '인종주의자'로 보이게 될 것이 두려워 문화상대주의자들의 주장에 굴복하곤 한다. 문화적 우월감에 빠질 수 있는 위험을 인식하는 것은 옳은 일이지만, 압제적인 문화와 타협하는 것은 옳지 않다.

다른 민족의 문화를 존중하려면 먼저 그 문화가 무엇인지를 알아야 한다. 외부인은 그와 관련된 믿을 만한 지식을 얻기 어려울 때가 많다. 정부와 엘리트 지식인들은 종종 민중의 문화에 대한 공식해석을 외부세계에 제공함으로써 '문지기'(gatekeepers)의 역할을 한다. 그러나 우리는 이론상 그리고 경험상 엘리트들이 민중을 대변하여 주장하는 데 대해 의심을 가질 수밖에 없다. 민중의 목소리는 그들 문화의 표현이다. 그리고 외부인들은 민중들의 권리 일체가 보장되었을 때만 그들의 목소리를 들을 수 있다. 예를 들어 사람들이 자의적 체포에 대한 두려움으로부터 자유롭지 않거나, 여성들이 공적영역에서 배제되어 있다면 그 민중들의 문화가 진정으로 대변되고 있는지 어떤지를 알 수가 없다. 따라서 문화다양성의 존중이라는 것이 때때로 인권의 보편성을 위협하는 것으로 비칠 수도 있지만, 그와는 반대로 보편적 인권을 확실하게 보장해야만 문화다양성도 존중받을 수 있는 것이다.

도널리는 인권이 보편적인 이유 중 일부는 인권이 만들어졌던 서구(자본주의와 민족국가)의 상황이 세계화되었기 때문이라고 주장한다. 그러나 이러한 세계화 과정 중에는 단순히 서구의 문화만 확산된 것이 아니라 서구에 의한 **지배**와 비서구문화의 훼손도 함께 진행되었다. 수많은 비서구인들은 서구문화의 많은 부분, 그중에서도 특히 민족국가나 자본주의 경제와 같은 사회조직 형태의 일부와 과학기술을 도입하고 싶어한다. 하지만 그들이 가진 식민지 경험으로 인해 서구에 대해 모순된 태도를 보일 때도 많다. 이러한 상황에서 문화를 고집하는 것은 자신들의 존엄성을 표현하는 한 가지 형태일 수 있다.(Taylor 1997) 이러한 고집은 자유주의적 가치에 반대하는 보수주의를 옹호하는 것처럼 보일 수도 있지만, 역사적 맥락에서 보면 지배에 반대하여 평등을 요구하는 것으로 볼 수도 있다. 비서구인들이 인권 개념에 저항하거나 스스로의 인권 개념을 개발할 것을 주장하는 것은 서구지배로부터의 자주적 해방(self-emancipation)을 위한 노력의 일종이라고 볼 수 있다. 데이비드 히치콕(David Hitchcock)이 말한 바와 같이 인권 개념은 과거 제국주의 '흑선'(black ships)\*처럼 '서구에서 와서', 과거에 종속과 굴욕을 당했던 민족에게 위압적으로 강요하는 것처럼 보일 수 있다.(Hitchcock 1994: xii) 또한 보편성 개념은 서구의 문화적 혹은 정치적·경제적 지배를 얄팍하게 가리기 위한 수단으로 보일 수 있다. 이러한 태도들이 인권을 실현하는 데 장애가 된다면 진지하게 다루어져야 한다. 이러한 태도들이 인권 개념을 무용지물로 만들지는 않지만, 인권의 '이행'이라는 개념이 흔히 생각하는 것보다 훨씬 더 복잡하다는 사실은 보여줄 수 있다.

인권학자들은 인권 보편주의를 특정한 문화와 연관지어 연구하면서 보통 보편적 인권 원칙에서 시작한다. 그리고 그러한 기준으로 세계의 다양한 문화들을 심판한다. 이는 세계인권선언이 모든 사람이 '성취하여야 할 공통된 기준'이라고 스스로에 대해 선언한 것을 생각하면 일면 합리적으로 보일 수도 있다. 그러나 비서구인들의 관점에서 보면 서구의 문화적 오만함으로 보일 수 있다. 비서구인들은 인권 원칙의 힘을 받아들일 수도 있지만, 인권 원칙을 기존의 문화들에 관련시키는 것은 그 문화를 심판하는 것이 아니라 인권 기준을 그 문화에 통합되게 하는 방식이어야 한다고 보기 때문이다.

한편 노라니 오스만(Norani Othman)의 주장에 따르면 인권은 기본적으로 지역문화의 특수성을 인정한 상태에서 이행되어야 한다. 서구사회에서는 공적 영역이 비종교화되면서 인권의 영향력도 증대되어 왔다. 그러나 이슬람사회

---

\* 1845년 미국이 일본의 개항을 강제로 요구하면서 무력시위를 벌일 당시 미 동인도함대사령관 페리 제독이 이끌던 증기선 군함을 일컬어 일본인들이 붙인 말. 결국 일본은 무력에 압도당해 미국과 불공정한 '화친조약'을 맺고 미국의 무역상 특혜를 허용하였다. 쇄국정책을 고수하려던 일본의 세습적 군사독재인 쇼군(將軍)들은 권력을 상실하게 되고 바쿠호(幕府)체제는 무너지게 된다. 흑선은 19세기말 아시아에서 서구가 군사력으로 개항과 근대화를 강요한 사실을 상징한다.

에서는 아직 비종교화가 완전하게 이루어지지 않아 종교와 근대성(modernity) 사이의 긴장관계가 남아있다. 이러한 상황에서 일부 이슬람교도(Muslim)들은 코란(Qur'an)에 기초한 인권 해석을 추구하고 있는데, 코란의 개념인 보편적 인간본성과 윤리적 보편주의가 그러한 해석의 기초가 될 수 있다는 것이다. 또한 이슬람교도들은 변화라는 것은 인간조건의 일부이기 때문에 이슬람의 근본원칙은 변화하는 사회상황에 걸맞게 해석되어야 한다는 믿음도 갖고 있다.

오스만에 따르면 이슬람사회에서는 UN의 여성에 대한 모든 형태의 차별철폐에 관한 협약(Convention on the Elimination of All Forms of Discrimination Against Women: CEDAW)을 받아들이기가 어렵다고 한다. 보수주의자들이 이 협약을 이슬람사회의 자주성을 훼손시키는 외부개입이라고 주장하고, 민족주의적·문화적 혹은 종교적 이유를 대면서 협약에 대한 반발을 조장할 수 있기 때문이다. 그는 이러한 주장에 반박하려면 이슬람문화 내부로부터 나온 반론으로 맞받아쳐야 한다고 지적한다. 인권침해가 이슬람의 원칙과 합치하지 않음을 보여주어야 한다는 것이다. 이것이 이슬람사회에서 인권을 신장시키고 보편적 기준과 지역문화 사이의 화해를 이루어내는 가장 효과적인 전략이다. 민족적 자존심은 민족문화의 핵심부분과 긴밀한 관계가 있으며, 그렇기 때문에 인권적 개혁을 이루기 위해서는 그 문화를 존중해야 한다. 국제 인권 기준과 그 바탕이 되는 도덕률들은 서구문화로부터 비롯된 것이기 때문에, 이 같은 내부간 대화가 이루어지기 전까지는 이슬람교도들이 받아들일 수가 없다는 것이 오스만의 주장이다.(Othman 1999) 그의 제안은 '서구적', 자유민주주의적 관점에서 보더라도 합당한 면이 있다. 인권의 진보는 외부이입이 아니라 자주적 해방에 관한 문제이기 때문이다. 그러나 여전히 풀지 못한 문제도 있다. 내부간 대화가 인권을 개선시키지 못할 경우 외부의 인권옹호론자들은 어떻게 해야 하는가 하는 문제다.

코란에 따르면 이슬람교도들은 압제에 저항하여야 할 의무가 있다는 점을 오스만은 강조한다. 즉 이슬람교에도 인간이 인권을 지닌 존재라는 개념이 내포되어 있다는 것이다. 하지만 여기서 말하는 **이슬람교도들의 의무와 모든 인간의 권리** 사이에는 간극이 존재한다. 이슬람교와 인권이 서로 화해하기 위해서는 이슬람교가 이슬람교도와 비이슬람교도가 평등한 가치를 갖는 사람이라는 사실을 인정해야 할 것이다. 인권보편주의자들은 서로 다른 종교를 가진 사람들이 도덕적으로 평등함을 인정한다. 오스만은 이슬람의 인권 담론 속에서 이것이 가능한지 여부를 보여주지는 못했다. 이 문제는 이슬람과 인권간의 관계에 있어 이론적으로 중요하며, 또한 말레이시아와 같이 다수의 국민이 이슬람교도가 아닌 이슬람사회에서는 실천적 함의도 가진다.

오스만의 주장에는 자주적 해방이 외부에 의한 해방보다 **원칙적으로** 더 중요하다는 암시가 담겨 있지만, 그녀의 주장은 대체로 **전략적**이고 **선동적**이다. 그녀는 내부간 문화적 대화 전략이 더 나은 이유는, 외부의 기준을 갖다대는 것이 역효과를 낼 수 있기 때문이라고 주장한다. 그러나 그녀의 전략은 지배문화에 속하지 않는 사람들의 참여에 관한 문제를 발생시킨다. 그뿐만 아니라 문제시 되는 문화가 외부의 문화적 영향으로부터는 고립되어 있다고 가정하여, 여러 국제 기준들이 이미 그 자체로서 그 나라 문화의 일부분을 차지하고 있다는 사실을 인정하지 아니한다.

압둘라이 안나임(Abdullahi An-Na'im)은 오스만의 시도가 어려움에 부딪힐 수 있음을 보여주었다. 세계인권선언 제5조에서는 어느 누구도 고문, 또는 잔혹하거나 비인도적이거나 굴욕적인 형벌을 받지 아니한다고 하였다. 그러나 이슬람법률(샤리아, Shari'a)은 도둑질한 자는 오른손을 절단하는 형벌을 받을 수 있다고 규정하고 있다. 많은 사람들이 이 규정을 세계인권선언 제5조 위반으로 보고 있다. 그러나 샤리아는 이슬람교도들이 신의 언어이기 때문에 인간이 문제 삼을 수 없다고 믿는 코란에 기반을 두고 있다. 또한 이슬람교도들은 현세는 영원한 삶을 위한 전주곡일 뿐이며 샤리아에 따라 사는 사람들은 내세에서 형벌을 피할 것이기 때문에, 샤리아에 정해진 형벌들이 합리적이고 인도적인 것이라고 믿는다. 안나임은 내부에서 이슬람교를 재해석하든, 이문화간 대화를 하든 간에 이슬람사회에서 손목절단형을 완전히 폐지할 수는 없을 것이라고 믿는다. 하지만 코란에는 이 형벌의 적용을 제한할 수 있는 근거들이 있다고 한다. 예를 들어 증거에 요구되는 기준을 더 엄격히 하거나 다양한 정상참작을 인정하는 것과 같은 방법들이 그것이다.(An-Na' im 1992: 33-6) 여기에도 문제점은 있다. 모호한 보편적 기준에 비해 이슬람법률은 명확하고 그 뿌리가 깊게 박혀 있다는 것이다. 이문화간 대화나 이슬람사회 내부의 사회변화가 이 형벌을 종식시킬 수 있을지는 알 수 없다. 하지만 서구에서도 시간이 지나면서 신의 의지나 형벌의 적절성에 대한 믿음이 변해왔으며, 이슬람사회 내부에도 형벌의 문제와 관련하여 국제 기준을 지지하는 사람들이 일부 존재한다는 점에서 조심스레 희망을 찾을 수 있을 것이다.(Bielefeldt 2000: 107)

인권보편주의 대 문화상대주의에 관한 토론은 대부분 국제 기준과 민족문화의 비교에 관한 것이다. 이러한 논쟁은 민족국가로 이루어진 공식적 국제시스템에 관한 것일 뿐이다. 리처드 포크(Richard Falk)는 국제인권법이 인종적 소수자, 선주민, 여성, 아동, 동성애자, 빈민 등 그 시스템에서 충분히 대변되지 못하는 개인이나 집단의 가치와 요구를 인정하는 데 아주 많은 시간이 걸리고 있다고 주장했다.(Falk 1992: 48) 제임스 툴리(James Tully)는 우리가 오늘날 반(反)권위주의 정치의 세 번째 단계에 와 있다고 주장한다. 그 첫 번째 단계는 민주적 시민권을 위한 투쟁이었고, 두 번째 단계는 전지구적 제국주의에 반대한 투쟁이었으며, 세 번째 단계는 바로 '문화인정의 정치' 이다.(Tully 1995: 15-16) 사회적 배제라는 개념과 문화의 인정이라는 개념을 서로 혼동하는 경우가 많다. 우리는 이들을 주의 깊게 분석하여야 한다. 왜냐하면 어떤 측면에서 보면 소수자와 선주민들은 서로 공통의 문화를 갖고 있지만, 여성, 아동, 동성애자, 빈민들은 그렇지 않기 때문이다. 그래서 우리는 인권과 관련 있는 사회적 배제를 다양한 형태로 구분해 볼 필요가 있다.

## 3. 소수민 권리

소수민 권리(minority rights)*는 인권의 영역에 포함되는 것으로 간주되는 경우가 많다.(Morsink 1999b: 1053-60) 하지만 소수민 권리와 인권 사이의 관계는 복잡하고 문제도 많다. 세계인권선언을 초안하면서 UN은 의도적으로 소수민 권리를 제외시키기로 결정하였다. 이전에 국제연맹 시절에 있던 소수민 권리 레짐이 실패하였고, 소수민 권리의 개념은 오히려 나치 독일이 침략행위를 정당화하기 위한 구실로 악용되었다고 여겨졌기 때문이다. 세계인권선언의 바탕에 있는 가정은 개인의 인권에 자신의 문화를 행사할 권리와 차별금지 항목을 포함시키면 문화적 소수자들을 보호하는 데 충분하다는 것이다. 그리고 UN은 소수민들과 관련하여 특별한 문제가 있을 수 있다는 점을 인식하고 차별방지와 소수민보호에 관한 소위원회(Sub-Commission on Prevention of Discrimination and Protection of Minorities)를 세웠다.

소수민과 관련하여 국제법에서 가장 중요한 규정은 시민적 및 정치적 권리에 관한 국제규약 제27조이다. 이 조항에서는 종족적, 종교적 또는 언어적 소수민족이 존재하는 국가에 있어서는 '그러한 소수민족에 속하는 사람들에게 그 집단의 다른 구성원들과 함께 그들 자신의 문화를 향유하고, 그들 자신의 종교를 표명하고 실행하거나 또는 그들 자신의 언어를 사용할 권리가 부인

---

* 우리 사회에서는 'minority'의 번역어로 집단의 의미가 강한 '소수민'과 개인의 의미가 강한 '소수자'가 혼용되고 있다. UN문서의 정부번역본에서는 주로 '소수민'으로 번역되고 있는데, 이는 UN에서 주로 논의되는 사안들이 소수민족에 관한 것들이기 때문일 것이다. 그러나 최근 개인의 정체성이나 신념, 처지 등으로 인해 발생하는 차별의 문제에 대해 관심이 증가하면서, 그러한 개인을 '소수자'로(예를 들어 성적 소수자) 그 집단을 '소수자 집단'으로 표현하는 경우가 많아졌다. 이 장에서는 집단으로서의 소수민 혹은 소수자 집단을 주로 다루고 있으며, 번역서에서는 문맥에 맞게 적절한 번역어를 세심하게 구분하여 사용하였다.

되지 아니한다'라고 규정하고 있다. 이 조항은 세계인권선언보다는 진일보한 것으로 볼 수 있으나 몇 가지 문제점도 가지고 있다. ① 이 조항은 오직 소수민이 존재하는 국가에만 적용됨으로 인해, 국가들로 하여금 관할권 내에 소수민이 존재한다는 사실 자체를 부인하도록 부추기는 결과를 낳게 된다. ② 이 조항은 소수민에 속하는 사람들의 권리를 인정할 뿐, 소수민 그 자체의 권리를 인정하지는 않는다. ③ 이 조항은 국가로 하여금 소수민에 속하는 사람들의 권리를 방해하지 않을 의무만 부여할 뿐, 그들을 도울 의무는 부여하지 않는다.

국가들이 소수민 권리를 진지하게 다루기를 주저하게 된 데는 다음과 같은 요인들이 있다고 볼 수 있다. ① 소수민 권리를 진지하게 다룰 경우 외부의 간섭을 조장할 수 있다. ② 소수민 문제가 다양하여 보편적인 해결책을 찾을 수 있을지 확신이 서지 않는다. ③ 소수민 권리는 국가의 결집력을 위협한다. ④ 소수민을 위한 권리로 인해 다수민들이 차별당할 수 있다.(Eide 1992: 221) 그럼에도 불구하고 UN은 1992년 민족적 혹은 종족적, 종교적 및 언어적 소수자에 속하는 사람들의 권리에 관한 선언(Declaration on the Rights of Persons Belonging to National or Ethnic, Religious and Linguistic Minorities)을 채택하였다. 이 선언은 제목에서 보듯이 세계인권선언 제27조를 따라 **소수자 집단**이 아닌 **개인**에게 권리를 부여한다. 그러나 이 선언 제1조에서는 국가들은 '각 영토 내에서 소수자의 존재와 민족적 혹은 종족적, 문화적, 종교적 및 언어적 정체성을 보호하여야 하며, 그 정체성의 증진을 위한 여건을 조성하여야 한다'라고 규정하고 있다. 이 선언은 소수자 집단의 권리를 인정하고 있지는 않지만, 세계인권선언 제27조에서 국가들에게 소수자의 정체성을 보호하기 위한 적극적인 조치를 취할 의무만을 부과한 것보다는 진보한 것이다.

역사적으로 볼 때 자유민주주의 정치 이론은 문화적 소수민 문제를 해결하기 위해 고안된 것은 아니었다. 고전적 민주주의 개념은 문화적으로 통일된 하나의 민족 내에서의 정치를 전제로 하는 것이었다. 18세기의 프랑스철학자 루소(Rousseau)는 그의 유명한 이론에서 사회 내에 존재할 수 있는 모든 문화적 차이는 인민의 '일반의지' *(general will) 보다 하위에 두어야 하는 것이라고 했다.(Rousseau〔1762〕1968) 로크의 자유주의이론은 정부와 법치를 통하여 개인의 자연권을 보호하기 위한 것이었다. 로크는 모든 시민들이 평등하므로 모든 정치적 결정은 다수결에 따라 이루어져야 한다고 가정하였다. 이 이론에 따르면 소수민은 단순히 투표에 패배한 시민들을 뜻할 뿐 문화적 소수민이라는 개념은 존재하지 않는다. 정부는 모든 개인의 자연권을 존중할 의무가 있다. 하지만 소수민들이 소수민이라는 이유만으로는 특별한 권리를 가질 수 없다.(Locke〔1689〕1970) 따라서 민주주의에서는 소수민의 이익에 우선하는 '인민'의 주권을 더 강조한다. 자유주의는 전통적 공동체로부터 개인을 해방시키고자 하는 것이었으므로, 개인의 권리가 집단의 권리보다 우선시되었던 것이다. 자유민주주의에서 문화적 소수민에 속하는 사람들에게 제공할 수 있는 권리는 개인의 권리이며, 여기에는 문화적 소수민 집단으로서의 삶에 참여할 수 있는 권리도 포함된다. 자유민주주의에서는 문화적 소수민에 속하는 사람들도 다른 모든 시민들과 동등하다는 맥락에서 이러한 권리가 주어지는 것이기 때문에, 자유민주주의 사회 속에서 소수민들이 이러한 지위를 갖는다는 사실은 이론상으로는 완벽하게 정당하다. 물론 실제에 있어서 자유민주주의 체제는 여러 측면에 있어서 부당한 면이 존재할 수 있다. 하지만 자유민주주의자들은 그런 일

---

* 루소가 '사회계약론'에서 제시한 개념으로, 인간은 생존과 자연상태의 자유 및 평등을 보존하기 위하여 이전에 갖고 있던 권리를 공동체 전체에 전면적으로 양도하는 사회계약을 맺게 되는데, 그 결과로 형성된 정치체(국가)가 가져야 할 기준으로 삼기 위하여 공동의 숙고를 통하여 결정된 의지의 표현. 루소는 그의 저서에서 일반의지가 '항상 전체(국가) 및 각 부분(개인)의 보존과 행복을 지향하고, 법률의 원천이 되는 것'이라 기술하고 있다. 따라서 정치체는 항상 이러한 일반의지의 절대적인 지도하에 있어야 한다. 또한 일반의지는 각 개인이 기존의 모든 특권을 포기하고 대등한 입장에서 설립한 '공동의 힘'으로서의 의미를 가지며, 정치체가 갖는 최고의지이므로 양도, 분할, 대행될 수 없다. 일반의지는 항상 공공의 이익을 목적으로 하고, 구성원 전원의 의지를 바탕으로 해서 형성되어야 하며, 모든 구성원에게 적용되어야 하기 때문에, 개인의 특수이익의 합계를 의미하는 전체의지와 구분된다.

이 일어나는 것은 현실에서 자유민주주의 원칙이 지켜지지 않는 경우가 많기 때문이라고 주장한다. 그렇기 때문에 이 문제를 해결하는 방법은 원칙을 수정하는 것이 아니라 그 원칙을 강고하게 이행해 나가는 것이다.

그러나 자유민주주의가 가장 발전된 사회에서조차 소수민과 관련된 요구들이 계속 제기되고 있는 상황이나, 소수민문제와 대규모 인권침해가 전 세계적으로 서로 연관되어 있는 현실 그리고 냉전적 이데올로기 갈등이 종식된 상황 등으로 인해 앞에서 설명한 자유민주주의적 해결책은 현실적으로뿐만 아니라 이론적으로도 도전을 받게 되었다. 이렇게 되자 다수의 자유민주주의 이론가들은 정치와 문화 그리고 다수민과 소수민 사이의 관계에 대해 검토하기 시작하였고, 결국 '다문화주의'라는 개념이 자유민주주의 이론의 중심에 자리 잡게 되었다.(Gutman 1994) 하지만 다문화주의의 문제를 어떻게 해결해야 하는지에 대해서는 자유민주주의 이론가들 사이에서도 거의 의견일치를 보지 못하고 있다.

한편 윌 키믈리카(Will Kymlicka)는 자유주의 문화이론을 전개하기 위해 애썼다. 그는 다문화사회에서 국가는 필연적으로 특정 문화를 증진시키고, 그리하여 다른 문화에 불이익을 주기 마련이라고 주장했다. 예를 들어 다언어사회에서는 모든 언어가 공식어가 될 수 없는 것이다. 이것은 소수자들에 대한 형평성의 문제를 일으킨다. 자유주의에서는 개인의 선택을 중요시한다. 그런데 개인의 선택은 특수한 문화적 맥락 속에서 결정되기 때문에 자유주의의 입장에서는 개인의 선택에 바탕이 되는 문화를 보호해야 한다. 그는 어떤 경우에는 집단권을 인정하는 것만으로도 문화를 보호할 수 있다고 주장한다.(Kymlicka 1995)

이렇게 문화공동체는 개인의 나은 삶을 위해서 필수적이지만, 개인은 자신에게 최선으로 여겨지는 삶을 선택하기 위해서 자신이 속한 공동체로부터 얼마간 자율적일 필요도 있다. 공동체는 권력의 불균등을 전제로 구성되기 때문에, 억압적이게 될 최소한의 잠재성은 항상 존재한다. 그렇기 때문에 자유주의에서는 극단적인 상황을 제외하고는, 소수자 집단이 그 구성원들의 기본권을 제한하는 경우를 용납할 수 없는 것이다. 자유주의에서는 개인들이 자기가 속한 공동체의 문화에 대해 의문을 제기할 수 있는 역량이나 자유를 가져야 하며, 본인을 위해서 그 문화에서 어떠한 측면을 계속 유지할 것인가를 결정할 수 있어야 한다고 믿는다. 그렇지만 자율적 선택의 필수조건인 공동체를 누군가가 훼손할 수도 있기 때문에, 그러한 행위를 미리 막기 위해서 일부 개인권을 제한하는 것이 정당화될 수 있다. 키믈리카는 이와 같이 자유주의에서 공동체에 의한 개인권 제한이 정당하게 받아들여질 수 있는 것은, 그 목적이 권리를 옹호하는 공동체를 보호하는 것이기 때문이라고 주장한다.(Kymlicka 1989; 1990; 1995)

 키믈리카는 소수민 권리가 인권의 일부분은 아니라고 여겼다. 왜냐하면 소수민들이 제기하는 가장 중요한 문제점들을 인권의 원칙으로 모두 해결할 수 없기 때문이다. 자유민주주의 사회에서조차 문화적 소수민에 속하는 사람들은 인권침해는 아니더라도 부당한 불이익을 겪을 수 있는데, 이는 다수자들이 권력을 가졌기 때문이다. 인권 개념은 이러한 질문에 대해 오답을 제시한다기보다는 아예 아무런 답을 제시하지 않기 때문에 문제가 된다. 예를 들어 표현의 자유에 대한 권리라는 개념으로는 한 사회에 어떠한 언어정책이 필요한지를 설명할 수 없다. 인권의 원칙은 다수결이 이러한 문제를 결정하도록 넘기는데, 그 결과 소수민들이 다수민들로 인해 부당한 상황에 처하기 쉽게 될 수 있다.(Kymlicka 1995: 4-5, 109) 심지어는 인권으로 인해 권리침해가 더 심해질 수도 있다. 예를 들면, 이동의 자유에 대한 권리와 투표할 권리에 따라서 다수민에 속하는 사람들이 소수민들이 대대로 살아온 고향땅으로 이주하고 투표를 통해서 소수민들을 누른 뒤, 소수민 문화를 파괴하는 행위를 할 수도 있다. 소수민들은 이러한 형태의 탄압으로부터 스스로를 보호하기 위하여 토지소유와 언어사용에 관한 집단적 권리가 필요할 수 있으며, 다수민들의 이동의 자유에 대한 권리와 투표권을 제한할 필요도 있다. 키믈리카는 이 같은 집단권이 근본적으로 인권과 모순되는 것이 아니라고 설명한다. 자유민주주의 국가는 이주, 토지사용, 언어정책을 규제할 권리를 가질 것을 주장하고, 이러한 주장은 대체로 인권침해가 아니라고 간주되기 때문이다. 하지만 그는 소수민의 집단권이 기존의 민족국가들에게 인정된 집단권과 유사하기 때문에, 마찬가지로 인권의 규정에 부합하는 것이어야 한다고 주장한다.(Kymlicka 2001)

키믈리카는 소수민 권리를 옹호한다면서 사실은 자유주의적 소수민만 옹호하는 자유주의적 제국주의자라고 비판을 받았다.(Chaplin 1993) 이러한 비난에 대해서는 자유주의자들은 반자유주의 집단을 용인하지 않을 논리적 확신을 갖고 있다고 답하면 될 것이다. 하지만 인권 개념에 대한 키믈리카의 비판은 그다지 설득력이 없다. 그가 인권의 원칙은 소수자가 가진 모든 문제를 해결할 수는 없다고 비판한 것은 일면 타당하다. 하지만 그것은 인권이라는 개념이 **최소기준**(minimum standards)을 설정하기 위한 것일 뿐 모든 사회 문제를 다 해결하기 위한 것이 아니기 때문이다. 또한 그는 인권이 부당한 행위를 용인할 수도 있다고 비난하지만, 그것은 인권 역시 무제한적인 것은 아니기 때문이다. 세계인권선언 제29조에서 규정하고 있듯이 인권은 인권을 보호하기 위한 목적을 위해서 혹은 다른 이유로 제한될 수도 있기 때문이다.

제임스 툴리(James Tully)는 문화다양성과 정의를 설명하면서 언뜻 보기에 자유주의에 반하는 주장을 내세웠다. 그는 문화다양성은 인간의 조건을 이루는 기본적인 특징이며, 문화는 인간 상호작용의 본래적인 특징이라고 주장한다. 즉 시민들이 상호작용을 한다는 것은 각자 서로 다른 문화를 표현한다는 것을 뜻한다. 자신의 문화를 인정 받는 것은 인간의 기본적인 욕구이다. 따라서 모든 시민들이 단일한 정치제도나 사법제도에 똑같은 방식으로 복종해야 한다면, 그것은 문화다양성을 부정하는 것이고 정당하지 못한 것이다. 대부분의 자유주의 통치체제는 이러한 면에 있어서 정당하지 못하다. 통치체제는 끊임없는 제문화간 대화로 이루어져야 하며, 이 대화에서는 모든 발언자에게 기회가 돌아가야 하기 때문이다. 이러한 주장은 문화다양성을 개인 수준으로 내려보내고 일종의 (개인의) 인권 개념을 위한 기초를 놓는 것처럼 보인다. 즉 툴리의 '제문화간' 통치체제주의('intercultural' constitutionalism)는 언뜻 보이는 것처럼 반자유주의적인 것은 아닌 것이다. 그럼에도 불구하고 자유주의 통치체제 하에서는 문화적 소수자들이 지배집단의 담론 내에서만 발언할 것을 요구받는다고 툴리는 주장한다. 즉 자유주의 통치체제는 스스로를 공평하다고 내세우면서 사실은 문화차이를 억압하고 지배문화를 주입시킨다는 것이다. 이와는 반대로 제문화간 대화는 정의에 따라서 문화를 인정할 것을 지향하며, 그렇지 않은 요구는 거부하는 것이다.(Tully 1995) 툴리는 어떠한 인정을 요구하는 것이 정의에 따른 것인지에 대해서 자신의 기준을 명확하게 정리하지 않았기 때문에, 자유민주주의라면 모든 이를 위한 평등한 권리라고 해답을 제시할 수 있을 그 질문에 대해 답변할 수가 없다. 툴리의 문화간 입헌주의에서 자유주의의 핵심을 찾아 볼 수는 있다. 하지만 대화에 의존함으로써 약자보다는 강자의 편을 들고, 그런 측면에서 그가 비판하는 자유주의적 입헌주의보다 정당성이 부족하다.

브라이언 바리(Brian Barry)는 문화차이에 '무감각' 하다고 비판 받아온 자유민주주의적 정의 개념을 옹호하는 주장을 펼친다. 자유주의는 모든 정당한 차이를 조정할 수 있고, 자유민주주의는 모든 시민들을 동등하게 다루기 때문에 정당하다. 그러나 모든 차이를 용인한다는 것은 아니다. 타인과 사회가 용납할 수 없을 만큼 해를 끼치는 일부 사회적 관행들이 있기 때문이다. 특히 자유민주주의에서는 자유민주주의 자체를 파괴하는 이들을 용납할 수 없다. 한편 바리는 문화차이를 제도화하는 것을 반대함으로써 툴리와 대조를 보이는데, 이러한 제도화로 인해 사회의 소수자들이 오히려 지배집단으로부터 피해를 입기 쉽게 된다고 믿기 때문이다. 소수자들이 공동의 제도에 참여함으로써 연대를 이루어낼 수 있고, 그것이 소수자들의 보호를 위한 최선의 방법이라는 것이다. 그러나 바리의 주장에 반대하는 이들은 자유주의 국가가 문화적으로 중립적일 수 없고, 이른바 불편부당한 정의라는 것이 특정문화에 의한 부당한 지배 상황을 은폐한다고 주장한다. 이에 대해 바리는 자유민주주에서는 어떤 반자유주의적 관행을 일삼는 결사체가 있다하더라도(예를 들어 여성 사제(司祭)를 거부하는 종교집단과 같은) 자발적으로 결성되고 구성원이 진정으로 떠날 자유를 갖고 있다면 허용되어야 한다는 입장이다. (Barry 2001)

툴리가 문화간 대화를 강조한 것과는 명백하게 대조적으로, 바리는 소수자 공동체 내의 관행 중 용인할 수 없는 반자유주의적 관행(예를 들어 아동학대와 같은)이 있다면 이를 종식시키기 위해서 자유주의 국가가 강제적으로 개입할 수 있다고 주장한다. **가족** 내에서 벌어지는 아동학대를 막기 위해 국가가 개입하는 데 반대하는 이는 거의 없을 것이라는 것이다. 그러나 키믈리카는 두 가지 이유에서 이러한 개입에 대해 우려를 표명한다. 첫 번째 이유는 역사적으로 볼 때 소수민 문화를 '개선'하려는 자유주의 국가들의 시도가 성공적이지 못했다는 것이며, 두 번째 이유는 자유주의 국가 기관들이 소수자 집단의 문화가 그 구성원들에게 어떤 가치를 갖는지에 대해 무감각할 수 있기 때문이다.(Kymlicka 1989) 여기서 우리는 자주적 해방(self-emancipation)이 외부인에 의한 해방보다 더 낫다는 주장을 떠올릴 수 있다. 그러나 이 같이 개입에 반대하는 주장은 구성원에 대한 집단탄압이 극도에 달한 경우에는 결정력을 갖지 못한다.

바리에 따르면 자유민주주의에서 시민들은 서로의 문화를 존중해야 할 의무는 갖지 않는다. 대신 서로를 문화에 상관없이 시민으로서 존중해야 할 의무를 갖는다. 그는 시민들은 서로 문화적으로 조우하며 시민이 동료시민의 문화를 경멸할 경우 서로를 시민으로 존중할 수가 없다는 툴리의 지적을 간과하였다. 바리는 문화차이는 피할 수 없는 것이라는 데 동의하면서도 문화간의 분쟁을 해결하는 가장 공정한 방법은 자유민주주의가 제공해줄 수 있다고 주장한다. 모든 사람이 공유하고 있는 무엇인가가 보편적 인권의 기초를 마련하고, 그들이 문화적으로 부조화를 이루는 것은 자유민주주의 절차에 의해 가장 잘 해결될 수 있다는 것이다. 그는 소수민 권리는 인권과 자유민주주의 양자를 모두 훼손시키는 경향이 있다고 주장한다.

집단적 문화권 이론가들이 자신들의 주장을 펼치면서 자유민주주의 원칙에 따르는지 그렇지 않은지가 종종 불분명한 반면에, 바리는 자유민주주의를 옹호하지만 역사적으로 문화간에 존재했던 불평등이 자유민주주의 시민권에 어떠한 문제를 일으켰는지를 과소평가하고 있다. 인권의 바탕이 되는 근본 취지가 인간존엄성의 보호라고 한다면, 우리는 자유민주주의 사회가 제도적으로 요구하는 사항들을 지나치게 일반화하지 않도록 매우 유의하여야만 한다. 이것이 **보편적** 소수민 권리가 존재한다는 데 대해 회의적일 수밖에 없는 중요한 이유 중 하나다.

'소수자 권리'라는 용어는 두 가지 다른 권리를 뜻한다. 하나는 소수자 집단 구성원 개인의 권리(예를 들어 선거권과 같은)며 다른 하나는 소수자 집단의 집단적 권리(예를 들어 타고난 고유어로 교육을 받을 권리와 같은)다. 전자는 인권원칙에 **필수적인** 것이겠지만 후자는 인권에 부합하지 않을 수도 있다(예를 들어 여성 차별적 공동체교육을 받을 권리가 있을 수 있다). 집단권에 관해서는, 어떤 집단이 권리를 갖는다고 정의할 수 있을지에 대한 문제를 제기할 수 있다. 예를 들어 만일 선주민으로서의 권리가 있다고 한다면 누가 선주민인지는 누가 정하는가? 일부에서는 선주민들은 스스로 정하여야 한다고 하지만, 이것은 ① 우리가 누가 선주민인지를 이미 알고 있고, ② 모든 자기정의가 합리적이라고 가정할 때만 가능한 것이다. 집단권이 갖고 있는 더 큰 문제는, 개인은 이기적이지만 집단은 그렇지 않다는 생각과는 달리 집단권을 주장하는 것 자체가 이기적이고 정당하지 않을 수도 있다는 것이다.

도널리는 집단권은 있지만 집단적 인권은 없다고 주장한다. 집단권은 인간존엄성을 보호하는 데 필요할 수도 있지만, 집단권과 인권이 충돌하는 경우에는 일반적으로 인권이 우선시되어야 한다는 것이다. 문화적 집단을 보존하는 것은 가치 있는 일이다. 그러나 그 집단이 인권을 침해하고, 구성원들이 그 집단을 떠나거나 집단의 문화를 버릴 것을 선택한다면 인권의 원칙을 가지고 그 집단의 존속을 옹호할 수는 없는 것이다. 하지만 인권 또한 절대적인 것은 아니며 권리를 침해하는 집단도 그 구성원에게 있어서는 일정한 가치를 가질 수 있다. 따라서 문화적 집단의 존속에 관한 권리를 총괄하는 일반원칙이란 있을 수 없다. 문화적 소수민들을 보호하는 최선의 방법은 대부분 그들의 인권을 존중하는 것이라는 점을 기억하여야 한다.(Donnelly 1989: 149-57) 한편 문화적 소수민들이 자신들의 문화를 위해 정부의 재정지원을 받을 권리가 있는가 하는 문제는 논란거리다. 국가가 소수자의 문화활동을 지원하는 것은 좋은 정책이라고 할 수 있다. 하지만 그러한 지원을 받을 권리가 인권인지는 의심스럽다. 이 같은 권리를 인정하는 데 있어 또다시 생기는 문제는 역시 권리보유자(right-holder)가 누구인지를 구분하는 것이다. 국가에 의한 소수민 문화 지원을 받을 집단권에 비판적인 이들은, 그것이 소수자집단간에 경쟁과 분열을 부추겨서 지배집단이 더 쉽게 중오하고 착취하도록 만들 것이라고 믿기 때문이다.

## 4. 선주민

소수민 권리는 종종 선주민(先住民)의 권리와 혼동되기도 한다. 그러나 어떤 선주민 대표는 그들이 '소수민' 이 아니라 피식민이라고 주장한다. 국제법이나 사회과학에 소수민이나 선주민에 대해 합의된 정의가 없음으로 인해 그러한 혼동은 더 심해졌다. '선주민' (indigenous people)이라는 용어는 아메리카 대륙에서 유래하였다. 선주민은 아메리카 대륙에 유럽인들이 도달하기 전부터 살던 이들의 후예를 뜻하는데, 대부분 비유럽문화를 간직하고 있으면서 경제적, 사회적 및 정치적으로는 탄압을 받고 있는 이들이다. 이 선주민 개념이 아메리카 대륙 이외의 다른 지역에 적용되는 데는 문제가 있다. 선주민과 같은 사회적 특징을 보이고 있지만 사실은 선주민이 아닌 경우도 있으며, 어떤 선주민들은 그러한 특징을 보이지 않기 때문이다.(Kingsbury 1999) 다 그런 것은 아니지만 대부분의 선주민들은 비교적 소규모 집단을 이루고 살고 있다. 세계인구의 5~10퍼센트를 차지하는 선주민은 과거부터 집단살해, 문화적 탄압, 노동착취 등을 당한 피해자들이었다. 하지만 선주민들이 모두 유사한 문화를 갖고 있는 것도 아니며, 비슷한 사회문제를 겪고 있는 것도 아니다.

근년에 들어 선주민의 권리 개념과 관련하여 두 가지 의미 있는 변화가 있었다. 첫 번째는 **통합**(integration)과 **동화**(assimilation)를 강조하던 데서 **자기결정**(self-determination)에 관한 논쟁으로 발전한 것이다. 두 번째는 그 논쟁이 국제노동기구(ILO)에서 UN인권위원회로 이동한 것이다. UN에 가장 먼저 등장한 선주민 문제는 선주민의 노동착취였다. 이 문제는 ILO가 처음으로 다루기 시작하였으며, 그 결과 1957년 ILO 제107호 협약이 체결되었다. 이 협약은 지배인구가 갖고 있는 시민권을 선주민들에게도 확대함으로써 선주민 문제를 해결할 수 있을 것이라는 가정에 바탕을 둔 것이었다. 그러나 선주민들이 가진 특별한 문화는 인정하지 않았으며, 결국 선주민들의 반대에 부딪히게 되었다. 이 협약은 1989년 ILO 제169호 협약으로 개정되었으나 여전히 선주민들의 요구를 충족시키지 못하였으며, 선주민들이 불참한 상태에서 채택되었다. 선주민들은 국가주의적 '하향식' 해결책을 거부하고 피식민으로서의 자기결정권을 요구하며 결집하기 시작하였다. 그러나 각국의 정부와 '국제사회'는 이러한 요구를 받아들이기를 매우 꺼려했다. 이들은 이러한 기피현상을 정당화하기 위하여 이른바 바닷물원칙(saltwater principle)을 내세웠는데, 자기결정권은 제국주의 지배자로부터 바다를 건너 살고 있는 피식민들에게만 제한적으로 적용된다는 것이다. 이 원칙에 따르면 나이지리아인들에게는 자기결정권이 있지만 캐나다의 이누잇*(Inuit)에게는 없다. 그러나 독립전문가(independent expert)로 이루

---

\* 그린란드, 캐나다, 알래스카, 시베리아 등 북극해 연안에 주로 사는 토착인종. 에스키모(Eskimo)라고도 불리는데 이 용어는 캐나다 인디언들이 '날고기를 먹는 인간'이란 뜻으로 붙인 이름으로 차별적 표현이다. 스스로는 '인간'을 뜻하는 이누잇이라 부른다.

어진 선주민에 관한 UN 워킹그룹(UN Working Group on Indigenous Peoples)은 선주민 대표들이 참여한 가운데 자기결정권까지 포함시킨 선주민의 권리에 관한 선언 초안(Draft Declaration on the Rights of Indigenous Peoples)을 작성하였다. 그러나 지금껏 각국 정부들은 이 초안을 국제법에 편입시키지 않고 싶어하고만 있다.

거의 모든 경우, 선주민들이 요구하는 정치적 자기결정권은 독립국가를 요구하는 것이 아니다. 그들이 살고 있는 국가 내에서의 자치를 요구할 뿐이다. 많은 선주민 집단에게는 **경제적** 자기결정권 또한 중요하다. 선주민들이 항상 경제개발에 반대만 하는 것은 아니다. 이들은 경제발전의 형태를 스스로 결정하기를 원하며, 이로 인해 자원개발에 대한 상이한 계획을 갖고 있는 국가나 민간기업들과 종종 갈등을 빚기도 하는 것이다.

선주민 대표들은 또한 **문화적** 자기결정권을 주장하기도 하는데, 이것은 선주민 문화와 인권 사이에 잠재된 갈등의 문제를 불거지게 만들기도 한다. UN 인권이사회는 이 같은 갈등 사례들을 다루면서 개인의 권리와 선주민 문화의 보존 사이에서 타협점을 찾으려 노력해왔다. 이사회가 내린 결정들을 보면 국제법적 개념에서 인권은 극단적 개인주의와는 거리가 멀다는 사실을 알 수 있다. 한편 키믈리카에 따르면 선주민들은 자신들에게 불리하더라도 자국의 국가기관이 내린 판결보다 국제기구의 판결을 더 잘 수용하는 경향이 있다고 한다.(Kymlicka 1995: 169) 즉 이론 상으로 존재하는 선주민의 집단권과 개인의 인권 사이에 존재하는 갈등은 현실에서는 그렇게 해결하기 어려운 것이 아니다. 하지만 UN인권이사회의 결정에 잘 따르는 국가들은 비교적 인권 상황이 좋은 국가들이라는 점도 간과해서는 안 된다. 이사회 같은 국제 인권 제도가 사실 보호가 가장 많이 필요한 선주민들에게는 거의 아무런 보호도 제공하지 못할 수 있기 때문이다.

## 5. 자기결정권

1966년에 채택된 두 개의 국제인권규약은 둘 다 모든 사람은 자기결정권(자결권, right to self-determination)을 가진다고 규정하고 있다. 하지만 그 권리를 누가 갖느냐 하는 문제에는 여전히 논란이 있다. 정통 국제법적 관점에 따르면 자기결정권은 유럽 제국주의 통치를 받지 않고, 인종주의적 지배나 외세의 점령을 당하지 않을 권리다.(Cassese 1995) 이러한 관점은 전 세계적 식민주의반대 운동, 남아공의 인종차별정책(apartheid)반대 캠페인, 이스라엘에 의한 팔레스타인 영토 점령 반대 등 특정한 정치적 현상들로부터 강한 영향을 받아 나온 것이다. 그러나 이 권리는 티베트인들처럼 외세의 지배를 당하고 있는 다른 민족들에게는 미치지 못하였다. 국제정치에서 자기결정권은 국가체제의 안정을 위해 존재하는 것으로 해석되어 왔기 때문이다. 자기결정권에 관한 '국제사회'의 정책은 그리 성공적이지 않았다. 지난 수년간 자기결정권을 둘러싼 분쟁으로 인해 국가체제에 관한 아마도 가장 무질서한 상태가 만들어졌기 때문이다.(Shehadi 1993) 국제사회는 자기결정권보다 **영토보전**(territorial integrity)을 더 우선시해왔다. 이러한 정책은 소수민족들이 다수민에 의해 계속 탄압 당하게 내버려두어 분리주의 분쟁이 일어나게 만들었으며, 국가폭력과 대량 인권침해를 불러일으켜 국가간 질서를 불안정하게 만들었다.

정치이론가들은 자기결정권에 관하여 자유민주주의 원칙에 바탕을 둔 다양한 이론들을 제시하였다. 그중 가장 영향력 있는 이론은 **피해보상이론**(remedial theory)이다. 이 이론에 따르면 국민의 인권을 존중하는 국가는 국민의 충성을 받을 권리가 있으며, 따라서 그러한 국가들로부터는 분리독립할 권리가 없다. 심각한 인권침해가 지속적으로 발생하고 분리독립 이외의 다른 해결책이 없을 때에만 분리독립의 권리가 존재할 수 있다는 것이다.(Birch 1984) 이 이론은 인권침해의 피해자들이 하나의 민족을 이룰 때에는 민족자결권을 지지할 수 있겠지만, 분리독립을 정당화할 수 있는 근거가 민족의 이익이 아니라 개인의 인권침해라고 보기 때문에 **민족주의**라기보다는 **자유주의** 이론이라고 할 수 있다.

베란(Beran)은 **자발성이론**(voluntarist theory)이라고 부를 수 있는 하나의 대안적 자유주의 이론을 제시하였다. 이 이론은 **개인이** 자기결정권이 갖는다는 자유주의적 가치에 바탕을 둔 것으로, 결사의 자유에 대한 권리에 따라 설명을 한다. 즉 어떤 정치공동체를 떠나고 싶은 개인은 누구나 떠날 권리를 갖는 것처럼, 어떤 국가의 영토 내 한 지역에서 대다수가 분리독립을 원하면 그들은 그렇게 할 권리를 가진다는 것이다. 이렇게 분리독립을 할 권리가 반드시 인권침해를 당했기 때문에 발생하는 것은 아니다. 뿐만 아니라 분리독립을 원하는 이들이 하나의 민족을 구성하여야 할 필요도 없다.(Beran 1984; 1988) 분리독립에 대한 권리에는 두 가지 중요한 조건이 있다. ① 분리독립을 원하는 이들은 새로운 국가에서 사는 모든 이들의 인권을 존중하여야 한다. ② 국경 내 어느 지역에서라도 대다수가 원할 경우에는 다시 분리독립할 권리를 인정하여야 한다. 하지만 그렇게 분리독립이 되다보면 이른바 '러시아인형'의 문제에 부딪히게 될 수도 있다. 영토 내 모든 지역에서 많은 사람들이 분리독립권을 갖는다면 국가체제는 분열되어 더더욱 작은 국가로 되고, 결국 무정부 상태가 될 것이다. 이러한 이의제기에 대해 베란은 네 가지 답변을 제시한다. ① 분리독립권보다 전쟁이 더 위험하다. ② 전쟁을 생각하지 않더라도, 국가의 수가 증가하는 데 대한 우려보다는 분리독립권이 더 중요하다. ③ 잠재적 분리주의자들은 자신들의 이해에 따라 과도한 분리독립을 자제할 것이다. ④ 국가가 잠재적 분리주의자들에게 전향적으로 양보함으로써 과도한 분리독립은 자제될 수도 있다. 베란의 이론은 국제사회에서 이미 거부된 바 있기 때문에 현실에서 적용될 수 있는지는 말하기 어렵다. 이론적으로도 베란의 **개인주의적** 가정으로부터 **집단주의적** 자기결정권을 추론해내는 데는 어려움이 있다. 베란은 사람이 재산권을 갖는다면 자신의 재산권을 지배하는 주권국가를 변경할 권리도 갖는다고 주장한다. 하지만 재산권 이론에 대한 검토가 부족한 가운데 펼치는 이 같은 주장은 논거가 매우 약한 것이다.

대신에 집단적 자기결정권은 **민주주의**에서 그 근거를 찾을 수 있다. 민주주의 이론에 따르면 정부의 정당성은 인민의 의지로부터 나온다. 따라서 국가의 자기결정권은 민주주의와 동등한 의미를 갖는 것이다. 민주주의를 믿는 사람들은 민주주의를 놓고 어떠한 주장을 펼치든 간에, 민주주의가 **집단적** 개념이라는 사실에는 모두 동의한다. 그러므로 집단적 자기결정권을 정당화하는 데는 자유주의적 개인주의보다는 민주주의 이론이 더 적합하다고 볼 수 있다.

한편 집단적 민족자결권의 근거는 **공동체주의**(communitarian)에서도 찾을 수 있다. 공동체주의자들은 국가에의 소속 여부가 자발적이라는 베란의 가정에 반대한다. 대부분의 인민들은 태어날 때부터 자신의 국가에 소속된다. 그리하여 국가는 사람들의 정체성의 일부를 형성하며(Tamir 1993) 민족공동체를 구성한다.(Miller, D. 1995) 공동체주의자들은 민족자결권이 존재한다면 그것은 집단적 권리여야 한다고 주장한다.(Raz 1986: 207-9) 마가리트(Margalit)와 라즈(Raz)의 주장에 따르면, 개인은 문화를 통하여 번영하며 문화는 집단에 의해 유지된다. 따라서 문화적 집단의 번영은 구성원의 복지를 위해 필수적이며 자기결정권은 그 집단의 보호를 위해 필수적인 것이다. 민족자결권의 근거를 마련하는 데 인권침해의 발생이 반드시 필요한 것은 아니다. 오히려 어떤 집단이 자기결정권이 미약할수록, 그 권리를 인정해 가면서 집단의 구성원이나 외부인의 권리를 침해하는 경향이 더 많아진다.(Margalit and Raz 1990) 따라서 공동체주의적 자기결정권이 보장되려면 자유라는 조건이 충족되어야 한다.

일부 공동체주의자들은 특별히 **민족** 공동체의 가치를 주장하지는 않은 채 **공동체**의 가치를 주장하기도 한다. 데이빗 밀러(David Miller)는 **민족**은 윤리공동체이며, **국가**는 민족을 위한 가장 효과적인 조정기구라고 주장한다. 그리고 민족국가는 사회정의를 위한 최선의 제도이며, 이 사실이 민족자결권에 정당성을 부여해준다는 것이다.(Miller, D. 1995) 그러나 이 이론에는 몇 가지 문제점이 있다. 민족을 정의하는 것이나 민족이 '윤리공동체' 라는 것을 입증하는 문제 등이 그 예다. 이러한 문제점들이 해결된다 하더라도 이 이론에서 정의와 인권을 다루는 방식에는 여전히 문제가 있다. 민족국가는 **자국의 시민에게** 정의를 보장해주는 최선의 기구라고만 주장하기 때문이다. 즉 이 같은 민족주의적 자기결정권 이론에 따르면 민족국가는 외국인의 인권에 대해서 거의 아무런 책임도 지지 않는다는 말이 된다.

현실에서는 자기결정권에 관한 논의를 하면서 인권보다 국제질서에 더 많은 관심을 갖는다. 셰하디(Shehadi)에 따르면 국제사회는 국제질서라는 목표를 달성하기 위하여 각 국가의 영토보전 원칙과 고통 받는 민족들의 염원 사이에서 균형을 맞추어야 한다. 그리고 그는 그렇게 하기 위해서 무력에 의한 지배가 아니라 법에 의한 지배에 따라 자기결정권 관련 분쟁을 해결하여야 하고, 그러한 권한을 가진 국제적 제도가 존재하여야 한다고 주장한다.(Shehadi 1993) 이 같은 제안은 이상주의와 실용주의를 결합하려는 시도지만, 양자를 모두 놓치게 될 수 있다. 강대국이 받아들이기에는 지나치게 이상적이고, 정의를 위한 필요조건을 충족시키기에는 지나치게 실용적이기 때문이다. 이러한 사실은 국가가 모여 이루어진 세계에서 민중들의 자기결정권이 조화를 이루기가 얼마나 어려운지를 보여준다.

실천적인 학자들 사이에서는 **분리독립권**은 거의 인정할 수 없지만, 분리독립에 미치지 않는 형태의 자기결정권은 국가가 인정하여야 한다는 데 합의가 이루어져 있다.(Hannum 1990; Eide 1993) 하지만 많은 국가들은 자기결정권이 분리독립으로 가는 첫 단계가 되지 않을까 우려한다. 그런 우려가 과장인 경우도 종종 있지만, 항상 과장이라고만 할 수도 없다.(McGarry and O'Leary 1993) 자기결정권의 문제는 극도로 어려운 것이다. 하지만 그 해결을 위해서는 민족국가를 해체하는 것이 아니라 민족국가가 어떠한 형태를 취할 수 있는가에 대한 새로운 발상이 필요한 것 같다. 일부 사람들은 자기결정권이 인권에서 **가장 중요한** 것이라거나 다른 모든 인권의 **전제조건**이라고 주장하기도 한다. 탄압받고 있는 일부 민족들은 당연히 자기결정권을 강력히 요구한다. 그러나 우리가 본 것처럼 보편적 인권으로서 민족자결권이라는 발상은 분석상의 복잡한 문제들을 불러일으키며, 인권에도 큰 위험이 될 수 있다.

## 6. 여성의 권리

비엔나선언에서는 아동, 장애인, 난민, 이주노동자 등 특정집단의 인권을 강조하였다. 이들 집단은 매우 중요하다. 하지만 각각에 대해서는 좀더 특별히 다룰 필요가 있어 이 책에서 다룰 수 있는 범위를 넘는다. 그러나 여성의 권리에 대해서는 약간 다룰 필요가 있는데, 그 주제가 중요하기 때문만 아니라 **여성주의자**(feminist)들이 전통적 인권사상에 도전을 가하는 현상이 발생하고 있기 때문이다.

일부 제한된 형태의 여성학대에 대해서는 제2차 세계대전 이전에도 ILO를 비롯 여러 국가간 회의에서 국제적 기준을 제정하려는 시도가 있었다. 1945년 여성주의자들은 국제연합헌장에 남성과 여성의 동등한 권리를 명시하고 여성지위위원회(Commission on the Status of Women: CSW)를 설립하는 데 성공하였다. 여성의 차별을 금지하는 조항은 세계인권선언에도 포함되었다. 여성지위위원회는 1979년에 채택된 여성에 대한 모든 형태의 차별철폐에 관한 협약(여성차별철폐협약, Convention on the Elimination of All Forms of Discrimination Against Women: CEDAW)을 관할하고 있지만 재정부족과 문화적 보수주의 국가들의 반대 등 여러가지 어려움을 겪고 있다. 또한 많은 국가들이 이 협약을 채택하였으나, 많은 유보조항을 둠으로써 협약을 약화시켰다. 협약 이행 여부를 감시하는 위원회 또한 재원이 부족하고 NGO들의 접근이 비교적 어려웠다.(Reanda 1992; Jacobson 1992)

이 같이 더딘 진척 상황에 대해 불만이 커진 여성단체들과 여성차별철폐위원회 위원들은 1975~85년 여성을 위한 10개년(Decade for Women 1975-85)을 선언하기에 이르렀다. 이 기간 동안 멕시코시티, 코펜하겐, 나이로비에서 세 차례의 세계회의가 열렸으며, 이 회의에서 채택된 선언과 행동계획(declaration and programme of action)은 UN총회에서 승인되었다. 그리하여 정치참여, 교육, 고용, 보건, 영양, 농업생산 및 거래, 신용접근성(access to credit), 주거, 산업발전, 난민의 특별한 취약성, 장애인, 노인 및 기타의 문제들이 공식적으로 인식되었다. 여성에만 국한된 활동을 강조하던 여성운동은 이러한 여성10년을 통해 '주류화'(mainstreaming), 즉 여성문제를 UN의 모든 계획에 통합시키는 방향으로 강조점을 옮기게 되었다. 또한 여성이 의사결정과정에 직접 참여해 세력화하지 않으면 여성의 상황이 개선되지 않을 것이라는 사실도 여성운동 내에서 인식되기 시작하였다. 하지만 이러한 전략의 변화가 여성들의 일상생활을 크게 개선시켰는지 어떤지는 확실하지 않다.(Reanda 1992)

여성주의자들은 인권을 해석하는 지배적인 방식들이 여성에게 불공평하게 편향되어 있다고 비판해왔다. 국가가 저지르는 인권침해에 대해서만 다룰 뿐, 사적인 영역에서 남성이 저지르는 인권침해로 인해 여성이 고통 받는 상황에 대해서는 눈감고 있기 때문이다.(Byrnes 1992: 519) 고전적 자연권이론에 따르면 모든 인간은 자연권을 갖고 있으며 그에 뒤따르는 책임을 져야 한다. 이 이론이 국제인권법으로 옮겨져서는, 모든 개인이 인권을 가지지만 그 권리를 침해하지 않을 의무는 주로 **국가**에 부과되었다. 인권 개념에 포함된 이 같은 요소는 인권침해와 일반범죄를 구분하기 위해서 필요한 것으로 설명되기도 한다.(Donnelly 1998: 1; 1999: 85-6)

그러나 세계인권선언은 그렇게 국가주의적이지만은 않다. 인권을 침해하지 않을 의무를 국가, 집단, 개인 모두에게 부과하였기 때문이다. 여성차별철폐협약(CEDAW) 제2조에서는 '어떠한 개인, 조직 또는 기업에 의한' 여성차별도 철폐하도록 하는 의무를 국가에게 부여하고 있다. 비엔나선언에서는 '성에 근거한 폭력과 모든 형태의 성희롱 및 성적착취'는 인권침해라고 규정하고 있으며, 여성에 대한 폭력 철폐에 관한 선언(Declaration on the Elimination of Violence Against Women) 제4조 3항에서는 '그 행위가 국가에 의한 것이건 혹은 사인(私人)에 의한 것이건' 여성에 대한 폭력행위를 예방하고 처벌하기 위해 적절한 노력(due diligence)을 다하도록 국가에 요구하고 있다. 한편 여성주의자들은 세계인권선언이 남성지배적 가족제도를 승인하고 있다는 점을 드러내기 위하여, 제16조 3항의 가정은 '사회의 자연적이고 기초적인 단위'이며 '사회와 국가의 보호를 받을 권리가 있다'고 명시한 부분을 거론하기도 한다. 하지만 제16조 3항이 꼭 그러한 방식으로만 해석되어야만 하는 것은 아니며, 그 조항 말고도 인권법에는 여성주의운동에 뒷받침이 될 수 있는 다른 조항들이 많이 있다. 여성주의자들은 자유주의자들이 사적영역의 보호를 주장하면서 남성에 의해 여성의 권리가 침해되는 상황을 비호하고 있다고 비판한다. 하지만 자유주의자들은 이러한 비판에 대응하여, 자유주의에 따르면 국가는 모든 사람이 자신의 권리를 침해당하지 않도록 보호할 책임이 있으며, 이는 공적영역에서뿐만 아니라 사적영역에서도 마찬가지로 해당된다고 주장할 수 있다.

여성주의자들은 여성들이 공적영역에서 세력화를 이루지 못하는 것은 가족에 얽매여 있기 때문이라고 주장한다. 이들은 국가는 공적영역이고 가정은 사적영역이라고 구분하는 것이 옳지 않다고 주장한다. 왜냐하면 모든 사회에서 가정은 이미 공적영역인 국가와 법률에 의해서 규제를 받고 있기 때문이다. 흔히 사적활동의 대명사로 여겨지는 출산과 자녀양육은, 남성에 의해 통제되어 남성과 여성의 정체성을 구성하고 여성의 종속상태를 유지시키는 주요인이 되었다. 한편 여성들은 고문과 같은 이미 널리 인정된 인권침해를 또 다른 형태로 겪어야 하기도 하는데, 성폭력과 성적 모욕이 그러한 예다. 또한 문화를 핑계로 거의 모든 인권침해를 정당화하는 풍조는 여성들로 하여금 남성들보다 훨씬 더 많은 고통을 받게 만든다. 거기에 더해 여성들은 차별적이고 남성지배적인 사법제도로 인해 법적 보상시스템에 접근할 수 있는 가능성이 가로막히는 경우도 많다.(Binion 1995; Peterson and Parisi 1998; Ashworth 1999; Desai 1999;

Coomaraswamy 1999) 일부 여성주의자들은 인권 담론에서 다루는 평등 개념을 비판하면서 여성이 겪어야 하는 상황이 남성과 다름을 인식하지 못하고 있다고 지적한다. 그러나 여성의 경험이 상이함을 강조하는 것은 옳은 지적이지만, 차이를 이유로 평등을 비판하는 것은 비생산적일 수 있다. 왜냐하면 여러 사회에서 문화적 차이를 이유로 여성에 대한 불평등을 정당화하는 경우가 흔하기 때문이다.

여성주의는 여성인권운동에 힘을 실어 왔으며, 수많은 대규모 인권침해 중 여성들만 혹은 여성들이 주로 겪는 문제들을 제기하여 UN, 각국 정부, 인권 NGO 등이 관심을 갖도록 노력해왔다. 1995년 베이징에서 개최된 제4차 세계 여성회의는 여러 보수주의 집단, 종교단체, 국가의 반대에도 불구하고, 이러한 운동이 더욱 발전하는 계기가 되었다. 이러한 사실은 냉전종식 이후 국제정치에서 인권을 해석하는 데 나타난 가장 두드러진 변화 중 하나임이 분명하다. 특히 펠메스(Fellmeth)는 여성주의자들이 국제인권법을 비판하는 데 반대하며, 여성의 권리를 보호하기 위한 목적으로 작성된 국제법이 20여 개가 넘는다는 점을 지적하였다. 그리고 그의 지적대로 여성들에게 부정적으로 작용하는 여러 가지 편견들은 국제법 자체가 아니라 국제법의 이행을 어렵게 하는 여러 조건들 속에 훨씬 더 많이 담겨 있다.(Fellmeth 2000: 727-28)

제7장
# 이상주의, 현실주의 그리고 탄압: 인권의 정치

## 1. 인권을 둘러싼 현실정치

　국제관계학에서 인권 개념은 **이상주의**(idealism) 전통에 속하는데, 이는 정부에 요구하는 윤리 수준을 높게 잡고 있기 때문이다. 그러나 지금껏 국제관계학에서는 **현실주의**(realism)가 지배적이었다. 현실주의는 국제관계에서 주요행위자는 국가이며, 국가는 주로 국익에 따라 움직이고, 국익에는 인권에 대한 관심이 아예 배제되거나 혹은 주변부에 머무는 정도라고 가정한다. 현실주의는 국가가 인권을 무시하는 현상은 설명할 수 있다. 하지만 국제관계에서 인권이 도입되거나 그 영향력이 증가하는 상황은 설명할 수가 없다.
　제5장에서 우리는 인권 개념을 **레짐이론**(regime theory)으로 이해할 수 있다는 사실을 알게 되었다. 국제레짐은 국가가 스스로 약속한 규칙과 제도로 이루어지며, 국제인권이 그러한 레짐 중 하나를 구성한다. 비록 그 이행은 비교적 미약하게 이루어지고 있지만 말이다. 이 레짐이 존재하고, 부족하나마 성과를 거두었다는 사실은 국제관계에 대한 이상주의적 접근이 옳음을 입증하는 반면,

그 한계와 실패는 현실주의로 설명할 수 있다. 국제 인권레짐과 지역 인권레짐(특히 유럽의)은 직접 인권을 이행하기도 하지만, 정부와 NGO의 인권활동에 기반을 제공하기도 한다. 한편 외교정책에 있어서는 대부분의 국가들이 현실주의적인 관점으로 접근하는 경향이 크다. 그에 비해 NGO들은 보다 이상주의적인 경향은 있지만, 국제관계에서는 그 '영향력'이 크지 못하다.

국가주권이라는 원칙과 현실은 국제 인권 기준을 이행하는 데 큰 장벽이 된다. 또 다른 큰 장벽은 전 세계에 다양한 문화가 있고 그 가운데 많은 문화에서 인권규범을 위반하는 관행을 정당한 것으로 받아들인다는 사실이다. 국제인권레짐은 종종 비서구사회에 서구의 가치를 '제국주의적으로' 주입시키는 것으로 비쳐지기도 한다. 하지만 정작 미국은 경제적, 사회적 및 문화적 권리를 인정하거나 UN 인권협약들에 비준하는 것을 꺼려한다.(Forsythe 1995: 301) 이렇듯 국가주권과 문화차이는 인권개선을 위한 외부의 압력에 대항하는 가장 강력한 방어막이다. 하지만 인권의 정당성은 여러 국가나 NGO들이 압력을 가해 한 국가의 인권활동을 개선시키거나, 심지어 정권을 교체해 급격한 인권개선을 이루어낼 만큼 강력하다. 현실주의자들은 인권이라는 도덕에 호소하는 것이 국제관계에서 아무런 효과가 없다고 주장하겠지만 이는 옳지 않다. 모든 정부는 국제사회에서 '유리한 위치'를 점해 경제적 및 정치적으로 이익을 얻고자 하는 욕구를 갖고 있으며, 이것이 이러한 인권개선의 과정에서 중요한 역할을 하기 때문이다.(Donnelly 1986: 638, 640; Forsythe 1995: 306)

1945년 이후 국제인권법은 괄목할 만큼 성장하였고, 여러 인권기구와 인권학계는 법률가들이 주도하고 있다. 하지만 이러한 현실 뒤에는 인권을 위한 투쟁에서 법률보다는 정치가 더 중요하다는 사실이 감추어져 있다. 국제인권법은 정치적 과정을 통해서 만들어지며, 그 인권을 이행하는 데는 정치운동이 중요한 역할을 한다. 다국적기업과 같이 강력한 비정부경제조직은 오늘날 인권침해를 저지르는 동시에 인권을 보호할 잠재성도 가진 중요한 행위자로 인식되고 있으며, 이 같은 조직에 대한 **정치적** 압력, 특히 NGO들의 압력이 최근 중

가하고 있다. 법률가들과 인권활동가들은 주로 법적 절차(예를 들어 구유고국제형사법정과 같은)가 인권보호에 있어 중심적인 역할을 한다고 여기는 반면, 정치과학자들은 그러한 것들을 부차적인 것으로 여기는 경향이 있다. 포사이드(Forsythe)는 20세기말 라틴아메리카, 중앙유럽 및 동유럽의 구공산권국가, 남아프리카 등에서 일어난 급격한 인권개선 중 법적 절차에 의해 이루어진 것은 거의 없으며, 주로 정치활동의 결과라는 점을 지적한다. 오늘날 세계에서 가장 중요한 인권문제는 한편으로는 인권의 이상과 법률 사이에 존재하는 간극이고 그리고 다른 한편으로는 인권과 인권이 대량으로 침해되는 현실 사이에 존재하는 간극이다. 이러한 간극이 생기는 원인은 주로 법률이나 문화적인 것보다는 정치나 경제적인 것에 있다.(Forsythe 2000)

포사이드는 국제 인권정치의 중요한 특징으로 인권이 외교정책을 구성하는 요소 중 하나라는 사실을 꼽는다. 국가들은 국제인권기구들을 설립해서는 그 기구들의 인권실현을 위한 노력을 지지하거나 반대하기도 하며, 또한 그 기구들의 주요 활동대상이 되기도 한다. 오늘날 국제 인권정치에서는 NGO들의 중요성이 점차 증대되고 있는데, 이것은 NGO들이 각국의 인권정책에 영향력을 행사하기 때문이다. 국가들의 이러한 인권정책들은 주로 대중의 여론에 영향을 받는다. 그리고 이는 비단 민주적인 국가에만 적용되는 것은 아니다. 한편 국가들은 종종, 특히 인권활동가들에 의해 인권정책이 '일관성이 없다'는 비판을 받기도 한다. 이렇게 비일관적인 이유는 변화하는 세계에서 국익에 대한 인식이 변화하기 때문이기도 하지만, 여러 국제 인권문제들에 대해 대중들이 선택적으로 여론을 형성하기 때문에 생기는 결과일 수도 있다.(Baehr 1999: 101; Forsythe 2000)

인권의 이상에 비추어 국제 인권정치가 이루어낸 성과를 평가한다면 별로 보잘 것 없는 것처럼 보일 수도 있다. 그러나 제2차 세계대전 이전에는 그러한 정치가 거의 없었다는 사실을 기억한다면 그 성과가 더 감동적으로 보일 수도 있다. 냉전이 종식된 이후 UN 내에서는 인권을 위한 국제적 행동과 관련하여,

그 중심이 법률기구들로부터 고도로 정치화된 안전보장이사회로 일정 정도 넘어오게 되었다. 이른바 제2세대 UN 평화유지 활동이 정치와 인권 그리고 군사력을 결합시킨 것이다. 이들 활동에 대해서는 때로는 지나치게 적은 무력사용을 이유로(보스니아), 때로는 지나치게 많은 무력사용을 이유로(유고슬라비아 코소보) 논란이 된다. 안전보장이사회는 인권을 위해 행동을 취할 경우 비교적 정당성과 효율성이 보장되지만, 고도로 정치적인 기구이기 때문에 어떤 행동을 취하기 위해 합의를 이루는 경우는 드물고 합의를 이룬다 하더라도 선택적인 경향이 있다. 이는 흔히 말하는 것과 같이 UN이 '나약하기' 때문이 아니라, 세계가 현실정치에 따라 분열되어 있기 때문이다. 인권을 보호하기 위해 군사적 행동을 취하는 것은 비용에 있어서나 인명에 있어서 많은 대가가 뒤따르며, 대중여론은 그러한 희생을 치르는 것을 달가워하지 않기 때문에 한계가 있을 것이다. 또한 이런 행동이 인권침해 밑바탕에 깔려 있는 정치문제를 해결하는 데 반드시 적합한 것만은 아니다.

한편 각국 정부도 외교정책의 요소로 인권 증진을 포함시키기도 한다. 하지만 여러 정착 요소들 중 하나에 불과하며, 대부분 국방이나 통상에 비하면 우선순위가 훨씬 낮은 경우가 많다. 또한 이러한 정부들은 인권정책의 '비일관성'으로 인해 국내외에서 비난을 받기도 한다. 하지만 군사와 경제에 대한 우선시가 지배적인 외교정책에서 인권에 관심을 갖는다는 사실 자체도 실은 '비일관적'인 것이다. 또한 정부는 통일된 행위자가 아니라 여러 부처로 이루어져 다양한 압력집단의 영향을 받는 집단이다. 그렇기 때문에 인권 외교정책은 일관성을 가질 수 없는 것이다. UN에서는 인권과 평화와 경제발전이 상호 의존적이라는 수사적 표현을 쓰지만, 현실세계에서 외교정책이 일관되게 이러한 목표를 추구한다는 것은 항상 가능하지만은 않을 것이다.(Baehr 1996: 1999: 84-90) 인권 증진이 외교정책에 있어 가장 중요한 목표가 되어야 한다고 요구하는 것은 아마도 비현실적인 것이며, 도덕적으로도 항상 옳은 것만도 아닐 수 있다. 그렇지만 국가들은 인권을 증진시키기 위해 다른 합법적인 목표를 추구하는 데 방해되지 않는 범위 내에서 현재 하고 있는 것보다는 아마도 더 많은 것을 해낼 수 있을 것이다. 그리고 인권을 무시했다가는 미국이 이란이나 필리핀 같은 국가에서 경험했던 것처럼 외교정책상 큰 낭패를 겪게 될 것이다. 인권과 외교정책에 관한 엄격한 현실주의 이론은 옳지 않다.(Donnelly 1989, 1998, 2000) '한정된 희생의 원칙'(the principle of limited sacrifice)이라는 견해가 더 정확하다고 볼 수 있다. 즉 국가들은 인권을 외교정책상 관심사에 포함시킬 때도 있지만, 그것을 실제로 이행하는 데 있어서는 대부분 한정된 대가만 치르려고 한다는 것이다. 이 한정된 희생의 원칙 역시 국가주권 만큼이나 인권을 위한 효과적인 국제행동을 제약하는 중요한 요인으로 작용한다.

## 2. 부메랑이론

토마스 리세(Thomas Risse)와 그의 동료들은 국제 인권 규범이 각 사회마다 영향을 끼치는 형태가 다르다는 사실을 보이기 위한 시도를 하였다.(Risse, Ropp and Sikkink 1999) 그들의 주장에 따르면 인권을 침해하는 정부들은 국내외에서 인권 기준에 따르라는 압력을 받을 때 어떤 조치를 취하게 되는데, 이런 대응은 다른 목적을 위한 수단일 경우도 있고 실제로 원칙에 따르기 위한 것일 수도 있다고 한다. 예를 들어 정부들이 양보를 고려하는 것이 자국의 통상이익을 보호하기 위한 것일 수도 있지만, 국제사회의 원칙에 따르지 않은 것이 '수치스럽기' (shamed) 때문에 그럴 수도 있는 것이다. 한편 많은 국가들이 인권에 대해서 '입발림소리' (lip-service)만 한다고 비판 받기도 한다. 그러나 리세와 시킹크(Sikkink)는 이러한 입발림소리를 중요하게 여긴다. 인권에 대해서 '말을 위한 말' 만을 한 정부들은 나중에 위선적이라는 비난을 받지 않으려면 '할 일을 다하지' 않기가 어렵다는 사실을 깨닫게 되기 때문이다. 인권규범은 일단 제도화되면 표준적인 작동 절차가 될 수 있다.(Risse and Sikkink 1999) 이 이론 모델을 작동시키는 동력은 '부메랑효과'(boomerang effect)이다. 국내 인권NGO들이 초국적인 지원을 구하는 움직임은 국제적 압력으로 전환되는데, 조건이 좋을 때에는 이를 통해 국내 단체들의 입지가 강화될 수 있다. 부메랑이 효과가 있는지 여부는 세계적 여론에 달려 있다. 오늘날 시간이 갈수록 '규범의 물결'(norms cascades)도 퍼져나가고 있다. 다시 말해 인권 규범의 영향력이 확산되고 강화되어 이제는 인권운동을 피해 숨을 곳이 거의 없게 되었다는 것이다.(Risse and Sikkink 1999: 18,21)

부메랑이론 모델에서는 다섯 단계의 변화 과정을 제시한다. 1단계는 탄압단계이다. 탄압적인 국가는 흔히 인권침해의 소식이 외부로 새나가는 것을 막으려고 애를 쓴다. 이 같은 정보가 퍼져나가야지만 인권을 위한 대응이 작동하기 시작하는데, 그때부터 2단계 '부인'(否認, denial)단계로 넘어가게 된다. 이 단계에서 정부는 인권침해의 발생 사실뿐만 아니라 외부압력의 정당성조차 부인한다. 정부는 또한 '외세의 간섭'에 저항하기 위하여 민족주의 정서를 동원할 수도 있다. 여기에 대응하기 위해 외부행위자들은 경제제재, '수치심을 유발하는'(shaming) 홍보 등과 같은 물질적 압력과 규범적 압력을 결합하여 동원한다. 탄압적인 정부는 이러한 압력이 계속되지는 않을 것이라는 희망을 가지고 '버텨낼' 수도 있다. 그러나 외부의 압력이 계속되거나 더 중대될 경우 이 '표적' 국가는 3단계, 즉 전술적 양보의 단계로 접어들게 된다. 이때부터는 두 가지 진행방향이 존재할 수 있다. 표적국가가 국내의 압력단체들로 하여금 더 많은 변화를 일으키도록 여지를 마련해줄 수도 있고, 국외의 압력을 '매수'(買收, buy off)해버릴 수도 있다. 리세와 시킹크에 따르면 정부들은 이러한 진행과정을 스스로 통제할 수 있을 것이라고 생각하지만 실은 과대평가인 경우가 많고, 전술적 양보라고 생각하는 것도 결국 '스스로 파놓은 함정에 빠지는 꼴'(self-entrapment)이 될 수 있다고 한다. 이 단계에서 정부는 국내외 비판세력과의 도덕적 대화에 이미 끌어들여져 있기 때문이다.(Risse and Sikkink 1999: 22-5, 28)

4단계에서는 정부가 인권 규범에 '규정적 지위'(prescriptive status)를 부여하게 된다. 그 이행에 있어서는 아직 매우 불완전하지만, 인권 규범 자체의 정당성은 받아들이기 시작하는 것이다. 인권 규약들을 비준하고, 규약들이 정하는 규칙들을 국가의 헌법이나 법률로 제도화하며, 국민들에게는 인권침해에 대해 보상을 제공하게 된다. 각종 침해 사례들은 계속 발생하지만, 그에 대한 인권 차원의 대화가 이루어진다. 5단계에서는 국제 인권 기준이 관행으로 굳고, 필요한 경우에는 법의 지배(rule of law)를 통해 집행되기도 한다.

그러나 이 과정에서 항상 순탄한 진보만 있는 것은 아니다. 정부가 국제적 압력을 무시하고 국내의 저항을 짓밟을 수도 있고, 정부가 국제적 압력에 일정 정도 양보를 했다 하더라도 압력이 줄어들면 다시 탄압을 시작할 수도 있다. 인권 개선을 이룰 수 있는지 여부는 다음과 같은 요소에 영향을 받는다. ① 탄압적 국가가 국외의 물질적 및 도덕적 압력에 영향을 받는 정도, ② 이러한 압력을 지속시키려는 외부행위자들의 의지, ③ 영토통합성이나 국가의 내부결속을 위협하는 계급적, 인종적, 민족적, 종교적 세력의 존재 여부, ④ 국내NGO가 활동할 수 있는 여지, ⑤ 국제 인권레짐과 초국적 NGO들의 힘, ⑥ '규범 공명'(規範共鳴, norm resonance), 즉 국제 규범과 국내 문화가 어울리는 정도.(Risse and Ropp 1999)

리세와 롭(Ropp)은 이 이론 모델이 인권 정책의 변화를 설명하지 못하는 현실주의 이론 모델보다 우월하다고 주장한다. 국가들이 압력을 가한 결과로 인권 정책이 변화하게 된 경우가 아니라, 필리핀과 같이 국내NGO의 압력으로 강대국의 외교정책을 변화시키는 경우도 있었기 때문이다.(Risse and Sikkink 1999: 35; Risse and Ropp 1999: 268) 하지만 미국의 카터 행정부와 레이건(Reagan) 행정부 사이의 정책 변화와 같이 부메랑모델로는 설명할 수 없는 경우도 있다.* 그러

---

* 카터(Jimmy Carter, 1976~80년 미국대통령)는 재임기간 중 필리핀의 마르코스 정권이나 남아메리카의 독재정권을 비난하고, 남한의 인권탄압을 이유로 주둔 미군을 감축하거나 캄보

나 모델은 '근대화이론' 보다는 우월하다고 여겨진다.: 근대화이론은 탄압과 자유화 양자를 모두 설명하기 위해 사용되었지만, 결국에는 둘 다 설명하지 못하였기 때문이다.(Risse and Sikkink 1999: 37; Risse and Ropp 1999: 269-70) 부메랑모델은 인권에 관하여 나타나는 변화를 분석하기 위한 분석틀을 제공하였지만, 애초에 장담했던 것처럼 변화의 정도가 각 사회마다 다른 이유는 설명하지 못했다. 그것은 현실주의와 근대화이론 역시 마찬가지다. 부메랑이론이 탄압적인 국가에 가해지는 국내외의 압력과 인권정책의 변화를 연관지음으로써 중요한 측면을 포함시켜 주기는 하였지만, 여러 사회에서 다양한 인권 양상들을 완전히 설명하기에는 여전히 부족하다.

끝으로 리세와 롭은 인권을 실천하는 이들을 위해 다음의 10가지 교훈을 제시하였다.

1. 최근 초국적 인권NGO들의 영향력이 매우 커지고 있다.
2. 초국적 NGO들의 활동을 제한하는 것은 표적국가의 국내정치인데, 여기서 국내NGO들이 중요한 역할을 해야 한다.
3. 초국적 NGO들은 국제적 규범에 대한 정부들의 저항을 줄이는 일과 동시에 국내NGO들을 지원하는 일에 힘을 기울여야 한다.
4. 각각의 단계마다 각기 적절한 전략을 구사해야 한다. 비난과 수치심 유발(blaming and shaming)의 전략은 탄압의 단계와 부인의 단계에서 더 효과적일 것

---

디아 폴 포트 정권의 사절단을 거부하는 등 외교에 있어서 인권을 하나의 기준으로 삼았다. 그러나 1980년 대선에서 카터에 압승한 레이건(Ronald Wilson Reagan, 1981~89년 미국 대통령)은 '강하고 풍족한 미국'을 구호로 리비아 침공, 그라나다 폭격, 니카라과 반군 지원 등 보수적이고 강경한 외교정책을 펼쳤으며, 남한의 전두환 정권을 강력하게 지지하거나 칠레의 피노체트 정권과 우호관계를 맺기 위해 노력하고, 군비를 확충하는 등 인권보다는 힘의 논리를 중시하는 정책으로 뒤바꾸어 놓았다.

: 근대화이론에서는 국가의 인권탄압을 전근대적 상태로 보고, 경제성장, 외세에 의한 자유화 등에 의한 근대화를 통해 인권탄압을 중단할 수 있다고 본다.

이고, 대화는 그 이후의 단계에서 더 효과적일 것이다.
5. 도덕적 및 법률적 이상주의는 현실주의자들이 인식하는 것보다 국제정치에서 더 큰 효과를 발휘한다.
6. 초국적 인권NGO들이 국제법에 의존하는 것은 옳은 것이다. 국제법에 호소하는 것이 인권 상황의 변화를 가져오는 데 중요한 역할을 하기 때문이다.
7. 인권활동가들은 반국가주의적인 경향이 있었는데, 이것은 실수를 저지르는 것이다. 자유를 보장하는 국가들이 탄압적인 국가에 압력을 가하는 것은 인권의 국제적 보호에 있어서 중요한 부분을 차지하기 때문이다.
8. 인권이 전 지구적으로 이행되기 위해서는 인권을 진지하게 여긴다고 주장하는 국가들이 인권외교정책을 일관되고 지속적으로 이행할 필요가 있다.
9. 경제적 혹은 다른 물질적 제재는 탄압 단계와 부인 단계에서 더욱 효과적인 경향이 있지만, 그 이후의 단계에서는 덜 효과적인 경향이 있다. 특히 표적국가가 민족주의적 반격을 동원할 때에 더욱 그러하다.
10. 대화나 '건설적 포용'(constructive engagement)은 탄압 단계나 부인 단계에서는 대부분 소용이 없지만, 그 이후의 단계에서는 적절할 수 있다.(Risse and Ropp 1999: 275-78)

## 3. 인권을 둘러싼 국내정치

리세와 그의 동료들은 여러 사회마다 인권을 존중하는 정도가 다르게 나타나는 상황을 설명하지 못하였는데, 그것은 그러한 상황의 차이를 야기하는 **국내적** 요인들에 대해 충분히 관심을 기울이지 않고, 국제관계학적 방법만으로 접근하였기 때문에 나타난 결과다. 여기에는 비교역사와 비교정치과학의 접근방식이 필요하다. 제5장에서 보았듯이, 리처드 클로드는 프랑스, 영국, 미국에서 국내 인권레짐이 점진적으로 발전한 바탕에는 자본주의 경제, 민중적 사회운동, 강력한 국가라는 기반이 있었다고 주장한다. 하지만 그는 전 세계적으로 급속한 경제발전이 국가의 최우선순위가 된 오늘날과 같은 시대에도 그러할 것인가에 대해서는 회의적이다. 하지만 클로드가 비교적 비판적이었던 이유 중 일부는 그가 책을 썼던 냉전시기 당시에는 국제 인권레짐의 영향력이 오늘날에 비해 적었기 때문이다.

이후 경제발전과 인권의 관계는 도널리가 규명하였다. 그는 경제발전과 인권 사이의 관계를 요구, 평등, 자유의 세 가지 흥정(trade-off)을 통해 설명하였다. 요구의 흥정에 따라 투자를 위해 기본적 요구는 희생되었고, 평등의 흥정으로 인해 경제발전을 장려하기 위해 불평등이 조장되었으며, 자유의 흥정의 결과로 경제성장을 앞당기기 위해 아무런 저항도 받지 않고 시민적 및 정치적 권리가 제한되었다는 것이었다. 흥정이데올로기에 따르면 흥정에 따른 선택 배제는 일시적인 것이고, 결국에 가서는 경제발전으로 인해 기본적 요구가 충족되고, 불평등이 감소되며, 시민적 및 정치적 권리도 증진될 것이라고 한다. 도널리는 이 같은 주장을 브라질과 남한을 대상으로 비교연구를 통하여 검토해보았다. 그리고 브라질에서는 경제발전이 반드시 빈곤층을 이롭게 하거나 불평등을 감소시키지 않았다는 사실을 밝혀냈다. 이러한 사실은 경제학이 아니라 정치학적으로 설명된다. 즉 부유층은 권력을 갖고 있었고, 그 권력을 불평등을 유지시키는 데 사용하였다. 반면 1960년부터 1980년까지 남한에서는 불평등이 비교적 덜 심한 가운데 좀더 급속한 경제성장을 이루어냈으며, 사회적 및 경제적 권리의 보호에 있어서도 비교적 좋은 기록을 보였다. 이러한 사실은 급속한 경제발전을 위해 요구의 흥정과 평등의 흥정이 필수적이라는 가설이 틀렸음을 보여준다. 하지만 이 기간 동안 남한의 시민적 및 정치적 권리는 매우 나쁜 기록을 보였다. 정치적 탄압 하에서 경제발전이 이루어지는 경우가 많기는 하지만, 정치적 탄압이 항상 경제발전을 낳는다고 말할 수는 없다. 또한 급속한 경제성장이 정치적 탄압을 유발하는 경향이 있다고 해서, 어떠한 특정 탄압행위가 경제발전에 필수적이라고 할 수도 없다.(Donnelly 1989: 163-202)

테드 거는 국가의 탄압을 설명하면서 국가에 대한 도전에 대응하는 방식에 초점을 맞추었다. 우선 그는 다음의 네 가지 일반적인 형태의 요소를 고려하였다. ① 도전의 성격, ② 국가와 국가가 가진 이데올로기의 성격, ③ 사회의 인종적 다양성과 불평등의 정도, ④ 전 지구적 환경이 그것이다. 그리고 국가 탄압의 경향성에 대한 다수의 가설을 개발하였다.(Gurr 1986) 그는 인권침해를 유발하거나 억제하는 요소들을 타당하게 지적했으나, 인권침해를 유발하는 분쟁의 요인이나 역학관계 사이의 상호연관성은 규명해내지 못했다.

포레이커와 랜드맨은 권리레짐이 설립되는 과정을 사회운동론적으로 접근하였다. 사회운동은 국가로부터 권리를 획득하려고 노력하는 것이며, 국가는 국가정당성을 중대시키기 위해 권리를 양도해줄 수도 있다. 그러나 권리를 주장하는 것이 비생산적이거나 더 큰 탄압을 불러일으킬 수도 있다. 이렇게 사회운동론적 접근에서는 권리를 피지배 집단과 국가 사이의 투쟁의 산물로 본다.(Foweraker and Landman 1997) 테드 거가 도전에 대응하는 **국가전략**을 강조한 반면, 포레이커와 랜드맨은 권리를 위한 투쟁에 요구되는 사회적 기반을 강조하였다. 포레이커와 랜드맨은 권리를 위한 투쟁의 국제적 측면을 간과한 면이 있지만, 서로 다르거나 심지어 부분적으로는 서로 조화될 수 없는 이해관계에 있는 사회적 집단(예를 들어 인종적 소수자와 여성과 같은) 간에 연대를 형성하는 데 '권리'의 개념이 잘 적용된다는 사실을 적절히 짚어냈다.

## 4. 인권의 통계학

포레이커와 랜드맨은 4개국에 대한 통계분석을 이용하여 사회운동을 통해 권리를 획득해내는 것이 대체로 성공적이었다는 사실을 발견하였다. 한편 스트로우즈와 클로드를 뒤이은 여러 학자들 또한 인권침해를 통계적 방법을 통하여 설명하려고 시도하였다. 미첼(Mitchell)과 맥코믹(McCormick)은 자본주의적 국제통상에 가담한 국가들에 비해, 그렇지 않은 빈곤국에서 정치수(政治囚, political prisoner)와 고문이 더 많이 발생하는 경향이 있다는 사실을 발견하였다.(Mitchell and McCormick 1988) 헨더슨(Henderson)은 민주주의 보급률이 낮을수록 빈곤이 심하고, 불평등의 정도가 클수록 탄압도 심하다는 것을 발견하였다. 그는 급속한 경제성장과 탄압의 **약화** 현상이 서로 연관성을 갖는다는 사실을 발견하였는데, 이는 스트로우즈와 클로드가 발견한 바와는 대조된다.(Henderson 1991) 한편 포(Poe)와 테이트(Tate)는 1980년대에 빈곤한 국가나 군사정부가 통치하는 국가가 시민적 및 정치적 권리를 더 많이 침해하는 경향이 있었다는 사실을 발견하였다. 이들은 또한 민주주의 수준이 쇠락하는 곳에서 인권침해가 증가한다는 사실도 발견하였다. 이들은 부(富)나 경제성장률과 인권침해 사이에는 약한 연관성만이 존재할 뿐이라는 사실도 발견하였다. 이와는 대조적으로 전쟁이나 내전에 대한 위협은 모두 인권침해의 정도와 정비례 관계를 갖는다고 한다.(Poe and Tate 1994)

친그라넬리(Cingranelli)와 리처드(Richards)는 냉전의 종식이 인권개선을 가져다주었는지 여부를 조사하려고 시도하였다. 냉전 당시에는 공산정권이 인권을 심각하게 침해하였고 미국과 소련이라는 양대 초강대국(superpower)들은 이 기간 동안 인권을 침해하는 정권들을 지원하였기 때문에, 냉전이 종식됨으로 인해 인권에 있어서 상당한 진전이 있었다고 볼 수도 있다. 하지만 다른 측면에서 보면 냉전종식 이후에 수많은 무력충돌이 발생하여, 오히려 인권침해가 증가했다고 볼 수도 있다. 일반적으로는 민주주의와 인권 사이에 서로 강한 연관성이 있다는 연구결과가 나왔기 때문에 탈냉전 이후 민주주의의 확장이 인권의 개선으로 이어졌어야한다고 보았다. 그러나 헬런 펜(Helen Fein)은 '중간기에 더 많은 살인이 일어났다'는 사실을 발견하였다. 그녀가 이름을 붙인 '생명보전성(生命保全性, life-integrity)의 침해'는 권위주의에서 민주주의로 가는 중간기에 놓여 있는 사회에서 가장 많이 발생하는 경향이 있었다는 것이다. 따라서

권위주의 정치체제의 민주화 과정은 인권보호에 위험할 수도 있다.(Fein 1995)

친그라넬리와 리처드는 1981부터 1996년까지 기간 동안에 대해 임의추출한 79개 국가들을 표본으로 인권의 개선에 대한 분석작업을 하였다. 이 기간 동안 실종, 비사법적 처형(extra-judicial killing) 그리고 고문을 당하지 않을 권리가 존중된 정도는 통계적으로 유의미(有意味)한 정도로 개선되지 않았다. 실제로는 1996년 한 해 동안 발생한 고문의 숫자는 냉전 기간 대부분을 통틀어서 일어난 숫자보다 더 많았다. 그러나 정치적 이유로 수감되지 않을 권리에 있어서는 냉전 이후 거의 두 배에 가까운 개선을 보였다. 이 같은 개선은 대부분 냉전이 종식된 직후(1990년에서 1993년까지)에 발생하였는데, 이후 1993년부터 1996년까지는 개선되었다는 증거가 보이지 않았다. 친그라넬리와 리처드는 냉전종식 이후 정치수(political prisoner)의 감소를 설명하는 데 있어 설명력이 가장 강한 요인은 민주화가 얼마나 이루어졌느냐의 정도이며, 지구경제에 얼마나 참여하였느냐라는 요인은 그보다 설명력이 약하다는 결론을 내렸다. 이 기간 동안 내전이나 국가간 분쟁이 상당히 증가한 사실은 정치적 이유로 수감되지 않을 권리가 존중되는 정도가 증가한 사실에 유의미한 독립요인이 아니었음이 드러났다.(Cingranelli and Richards 1999) 이 통계방법은 특정 국가에서의 인권 개선이나 쇠퇴에 대해서는 설명하는 바가 없다. 하지만 냉전종식 이후 민주주의가 증가하여 정치수가 감소했다는 점을 제외하고는 오히려 인권 상황이 비참해졌다는 사실을 잘 그려준다. 한편 사빈 잰거(Sabine Zanger)는 1977년부터 1993년까지 147개국에 대한 생명보전권의 연구를 통하여 권위주의에서 민주주의 정부로 옮겨가는 기간 동안에는 그 권리의 침해가 감소하였으나 그 직후 다시 증가하였다는 사실을 발견하였다. 이는 민주화 자체가 단기적으로는 생명보전권에 이로우나, 민주주의가 공고화(consolidation)되는 기간 동안은 권리침해와 연관성이 있다는 것을 의미한다. 그녀는 또한 한 국가의 경제상황 악화는 인권을 증진하기보다는 악화하는 경향이 더 많기 때문에, 인권 개선을 위한 경제제재는 역효과를 낼 것이라고 보았다.(Zanger 2000)

밀너(Milner), 포(Poe) 그리고 레블랑(Leblang)은 개인의 안전의 측면뿐만 아니라 경제적 및 사회적 권리에 있어서도 민주주의 국가가 권위주의 국가에 비해 더 좋은 기록을 보인다는 것을 발견하였다. 그들은 또한 1989년에서 1992년 사이에 인권 상황이 악화되었고, 1993년에 향상되었다는 사실을 발견했는데, 이는 친그라넬리와 리처드의 견해와는 반대되는 것이다. 이 같은 차이는 통계방법이나 연구대상으로 삼은 권리의 내용, 시간대, 표본국가 등이 달라서 나타난 결과일 수 있다. 결국 통계방법의 기술적 차이로 인해 실질적 결론이 다르게 나타날 수 있다는 것이다. 한편 이들 세 학자는 안보권, 생존권, 자유권이 서로 불가분적이고 상호의존적이며, 이들 사이의 홍정이 필요한 경우는 제한적이다라는 가설을 지지하는 데 보탬이 되는 연구결과도 제시하였다. 이들은 자신들의 연구결과가 아직은 기초적 수준이며, 권리 간 홍정이 불가피한 것인지 여부를 검토하기 위해서 추가연구가 필요하다고 밝혔다.(Milner, Poe and Leblang 1999)

## 5. 세계정치 속의 NGO

이 같은 통계적 연구는 다양한 사회적, 경제적, 정치적 요소들과 인권과 관련한 특정한 행위형태 사이의 **관계**를 설명해냈다고 할 수 있다. 그러나 서로 유사한 4개국에 대한 포레이커와 랜드맨의 연구를 제외하고는, **인권운동**의 영향에 대해서 거의 혹은 전혀 설명을 하지 못했다. 최근 지역적, 국내적 및 국제적 단위의 인권정치에서 NGO의 역할이 증가하고 있는데, 이들 NGO에 대한 진지한 연구는 최근에야 시작되었다.

인권을 위해 일하는 NGO는 새롭게 나타난 현상은 아니다. 중세부터 내려온 종교적 및 학문적 네트워크들이 이어져, 18세기 계몽운동기에는 자유주의

사상이 번성함에 따라 다양한 인도주의단체들이 이미 설립되기 시작한 것이다. 1787년에 노예제 종식을 위해 활동하는 단체가 결성되었고, 1839년에는 영국 및 해외 노예제 반대회(British and Foreign Anti-Slavery Society)가 결성되었는데 이것이 오늘날 안티슬레이버리 인터내셔널(Anti-Slavery International)로 남아있는 세계에서 가장 오래된 NGO이다. 19세기에는 여러 국제단체들이 노예제 반대와 여성해방을 위한 투쟁을 위해 활발히 활동하였다. 한편 제1차 세계대전 이후 국제노동기구(ILO)는 국제적 기준설정의 과정에 NGO의 참여를 장려하였으며, UN의 창설 당시에는 NGO들이 UN의 목적에 인권 증진을 포함시키고 세계인권선언의 초안을 작성하는 데 중요한 역할을 하였다. UN헌장 제71조에서는 경제사회이사회는 '그 권한 내에 있는 사항과 관련이 있는 비정부단체와 협의를 위하여 적절한 약정을 체결할 수 있다'고 정하고 있다. 이에 따라 1948년 41개 NGO가 경제사회이사회의 협의자격을 받았으며, 그 숫자가 1968년에는 500여 개, 1992년에는 1,000개 이상에 달했다.*(Korey 1998) 케크(Keck)와 시킹크(Sikkink)는 1953년 당시에는 33개의 국제 인권NGO가 있었지만, 1993년 현재 약 168개가 있다고 추산하였다. 같은 기간 동안 국제 개발NGO는 3개에서 34개로, 여성의 권리를 다루는 단체는 10개에서 61개로 증가하였다.(Keck and Sikkink 1998: 10-11) 에드워즈(Edwards)와 흄름(Hulme)은 1980년 당시에는 경제적으로 발전된 국가에 등록된 NGO의 수가 1,600여 개였지만, 1993년까지 그 숫자는 2,970여 개로 증가하였다고 밝혔다. 또 1909년 당시에는 176개의 국제

---

* 2005년 5월 현재 2,719개에 달한다. 경제사회이사회 협의자격을 가진 대표적 국제 인권 NGO로는 영국에 본부를 둔 국제앰네스티(Amnesty International, www.amnesty.org), 미국에 본부를 둔 휴먼라이츠워치(Human Rights Watch, www.hrw.org), 프랑스에 본부를 둔 FIDH(Fédération Internale des Ligues des Droits de l'Homme, www.fidh.org) 등이 있으며, 한국 내 단체로는 민주사회를 위한 변호사모임(minbyun.jinbo.net), 환경운동연합(kfem.or.kr), 한국여성단체연합(www.women21.or.kr), 경제정의실천연합(www.ccej.or.kr) 등이 있다.

NGO(INGO)가 있었고, 1993년 현재 28,900여 개의 국제NGO가 있다고 한다. 예를 들어 네팔에서만 보더라도 1990년 220개의 NGO가 등록되어 있었지만, 1993년 1,210개가 등록되었으며, 또 방글라데시 농촌진흥위원회(Bangladesh Rural Advancement Committee)라는 단체에는 1993년 당시 12,000명이 넘는 직원이 있었다고 한다. 이들은 이러한 성장 현상을 두고 '단체혁명'이라고 부르기까지 하였다.(Edwards and Hulme 1996: 1-2) 초기에 UN에 참여했던 단체들은 주로 종교조직, 기업, 노동조합, 여성단체들이었다. 냉전 기간 동안에는 공산권 국가들이나 제3세계 국가들이 NGO를 곱게 보지 않았으며 대부분의 국제NGO들은 서방국가에 본부를 두고 있었다. 독립적인 시민들의 조직이라는 바로 그 발상은 서구적 자유민주주의 전통으로 여겨졌으며, 공산주의 사회나 제3세계의 권위주의적 국가주의와는 적대적인 관계에 있었던 것이다.(Otto 1996; Korey 1998: 77)

처음에는 UN의 인권기구들도 NGO들을 의심스럽게 여겼지만, 시간이 흐를수록 그들을 더 많이 이용하게 되었다. NGO들은 인권침해 사실을 알리고, 정부가 그러한 행위를 그만두도록 설득하는 캠페인을 벌였으며, UN의 기준설정(standard-setting)과 이행절차(implementation procedure)에 있어 중요한 역할을 하였다.(Claude and Weston 1992: 11; Wiseberg 1992: 376; Cohen 1990; Brett 1995: 103-4; Clark 2001) NGO의 역할은 여러 UN회의에서 또한 그 중요성을 더해가고 있다. 바에허(Baehr)에 따르면 1993년 비엔나인권회의에 약 1,500개의 NGO들이 참여한 것으로 추산된다고 한다.(Baehr 1999: 114, 123) 1995년 세계여성회의에는 거의 3,000여 개에 달하는 NGO들이 참여하였다.(Otto 1996: 120)

NGO의 형태는 1인으로 이루어진 단체부터 대규모 국제단체까지 그리고 좋은 의도를 가진 아마추어단체부터 고도의 전문성을 가진 단체까지 다양하다. 국제앰네스티(Amnesty International)나 휴먼라이츠워치(Human Rights Watch) 같은 국제NGO도 있고, 국내NGO나 지역NGO들도 있다. 지역NGO는 때때로 CBO(community-based organization, 공동체기반단체)라 불리기도 한다. 때로는 종교조직이나 노동조합과 같이 인권을 우선적으로 다루지 않는 국제 혹은 국내 단체들이 특정한 인권문제에 관하여 중요한 역할을 하기도 한다. 단체 중 일부는 순수하게 인권에 관심을 갖고 활동하지만, 일부는 다른 목적을 이루기 위하여 인권운동을 이용하기도 한다. 어떤 단체들은 겉으로 보기에는 비정부단체지만 실제로는 정부의 조종을 받기도 한다.* 반정부 세력이나 정당이 인권에 관해 순수한 관심을 가질 수는 있지만, NGO는 그 자체로는 반정부 세력이나 정당이 아니다. 한편 NGO의 수가 크게 증가하자 NGO간 협력 문제가 대두되기 시작하였다. 특히 설립된 지 비교적 오래되고 전문성을 가지고 재정상태도 좋은 서구의 NGO들과, 재정상태가 좋지 않지만 인권에 대해 다른 관점을 갖고 있는 빈곤국의 NGO들 사이에는 얼마간의 긴장관계도 존재한다. 이러한 긴장관계는 인권을 위한 투쟁을 풍요롭게 해주는 측면이 있기 때문에 반드시 유감스러운 상황이라고만 여길 필요는 없다. 하지만 재원이 부족한 상황에서 NGO들 간에 경쟁관계가 심화된다면, 오히려 NGO의 일을 왜곡시킬 수도 있다.(Claude and Weston 1992: 12; Baehr 1999: 114-15, 121-24)

한편 포사이드는 NGO의 영향력을 측정하는 데 몇 가지 어려움이 있음을 지적하였다. NGO들이 국제법과 국제기구를 발전시키는 데 중요한 기여를 한 사실은 의심의 여지가 없지만, 이 법과 기구가 효율적인지는 확실치 않다. 또한 NGO들이 전 세계의 인권의식을 고취시켰다지만, 이것 역시 측정하기란 어려운 일이다. 포사이드는 NGO들이 수많은 인권침해를 미리 막아냈다는 사실을 믿어 의심치 않는다. 하지만 NGO들은 그들이 가진 '순수성'과 법률주의적 성격 때문에, 스스로 낸 정책이 예상과 상반된 결과를 초래할 수도 있다는 사실을 인정하려들지 않는다고 지적한다. 그는 진정한 성공의 요소로 다음과 같은 것들을 제시한다. ① 정치의제에 인권문제를 포함시키기, ② 그 이슈에 대

---

* UN의 인권 관련 기구에서 이런 식으로 활동하는 단체들을 GONGO(Government-Organized NGO)라고 부르는 이들도 있다. 또 기업의 조종을 받는 단체들은 BONGO(Business Oriented NGO), 개인이 실체가 없는 단체의 대표라고 자칭하며 활동하는 경우를 NGI(Non-Governmental Individual)라고 부르기도 한다.

한 진지한 토론, ③ 절차적 혹은 제도적 변화, ④ 인권을 향상시키는 정책변화가 그것이다. 포사이드의 경고는 유익한 면도 있지만, 지나친 면이 더 많다. NGO의 효율성을 정확하게 측정할 수는 없지만, NGO를 비판해왔던 수많은 정부들을 포함해서 인권의 정치 주변에 있는 거의 모든 이들이 NGO의 영향력을 인정하고 있다. 이것이 바로 NGO의 영향력이 상당하다는 것을 보여주는 증거이다. 흔히들 NGO는 '수치심의 동원'을 통해서 활동한다고 말한다.(Baehr 1999: 114) 하지만 그러한 말은 오해의 소지가 있는데, 사실 인권침해자들은 수치심을 거의 느끼지 않을 것이기 때문이다. 그러나 선언이나 규약 비준을 통해 이미 공개적으로 국제적 규범을 지지했었던 정부들이 그 규범을 위반할 경우, NGO들은 그러한 위반 사실을 공개적으로 알림으로써 국제사회에서 그 정부의 입지를 손상시킬 수 있다. 사회과학적으로 설명하자면 국가는 유무형의 이익을 보호하기 위해 국제사회에서의 명성에 신경을 많이 쓰기 때문에, 국가들이 NGO의 압력에 반응을 보이는 것은 그것이 국익에 이롭다는 계산이 이미 있었기 때문이라는 것이다.(Claude and Weston 1992: 12; Baehr 1999: 126-27; Forsythe 2000: 169, 173-77)

국제NGO의 가장 중요한 역할은 아마도 신빙성 있는 정보를 정부, 정부간 기구(inter-governmental organization), 정치인, 언론, 학계 그리고 일반인들에게 제공하는 것일 게다. UN의 인권기구들은 재원이 부족하기 때문에 NGO의 정보에 매우 의존하고 있다.(Baehr 1999; Brett 1995) 정부가 거짓말을 하면, NGO는 그 진실을 알릴 수 있다.(Brett 1995: 101-3) 또한 국내 단위에서 NGO는 헌법이나 인권법을 제정하는 데 중요한 역할을 할 수도 있다.(Wise berg 1992: 376) 때로는 NGO의 대표들이 정부대표단의 일원이 되기도 하고, 인권 업무를 담당하는 정부관료가 되기도 한다. NGO들은 정부에 영향력을 주는 것을 목적으로 하기 때문에, 정부가 비교적 협력적이더라도 정부로부터 독립성을 유지할 필요가 있다. 또한 NGO들은 언론의 인권침해 보도를 환영하지만, 언론이 전 지구적 인권의제들을 왜곡해서 보도할 위험성은 언제나 존재한다는 점도 유의할 필요가 있다.

한편 NGO를 '풀뿌리단체'(grass-roots organization)에 속하는 것으로 보는 이들도 있다. 하지만 NGO들이 실제로 얼마나 그러한지는 각기 매우 다르며, 또한 풀뿌리단체라는 단어도 오해의 소지가 있다. 어떤 NGO는 소수의 인권전문가 엘리트들로 구성되거나 전문가들과 관심 있는 시민들이 결합되어 있기도 하며, 다른 NGO들은 자신들의 권리를 스스로 보호하려는 사람들 사이에 뿌리를 내리고 있기도 하다. 또한 전 세계적으로 인권, 인도주의 사업, 개발프로그램 등을 결합하여 자국의 정부가 제공하지 않는 서비스를 제공하고 있는 국내 혹은 지역NGO들은 수천 개가 넘는다.(Claude 2002) 여기서 NGO들의 책임성(accountability) 문제가 발생한다. 그들은 누구에게 의무와 책임을 갖는가? 단체의 회원들인가, 아니면 도움을 구하는 사람들인가? 그것도 아니면 자국의 정부나 법률 혹은 여론인가, 그들이 영향력을 가하고자 하는 정부나 법률 혹은 여론인가? 아니면 국제사회에 대해 책임성을 갖는가? 여기에 더해 NGO의 책임성과 효율성 사이의 관계 역시 생각해볼 문제다.(Baehr 1999: 115-24)

NGO의 다른 역할은 인권침해의 피해자들에게 법률구조, 의료지원, 재정지원 등을 통해 직접적인 원조를 제공하는 것이다. 또 인권교육을 통해 인권의식을 고취시키기도 한다. 인권교육은 공식적 혹은 비공식적으로, 정부로부터 독립적이거나 혹은 지원을 받아 이루어지고 있다. 또한 내용상으로는 좁게는 법률에 한하여, 넓게는 학제적(學際的, interdisciplinary)으로 인권 개념을 민중의 실질적 관심사안에 결합시켜 다루기도 한다.(Andreopoulos and Claude 1997; Claude 2002) NGO는 또한 실제 세계와 동떨어진 법률, 정치, 관료주의와 실제로 인권침해를 경험하는 이들 사이에서 중요한 다리 역할을 하기도 한다. 서구에 기반한 NGO들은 매우 전문적이고 대체로 효율적이다. 하지만 '인권의 민주화'를 이루기 위해 지역의 단체들이 힘을 키울 필요도 있다. NGO의 서구편향성을 비난하는 정부들은, 역설적이게도 자국 내에서는 NGO의 설립을 허용하지 않는 경우가 많기 때문이다.(Brett 1995: 105-6) 또한 대다수의 진정한 풀뿌리NGO들은 UN기구에 접근하거나 UN기구로부터 지원을 받기에는 재원이 지나치게 부족하다. UN기구들과 진정한 풀뿌리NGO 사이에는 상당한 간극이 존재하는 것이다.(Smith, Pagnucco and Lopez 1998: 412)

한편 부룬디, 캄보디아, 보스니아, 르완다 등지에서 발생한 집단살해 사건과 같이 가장 심각한 형태의 인권침해에는 인권NGO들의 가정이나 활동방법이 적절치 않다는 비판도 있다.(Korey 1998: 308-9, 312-13) 이 비판은 일부 사실이기도 하지만, 몇 가지 사실들을 고려해보면 공정한 것만은 아니다. 첫째 NGO들이 대재앙에 가까운 인권침해에 대해 조기경보를 했음에도 불구하고 정부들이 거기에 대응하지 않은 것은 NGO의 잘못이 아니다. 둘째 NGO들은 변화하는 인권문제에 적응하려는 의지가 있다. 예를 들어 국제앰네스티는 이전에 양심수(prisoner of conscience)에 초점을 맞추던 것을 수정하여, 1970년대에 들어서는 '실종' 반대를 위한 캠페인을 펼쳤다.* 셋째 NGO들은 재원이 매우 부족하다는 점 등이 고려되어야 하는 것이다. NGO들은 '비정치적'인 태도와 국제법에의 호소를 통해 각국 정부들에게 영향력을 행사하려고 한다. 이것은 전 세계의 인권을 향상시키기 위해서는 **정치적으로** 합리적인 전략이지만, 그 나름의 한계도 있다. 좀더 강경하고 대립적인 인권정치를 펼칠 여지도 있겠지만, 이 또한 성과만큼이나 한계가 있을 것이다. 더구나 인권NGO들은 서구에서 우선시하는 문제에 편향되어 있고, 경제적, 사회적 및 문화적 권리는 희생시키면서 시민적 및 정치적 권리만 강조한다고 비판받아 왔다. 이러한 비판이 사실인 면도 있지만, 부분적으로는 개발문제에 관심을 갖는 NGO들이 스스로를 인권NGO로 여기지 않아서 생기는 오해이기도 하다. 여하간 NGO들이 경제개발에 있어서도 분명히 매우 중요한 역할을 한다는 사실은 분명하다.(Otto 1996: 121)

국제 인권레짐은 법률기구면서도 동시에 정치기구다. 그렇기 때문에 세계

---

\* 이후 국제앰네스티는 고문, 난민, 여성폭력, 무기거래 통제, 경제적 권리 등으로 활동영역을 넓혀 오고 있다.

의 힘의 균형(balance of power)을 반영할 수밖에 없다. 냉전이 종식되자 정치적 및 경제적 권력의 균형은 서구로 쏠리게 되었고, 그 결과 국제 인권레짐에서는 서구의 인권의제들이 주도하게 되었다. 이에 대응하여 비록 선택적이고 재원도 부족하지만 다양한 관심사를 가진 NGO들이 주요 강대국들에 맞서 사회운동을 구성하고 있다.(Krasner 1995: 164, 167) 한편 국제인권법은 국제사회에 존재하는 국가주의적 개념을 완전 거부하지는 않지만, 인권에 유리한 방향으로 수정하는 쪽으로 발전해왔다. 이러한 맥락에서 일부 인권NGO들은 국가중심적 인권레짐의 테두리 안에서 활동하고 있지만, 다른 NGO들은 풀뿌리조직과 함께하는 사회운동을 통해 '국가들의 클럽'에 도전하고 있으며, 또 다른 일부는 서로 매우 다른 이 두 세계 사이에 다리를 놓기 위해 동분서주하고 있다는 점도 눈여겨볼 만하다.(Otto 1996)

제8장
# 발전과 지구화: 경제와 인권

## 1. 개발 대 인권?

 인권 개념은 보편적이어야 한다. 그럼에도 불구하고 냉전 기간 동안 세계는 자유주의-자본주의 이데올로기의 서방국가들과 사회주의 이데올로기의 동구권 국가들로 나누어졌고, 인권 개념 역시 서로 다른 길을 걸어야 했다. 또한 신생 탈식민지국가들은 인권의 원칙을 받아는 들였지만 너무 빈곤했기 때문에 '자기결정'이나 '개발'의 가치를 더 우선시할 수밖에 없었다. 이러한 영향 아래 1974년 UN총회는 신국제경제질서(New International Economic Order: NIEO)를 주창하면서 이것이 지구적 불평등 문제를 해결할 수 있을 것이라 주장하였다. 또한 일부에서는 인권 개념이 국가가 국민들에 대해 지고 있는 법률적 의무에 관한 것뿐만 아니라 지구적 불평등이라는 **구조적** 문제에 관한 것도 포함하고 있다고 재해석하기도 하였다. 이러한 것들이 논란이 되고 있는 '제3세대' 권리라는 발상의 밑바탕에 깔린 주요 관심사다. 제3세계 국가들은 최근까지만 해도 경제적, 사회적 및 문화적 권리를 강조하고 시민적 및 정치적 권리는 무시했다. 반면 서방국가들과 인권활동가들은 시민적 및 정치적 권리의 중요성을 더 옹호하였다. 1993년 비엔나선언에 와서야 모든 인권이 '불가분적'이고 '상호의존적'이라는 관점을 모든 국가의 합의 하에 확정지었다.

냉전이 종식되면서 자유주의적 자본주의가 승리하고 권위주의적 사회주의는 패배하였다. 곧바로 구(舊)공산권국가들에서는 시민적 및 정치적 권리가 급진적으로 향상되었다. 하지만 인권이 실현되어야 할 무대는 이제 지구자본주의가 지배하는 세계가 된 것이다. 서방 국가 정부들은 인권과 자유시장 양자가 서로에게 필수적인 것이라고 여겨왔다. 하지만 시장은 부를 창출하는 데 가장 효과적인 수단일지는 몰라도 보편적인 경제적 및 사회적 권리를 보호하기 위해 고안된 제도는 아니다. 시장은 규제되지 않으면 그러한 권리를 보호할 수 없다는 것이 일반적인 견해다. 한편 세계에서 가장 부유한 몇몇 국가들은 세계은행(World Bank), 국제통화기금(International Monetary Fund: IMF), G7(서방선진7개국 정상회담),* 세계무역기구(World Trade Organization: WTO) 등을 통해 빈곤국이 '구조조정프로그램'(Structural Adjustment Programmes: SAPs)을 수행하도록 지원하였다. 그러나 이 프로그램을 수행하는 당사국 정부들은 자국의 최빈층 국민들의 경제적 및 사회적 권리를 보호할 역량을 스스로 감축하게 되었다. 결국 냉전종식 이후 많은 나라에서 시민적 및 정치적 권리는 많은 나라에서 신장되면서 중요한 발전을 보였으나, 경제적 및 사회적 권리는 여러 나라에서 오히려 퇴보하였다.

최근까지도 UN이나 NGO 모두 '인권'과 '개발'을 별개의 범주로 다루었으며, 시민적 및 정치적 권리와 경제적, 사회적 및 문화적 권리 역시 서로 분리하여 다루었다. 이러한 현상은 '빵을 먼저, 자유는 나중에'라는 구호와 함께 '개발'은 인권을 존중하기 위한 **전제조건**이라는 관점으로 이어졌다. 그러나

---

* 미국, 영국, 프랑스, 독일, 이탈리아, 일본, 캐나다의 7개국. 1997년 이후 러시아가 정식회원국으로 가입하면서 오늘날 G8이 되었다.

급속한 경제개발로 경제적 및 사회적 권리는 존중되지만 시민적 및 정치적 권리는 오히려 침해되는 상황이 발생하기도 하는데, 남한과 타이완의 경우가 그러하다. 그리고 이른바 개발독재 국가들은 결국에 가서는 대부분 개발마저 실패하였다. 경제개발과 인권의 관계는 여전히 어렵고 복잡한 문제임이 분명하다. 특히 이는 '인권'과 '개발'의 개념이 각기 여러 가지의 뜻을 지녔기 때문이다.

로버트 구딘(Robert Goodin)은 개발을 위해서는 인권이 제한되어야 한다는 주장들 중 가장 일반적인(그리고 분명히 그럴듯해 보이는) 몇 가지를 검토하였다. 그 첫 번째는 경제적 및 사회적 권리를 존중하기 위해서는 필요한 자원을 예금, 투자, 자본축적 등에서 옮겨와야 하며, 그렇게 되면 경제개발의 속도가 느려지게 된다는 것이다. 그가 검토한 두 번째 주장은 민주주의 정치에서는 특정한 이익을 얻기 위하여 국가경제를 희생시키기까지 한다는 것이다. 이러한 두 가지 주장이 발전한 예로 노동조합의 권리는 투자보다는 소비를 촉진시키며, 그리하여 경제성장을 둔화시킨다는 주장을 들 수 있다. 한편 시민적 권리는 정부의 범죄 억제 역량을 감소시켜 개발을 가로막는다는 주장도 있다. 이러한 주장은 시민적 및 정치적 권리를 제한함으로써 정부는 사회안정을 창출할 수 있고, 외국인투자 유치를 용이하게 하여 결국 경제개발에 기여한다는 주장으로 발전한다. 구딘은 이러한 주장들에 반대하여 건강, 교육, 직업 등 경제적 및 사회적 권리를 존중하는 것이 곧 인적자본에 투자하는 것이라고 주장한다. 또한 노동조합의 권리를 탓할 수 없는 것이 부자들도 자신의 부를 소비할 때 반드시 생산적인 투자만을 위해 소비하지는 않는다고 지적하였다. 민주주의 정치가 경제개발을 왜곡할 수 있다고 하지만, 권위주의 체제하에서는 부패가 경제개발을 왜곡한다. 시민적 권리를 침해하면 진짜 범죄를 감소시킬 수 있는지는 의심스러우며, 그것이 경제성장을 촉진시킬 것이라는 주장은 더욱 믿기 어렵다. 구딘은 인권을 존중하면 오히려 노동자들의 불안을 감소시킬 수 있으며, 민주주의 정권은 외국인투자를 위해 더욱 안정된 환경을 조성할 수 있다고 주장하였다. 또한 그는 실제 권위주의정권들이 상당한 자원을 개발이 아닌 압제를 위해 사용하고 있다는 점도 지적하였다.(Goodin 1979)

아마티아 센(Amartya Sen)은 시민적 및 정치적 권리의 존중과 경제성장 사이의 관계는 긍정적이지도 부정적이지도 않고 상호간에 관계가 거의 없으며, 권리를 침해하는 것이 경제개발에 **필수적**이지도 않다는 사실을 입증해 보였다. 정치적 권위주의가 경제성장을 위한 **원인**이 될 수 없다는 것이다. 오히려 시민적 및 정치적 권리는 정부가 기아와 같은 재난을 방지해야 할 책임을 지게 만든다. 그리하여 시민적 및 정치적 권리는 정부정책이 개발에 유리한 방향으로 갈 수 있도록 보장한다는 뜻에서 도구적 가치를 가진다. 그리고 인간존엄성을 인정한다는 뜻에서 본질적 가치도 갖는다고 볼 수 있다. 아마티아 센은 또한 경제적 요구가 무엇인지를 **개념화**하는 데 인권이 필수적이라고 덧붙였다. 즉 오늘날 '개발'이 무엇을 의미하는가에 대해 많은 의문이 제기되고 있는 상황에서, 개발전략을 민주화하기 위해서는 시민적 및 정치적 권리가 보호되어야 하는 한다고 그는 설명하였다.(Sen 1999)

한편 제흐라 아라트(Zehra Arat)는 개발도상국에서 경제적 및 사회적 권리를 보호하는 것은 시민적 및 정치적 권리를 보호하기 위해 필수적인 것이라고 주장한다. 이는 개발이 불평등하게 진행되면, 개발을 주도하는 정권은 그 정당성이 훼손되고 결국은 권위주의로 흐르게 되기 때문이다. 그는 또한 규제되지 않은 자본주의는 불평등으로 흐르는 경향이 강하기 때문에, 규제되지 않은 자본주의적 개발은 인권을 보호하지 못하는 경향이 있다고 주장하였다.(Arat 1991)

한때 인권과 개발은 서로 '흥정'(trade-off)되어야 한다는 발상이 유행했는데, 현실에서는 대부분 실패하였다. 그리하여 최근 들어서는 흥정이론 대신 '선치'(善治, good governance)를 더 강조하는 경향으로 바뀌었다. 선치 역시 인권보다는 경제적 효율성을 더 강조하는 개념이지만, 흥정이론보다는 인권에 더 호의적이라고 볼 수 있다.

'선치' 이데올로기는 정부는 민주주의(최소한 자유롭고 공정한 선거)를 제공하고 시민적 및 정치적 권리를 존중하며, 개발은 대부분 시장의 힘에 맡겨야 한다는 관점으로 이어졌다. 하지만 이러한 관점은 경제적 및 사회적 권리의 보호를 매우 어렵게 만들었다. 그리하여 선치 개념은 인권활동가들과 학자들로 하여금 사적 경제행위자(특히 다국적기업)들의 인권보호 책임의 문제에 주목하게 만들었다. 다수의 다국적기업들은 대다수의 국가보다 부유하고 큰 권력을 갖고 있다. 세계의 100대 경제단위 중 49개가 국가이고 51개는 기업체일 정도다. 다국적기업이 인권을 침해한다는 사례들은 이미 널리 알려져 있다. 하지만 그에 대한 체계적인 증거는 아직 부족한 것이 현실이다. 한편 WTO로 대표되는 국제 통상레짐(international trade regime)은 애초에 인권을 보호할 목적으로 고안된 것이 아니었다. 그리하여 지금껏 전 지구적 통상레짐과 인권레짐은 서로 통합되지 않은 채 따로 작동하고 있는 것이다.(Forsythe 2000: 19, 191, 195-6, 199; McCorquodale and Fairbrother 1999)

## 2. 발전권

1960년대 신생독립국들은 세계의 경제적 자원이 좀더 공평하게 분배되지 않는다면 국가의 형식적 독립이나 국가간의 법적 평등은 별로 의미가 없다고 주장하였다. 이후 세네갈의 고등판사 케바 음바예(Keba M' Baye)는 1972년 한 공개강좌에서 모든 사람에게는 발전권(right to development), 즉 '더 잘 살 권리'가 있다고 주장하였는데, 이 주장이 발전권의 시초라고 볼 수 있다. 1977년 음바예는 UN인권위원회 의장직을 맡으면서 UN이 인권으로서의 발전권에 대해 연구를 수행할 것을 결의하도록 주도하였다. 그리고 3년이 지나지 않아 UN총회는 발전권을 인권으로 선포하였고, 1986년에는 발전권에 관한 선언(Declaration on the Right to Development)을 채택하기에 이르렀다.(Rich 1988)

애초에 발전권은 개인의 인권으로 제안되었으나, 이후 개인뿐만 아니라 집단의 권리로 확대되어 해석되었다. 이런 해석은 그 권리에 상응하는 의무는 누구에게 있으며, 그 의무가 있는 자는 어떠한 의무를 갖게 되는지에 대한 의문을 불러일으켰다. 전통적으로라면 국가에게 그 의무가 있다고 답할 것이다. 그러나 발전권 담론 속에서는 빈곤한 국가가 발전할 수 있도록 부유한 국가가 도와주어야 할 의무라는 뜻을 가지게 되었다. 하지만 이 같은 의무가 정확히 어떠한 속성을 지니는지는 여전히 불분명하며 논란거리로 남아 있다. 또한 발전권이 하나의 독자적인 인권인지 아니면 몇 가지의 다른 인권을 요약한 것인지도 논란이 되고 있다. (Espiell 1981; Donnelly 1985b: 474-5)

도널리는 발전권은 존재하지 않는 개념이라고 주장하였다. 그는 개인의 발전은 모든 인권의 목표이며 존재 근거라고 하였다. 어떤 이는 발전권은 세계인권선언 제22조, 즉 모든 사람은 '국가적 노력과 국제적 협력을 통하여' 자신의 경제적, 사회적 및 문화적 권리를 실현할 권리를 가진다는 조항을 정교화한 것이라고 주장하였다. 하지만 도널리는 발전권이라고 여겨지는 것이 개념적으로 혹은 현실적으로 제22조의 진전된 형태인지에 대해서는 의심이 간다고 했다. 또한 그는 발전권이 국제정의를 위해 필요하다는 주장에 대해서도 부정적이었다. 인권은 인간이 인간으로서 존재한다는 사실에서 비롯된 것이지, 정의라는 개념에서 나온 것이 아니기 때문이다. 브라이언 바리 역시 발전권은 쓸모없는 것이라고 하면서 대신 지구적 정의라는 개념이 그것을 **대신하여야** 한다고 주장하였다. (Barry 2000) 경제정의에 대한 권리가 인권이 될 수 없는지는 분명치 않다. 하지만 정의에 관한 여러 이론들은 여전히 논란 속에 있으며, 그러한 이론들이 발전권을 이해하거나 이행하는 데는 아무런 도움이 되지 않는다는 사실만큼은 분명하다. 한편 도널리는 발전권의 내용 중 일부는 집단의 권리에 관한 것이기 때문에 '인권이라는 단어로 보통 이해되는' 인간의 권리와는 다르다고 지적하면서 발전권에 반대하였다. (Donnelly 1985b: 497-8) 하지만 여기서 우리는 도널리의 주장이 일관적이지 못함을 발견할 수 있다. 인권에 대해 '사회구성주의적' 접근법을 채택한다면서 집단적 인권으로서의 발전권 또한 사회적으로 구성된 것이라는 점은 인정하지 않는 것이다. 이러한 사실은 우리가 발전권을 지지해야 한다는 뜻이라기보다는, 사회구성주의에 결점이 있다는 사실을 보여주는 것이다. 사회적으로 구성된 것은 불명확하거나 비일관적이거나 심지어 위험할 수도 있기 때문이다. 하여간 도널리는 이른바 발전권이 기존의 확립된 인권에 아무런 기여를 하지 못하거나, 심지어 기존의 인권을 침해하기 위한 핑계가 될 위험마저 있다고 결론짓는다. 발전권을 도입한 것이 크게 해로웠는지 혹은 크게 이로웠는지를 설명할 수 있는 확실한 증거는 아직 거의 없다. 그렇기 때문에 발전권에 대한 논쟁이 끊이지 않는 것이다.

## 3. 지구화

한때 크게 유행했던 신국제경제질서를 대신하여 최근 몇 년 동안 '지구화'(globalization)라는 개념이 전 세계를 휩쓸고 있다. 지구화는 경제적, 문화적, 정치적, 군사적, 사회적 차원 등을 포함하는 다차원적인 개념이지만, 최근에는 주로 경제적 지구화에 관한 논쟁이 주를 이루고 있다. 경제적 지구화는 자유시장과 정부개입 축소를 선호하는 신자유주의(neo-liberalism) 이데올로기와 밀접한 관련이 있으며, 이러한 형태의 지구화는 국제 인권레짐을 약화시킨다. 왜냐하면 국제 인권레짐은 국가에 경제적 및 사회적 권리 등 인권을 이행하도록 책임을 부과하는 것인데 반해, 신자유주의는 강력한 국가를 반대하기 때문이다. 이러한 차이로 인해 '국제사회'에서는 UN 내의 인권기구들과 금융기구들 간에 갈등이 발생하였다. UN의 인권기구들은 인권을 실현시킬 책임이 국가에 있다는 주장을 견지하는 반면, IMF와 같은 금융기구들은 국민들의 인권, 특히 사회적 및 문화적 권리의 보호를 더욱 어렵게 만드는 정책들을 정부에 요구한다. 최근 UN개발계획(UN Development Programme: UNDP)을 통해 국제적 개발정책과 인권정책을 통합하려는 시도가 있지만, 아직은 매우 미약하다. 세계은행은 이러한 시도에 일부나마 참여하고 있지만 IMF는 그마저도 하지 않는다. 이와 관련하여 인권활동가들은 인권에 대한 국가의 책임이 NGO로 전가되는 경향에 대해 우려를 표하기도 한다. NGO들을 신뢰하지 않아서가 아니라 국가의 책임전가로 인해 국제인권 관련 계획, 특히 경제적 및 사회적 권리에 관한 계획들이 부실하게 될 수 있다는 것이다. 국가는 부패할 수도 있지만 상대적으로 권력과 재원이 많다. 하지만 NGO는 의도도 좋고 매우 전문적이며 효율적일 수도 있지만 상대적으로 재원이 부족하기 때문이다. 한편 지구화는 전 세계에서 더욱 많은 여성들을 노동력으로 끌어들였다. 그런데 문제는 이들 여성들이, 극도로 착취당하는 노동자 집단에서 월등하게 높은 비율을 차지하고 있다는 것이다. 이른바 '빈곤의 여성화'(feminization of poverty) 현상이 나타나고 있다. 여성들은 지구경제의 의사결정 단위에서는 제대로 대표되지 못하는 반면, 지구화에 의한 희생자 중에는 지나치게 많은 부분을 차지하고 있다. **지구화는 성차별적이다.**(Oloka-Onyango and Udagama 2000)

데이비드 헬드(David Held)와 그의 동료들은 좀더 급진적인 지구화 개념을 제시하였다. 그들은 국제정치에서 국가주권이 여전히 중요한 요소임은 인정하면서도, 지구화야말로 세계의 구조를 변형시키는 역동적인 힘이라고 본다. 국제인권법을 비롯한 모든 국제법은 기존 세계의 구조를 당연한 것으로 받아들이고 있는데, 그 결과 국가의 영토보전의 원칙을 비웃으면서 국경을 넘나들며 휩쓸고 있는 지구화의 힘은 국가주권, 자기결정권 등 국제 인권레짐의 주요 개념들을 훼손하고 있다는 것이다. 하지만 다른 한편으로는 국제 인권레짐 자체 역시 이 같은 지구화의 한 형태라는 점을 잊어서는 안 된다. 결국 우리는 지구화가 단순히 인권에 해로운 것이라고만 말할 수는 없는 것이다.(Held et al. 1999: 8-9, 28-31)

국제법에 따르면 세계는 주권을 가진 독립국가들로 이루어져 있다. 그러나 이것은 일종의 신화일뿐 과거에도 그렇지 않았으며 현재에도 그렇지 않다. 유럽 제국주의 시대 당시 제국주의 세력들은 팽창을 거듭하면서 제국의 주권을 과시한 반면, 피식민지 인민들은 주권을 인정받지 못하였다. 당시 제국주의는 국가권력뿐만 아니라 강력한 민간경제조직(초기 다국적기업)과 문화사업가(예를 들어 선교사와 같은)로 이루어진 하나의 체제였다. 한편 시간이 지나면서 지구적 정치와 경제의 영향권이 넓어지고 거기에다 초국가적 과학기술까지 발달하자, 이러한 현상들을 조정하기 위하여 **국제레짐**이 탄생하였다. 1865년 설립된 국제전기통신연합(International Telegraph Union: ITU)은 그 가운데 최초의 것이다. 국제 인권레짐은 제2차 세계대전 이후 형성되었다. 이전의 것들과는 전혀 새로운 성격을 가진 이 레짐은 전통적 국가주권 원칙과 충돌할 잠재성이 다분했으며, 국가의 **정통성**에 대해서는 아예 새로운 원칙을 제시하였다. 인권 개념은 한편으로는 주권국가와 관련한 전통적 국제법 담론에 속해 있으면서도 다른 한편으로는 그것을 뒤엎을 지구화 담론에 이미 속해 있었던 것이다.

오늘날 지구상에서 주권국가는 여전히 강력한 행위자로 존재하고 있다. 그러나 지구화가 진행되면서부터는 더 이상 지구상의 유일한 행위자가 아니라 다국적기업, 국제레짐, 국제NGO 등과 공존해야 하는 존재가 되었다. 그 결과 경제적인 고려로 인해 국가주권을 훼손하고 인권에도 중요한 영향을 끼치는 경우가 생겼는데, 이미 '무기거래'라는 용어로 우리에게 익숙한 군사기술의 생산과 이전에 관한 문제가 그 한 예다. 한때 일부 세계주의적(cosmopolitan) 자유주의자들의 이상이었던 세계정부는 이제 가능하지도, 바람직하지도 않은 것으로 여겨지고 있다. 하지만 인권, 초국가적 환경문제, 국제범죄, 보건문제(예를 들어 HIV/AIDS), 이주문제 등에 대한 관심은 계속 높아졌고, 그 결과 '지구적 공치'(global governance)라는 개념을 도입하기에 이르렀다. 국가주권 개념과 인권 개념은 이제 전통적인 국가주의 국제법 모델로는 설명하기 어려운 복잡한 지구적 시스템 속으로 들어오게 되었다. 국가와 국가의 사법제도는 이제 지구적 사법 혹은 비사법 시스템과 별개로 존재할 수 없게 된 것이다.(Held et al. 1999)

UN체제는 비록 회원국들의 주권을 바탕으로 이루어져 있지만, 그 목표하는 바는 평화, 인권과 개발, (세계은행과 IMF와 같은 기구를 통한) 지구경제의 규제, 범죄 억제, 다양한 형태의 과학기술규제 등 전 지구적인 것이다. UN은 하나의 권력체제다. 하지만 '고전적인' 국가주권체제와는 달리 벌거벗은 권력(naked power)* 체제는 아니다. 고도의 도덕기준에 따라 설립되었으며, 특히 인권사상을 포함하고 있는 체제다. 한편 제2차 세계대전 직후 나치전범을 재판하기 위해 설립되었던 뉘른베르크(Nuremberg)재판정은 국제인권법의 기저에 어떠한 전제가 깔려 있는지를 보여준다. 그것은 바로 '국제사회'가 국가에게는 '인도에 반하는 범죄'에 대한 책임을 부과하고, 개인에게는 국가의 권위보다 더 높은 단계의 권위에 대한 의무를 부과한다는 것이다. 결국 국제인권법은 한편으로는 국가에게 인권에 대해 일차적인 책임을 부여한다는 점에서 국가주의적이며, 다른 한편으로는 국가가 초국가적 시스템에 의해 책임을 부여 받았다는 점에서 초국가주의적인 것이기도 하다. (Held et al. 1999: 62, 72, 74)

오늘날 주권국가들은 복잡한 현실 속에서 스스로의 권리를 제한 당하고 있지만 그러한 현실 속에서 행동할 수밖에 없다. 개발과 경제적 및 사회적 권리에 관한 문제는 이러한 현실 속에서 다루어져야 한다. 경제적 지구화로 발생한 이익은 매우 불공평하게 분배되어져 왔다. 예를 들어 동아시아는 아프리카의 사하라 사막 이남지역에 비해 훨씬 더 많은 이익을 분배받았다. 한편 지구화의 최근 양상으로 인해 국가간에 경쟁이 심화되어 국가의 복지기능과 (가장 부유한 국가들에서조차) 경제적 및 사회적 권리가 붕괴하게 되었다고 보는 이들이 있다. 그러나 부유국에서 복지관련 예산이 실제로 삭감되었는지에 대해서는

---

* 영국의 철학자 버트란드 러셀(Bertrand A. W. Russell, 1872~1970)이 그의 저서 『권력』에서 사용한 용어. 왕이나 승려가 주도하던 '전통적 권력'이 쇠퇴하면 그것을 대체하여 새로운 신념이나 관습에 입각한 '혁명적 권력'이나, 전통이나 피통치자의 동의에 바탕을 두지 않은 '벌거벗은 권력'이 등장한다. '벌거벗은 권력'은 주로 군사적인 형태로 국내적으로는 전제, 대외적으로는 정복의 형태로 나타난다.

논란이 있다. 또 설사 그렇다 하더라도 지구화가 그 **원인**을 제공하였는지, 아니면 정치인들이 이데올로기적인 이유로 복지예산을 삭감하면서 지구화에 핑계를 대는 것은 아닌지도 불분명하다. 분명한 것은 오늘날 국가들이 복지기능을 유지하려면, 지구화된 경제나 WTO 통제하의 국제 통상레짐이라는 맥락 속에서만 가능하다는 것이다. 많은 이들은 국제통상보다도 지구적 **금융거래를** 규제하는 것이 더 어렵다고 믿는다. 그러나 헬드와 그의 동료들의 주장에 따르면 각국의 국내 금융기구들은 이미 국가의 규제를 받고 있으며, 따라서 지구적 기구들이 의지만 있다면 국제금융을 규제할 수 있을 것이다. 또한 지구적 금융은 시장에 의해 결정되며, 경제적 및 사회적 권리의 이행을 매우 어렵게 하는 환경도 그 지구적 금융시장의 역학관계에 의해 만들어지는 것이다.(Held et al. 1999)

지구적 통상이나 지구적 금융을 규제하기 위한 국제레짐은 비록 인권에 매우 호의적이지는 않지만 그나마 존재라도 한다. 그러나 다국적기업(multinational corporations: MNCs)의 경우에는 그 규제를 위한 국제레짐이 아예 존재하지도 않는다. 오늘날 세계를 지배하고 있는 신자유주의 이데올로기에 따르기 위해 개발도상국들은 다국적기업의 외국인직접투자(foreign direct investment: FDI)에 대해 그 어느 때보다 더 개방적이다. 이러한 현상은 세계은행이 장려하였으며 WTO의 통상레짐에 의해 강화되었다. 하지만 외국자본을 유치해야 하는 개발도상국들은 경제적 및 사회적 권리에 필요한 공공지출을 줄여야 할 뿐만 아니라 다국적기업의 몫인 노동현장의 안전, 환경보호 등에 대한 부담도 줄이라는 압력에 놓여 있다. 일부에서는 다국적기업이 '모국'의 규제를 받고 있다고 주장하지만, 대다수 논자들은 다국적기업이 마치 '고삐가 풀린 것'과 같이 자신들에게 가장 유리한 곳, 즉 비용이 최저로 드는 곳이면 어디든지 움직일 수 있다는 점을 강조한다. 다국적기업이 전혀 아무런 규제도 받지 않는다고 말할 수는 없으나, 설사 어떤 규제를 받는다고 하더라도 그보다는 더 강력한 이동성을 갖고 있다. '모국' 정부와 투자유치국 정부 양쪽으로부터 상당한 자율성을 갖고 있으며, 따라서 투자를 철회하는 것이 상당히 쉽다는 것이다. 일자리와 부를 창출할 수도 있다는 점을 고려하면, 다국적기업이 항상 인권에 유해한 영향만 끼친다고 생각할 수도 없다. 그러나 어찌되었건 다국적기업이 인권사업을 하는 것은 아니며, 때때로 대규모 인권침해에 연루되기도 했다는 점은 분명한 사실이다.(Held et al. 1999)

친그라넬리(Cingranelli)와 리처드(Richards)는 자본주의와 인권 간의 상관관계를 통계적으로 분석하려고 시도하였다. 이들은 개발도상국에 외국인직접투자가 증가하는 사실과 정부의 시민적 및 정치적 권리의 존중 정도가 증가하는 사실 사이에 유의미한 상관관계가 있음을 밝혔다. 이들은 냉전 이전과 이후 정치수(political prisoner)에 대한 정부정책이 변화하는데 어떤 요인이 영향을 주었는지를 분석하면서, 냉전 이후 민주화가 이루어진 정도를 제외하고는 통계적으로 유의미한 영향을 준 유일한 요인은 국가가 지구경제에 참여한 정도였다는 사실을 발견한 것이다.(Cingranelli and Richards 1999) 그러나 미첼(Mitchell)과 맥코믹(McCormick)은 자본주의 국가와 제3세계 국가간의 교역량과 정치수와 고문의 빈도 사이에는 정(正)의 상관관계가 있다는 사실을 발견하였다.(Mitchell and McCormick 1988) 한편 데이븐포트(Davenport)는 경제적 의존 정도와 폭압 사이에는 아무런 상관관계가 없음을 밝혀냈다.(Davenport 1996)

윌리엄 마이어(William Meyer)는 미국 회사들에 대한 연구를 통하여 민간기업들이 제3세계의 인권에 어떤 영향을 주는지를 조사하였다. 그는 신자유주의적 지구경제 이데올로기는 단지 국제금융기구들이 조장한 것만은 아니며, 일부는 미국 외교정책의 산물이기도 하다고 지적하였다. 미국의 외교정책은 군사적 권력인 '경성권력'(hard power)뿐만 아니라 경제적 권력인 '연성권력'(soft power)을 통해서도 작동하는데, 어찌 보면 미국의 핵무기보다 마이크로소프트나 맥도날드가 세계에 더 많은 영향력을 행사하고 있는지도 모른다. 한편 저개발국(less developed countries)들은 공산주의 경제개발모델이 붕괴하자 자본주의 개발모델에 주목하였고, 다국적기업들이 들어 와서 투자를 하고 직장을 창출하여 빈곤을 감소시킬 것이라는 희망을 가지게 되었다. 마이어의 통계분석에 따르면 외국인직접투자는 제3세계의 기대수명 상승, 영유아사망율 감소, 고용 증대, 문맹 감소 등과 정(正)의 상관관계를 가지며, 경제적 및 사회적 권리뿐만 아니라 시민적 및 정치적 권리와도 정의 상관관계가 있다고 한다. 결국 마이어는 자본주의 다국적기업이 시민적 및 정치적 권리와 사회경제적 복지를 향상시키는 '개발의 엔진'이라고 결론 내렸다. 그는 전 지구적으로 볼 때 제3세계에서 다국적기업의 투자와 인권 사이에는 긍정적인 관계가 있다고 주장하면서, 일부 제3세계 국가에서 일부 다국적기업에 의한 인권침해가 발생하였다는 증거도 있지만 그것이 이러한 일반적인 결론은 뒤집을 수는 없다고 덧붙였다.(Meyer 1996; 1998)

브루스 문(Bruce Moon)은 다른 방법을 사용한 연구를 통하여 다국적기업의 진출과 기본적 필요(needs)의 충족 수준의 하락 사이에는 상관관계가 있음을 발견하였다. 또한 기본적 필요 충족 정도가 향상되더라도 경제성장은 둔화되지 않으며, 오히려 기본적 필요를 비교적 잘 충족시킨 국가들이 그렇지 않은 국가들에 비해 더 빠른 속도로 성장한다는 것을 발견하였다.(Moon 1991) 스미스(Smith), 볼리야드(Bolyard), 입폴리토(Ippolito)는 마이어가 다국적기업이 인권에 끼치는 영향을 연구하면서 미국의 다국적기업만 대상으로 삼은 것은 지나치게 제한적이라고 지적하였다. 이들 또한 다른 방법을 사용한 연구를 통하여 외국인직접투자와 인권 사이에 부정적인 관계가 있거나 아무런 관계도 없다는 사실을 증명해 보였다.(Smith, Bolyard and Ippolito 1999) 이에 마이어는 이들의 연구는 자신의 것과 연구방법이 다르다고 주장하면서, 이 연구결과가 자신의 결과를 부정하는 것은 아니라고 반박하였다. 우리는 이러한 연구들을 통해 다국적기업과 인권의 관계에 있어 초국가적 수준에서는 연구결과가 각기 서로 다르게 나타나고 있음을 볼 수 있다. 이는 사례연구 수준에서도 마찬가지다. 그것이 바로 언론과 NGO들이 특정 다국적기업의 인권 행태를 개선하겠다는 희망을 가지고 캠페인을 벌이는 이유이다.(Meyer 1999)

인권활동가들은 인권침해에 관여하는 다국적기업에 반대하기 위해 소비자, 주주(株主), 투자자 그리고 심지어 지방정부 당국까지 동원하고 있다. 이들은 이렇게 함으로써 국가를 제쳐둔 채 일종의 외교정책을 수립하고 있는데, 이것은 현실주의 국제관계이론의 가정과는 상반된 현상이다. 이와 같은 인권활동가들의 활동은 세계정치에서 중요한 역할을 한다. 그 한 예로 남아프리카공화국의 아파르트헤이트(apartheid) 정권에 대해 민간은행들이 제재를 함으로써 정권이 몰락하는 데 중요한 역할을 했던 사실을 들 수 있다. 기업은 이 같은 '골치 아픈 요인'에 의해 실제 영향을 받는다. 왜냐하면 소비자와 주주들이 소비나 투자에 쓰일 수 있는 재원을 인권캠페인으로 돌리는 정도가 심해지면, 결국 기업으로서는 거기에 맞서 싸우는 것보다 굴복하는 것이 더 싸게 먹히기 때문이다. 결국 인권NGO들은 다국적기업들이 자신들에게 이로운 것이 무엇이고 책임은 무엇인지에 대해 인식하는 방식을 일정 정도 바꾸어 놓았다. 그러나 한계도 있다. 다국적기업은 결국에는 자기이익에 따라 움직이지 인권 그 자체를 따르지는 않는다는 점이다. 또한 WTO로 대표되는 국제 통상레짐 또한 최우선의 목표가 통상의 증진이지 인권이 아니기 때문이다. (Rodman 1998)

UN과 국제앰네스티 등은 다국적기업들로 하여금 기업인권행동규범(corporate human-rights code of conduct)을 채택하도록 노력을 기울여 왔다. 이러한 노력은 편차는 있지만 일정 정도 성공을 거두었다고 볼 수 있다. 1990년대 소매업계와 의류업계에서 많은 주요 업체들이 강제노역, 아동노동, 노동조합권, 고용차별, 보건, 안보 등에 관한 정책들을 채택하였다. 일부는 최저임금과 최장노동시간에 대한 정책도 채택하였다. 일부 다국적기업들은 중국, 버마(미얀마) 등 인권침해 국가에서 철수하였다. 한편 800여 개의 기업체들이 사회적 책임을 위한 비즈니스(Business for Social Responsibility)라는 이름의 단체를 구성하여 인권 관련 프로그램을 만들기도 하였다. 그러나 미국에 기반을 둔 다국적기업 중 인권규범을 갖고 있는 기업은 10퍼센트가 채 안 되는 것으로 추정된다. 다국적기업이 스스로 인권 보장의 책임을 받아들이게 하는 운동은 그 성과가 다소 제한적이라고 볼 수 있다.(Cassel 1996) 1999년 1월 UN사무총장 코피 아난(Kofi Annan)은 다국적기업들이 9개의 인권 및 환경 원칙을 준수하겠다고 자발적으로 체결하는 협약인 '글로벌컴팩트'(Global Compact)를 제안하였다.* 주요 다국적기업들 중 일부가 여기에 서명하면서 몇 가지 사업이 시도되기 시작하였다. 글로벌컴팩트는 지구자본주의가 필연적으로 인권에 적대적일 수밖에 없다는 '구조주의' 견해와 인권을 향상시키려는 의지만 있으면 방법은 찾을 수 있다는 '이상주의' 혹은 '자발주의' 견해 사이에서 우열을 가릴 수 있는 좋은 실험이 될 것이다. 여하간 이 협약은 다국적기업이 국제 인권 기준을 따르겠다는 공약이므로, 다국적기업을 지금보다 책임 있게 만드는 데 도움이 될 것이다.(United Nations 2001; Claude 2002)

때때로 '지구화'가 인권에 나쁜 영향만 끼친다고 여기는 이들도 있다. (Schwab and Pollis 2000: 215-16) 하지만 인권레짐과 인권운동 자체를 문화적, 법적 그리고 정치적 지구화의 일부로 볼 수도 있다. 문화적 지구화와 그것을 뒷받침하는 과학기술 인프라(위성TV, 인터넷 등)를 통해 인권사상이 세계로 전파되는 경우들이 종종 있기 때문이다. 하지만 동시에 인종주의와 종교적 광신주의와 같은 인권에 적대적인 사상들이 전파되기도 한다. 맥그루(McGrew)는 역설적이게도 지구적 인권운동이 인권에 전적으로 도움만 준 것은 아니라고 지적한다. 왜냐하면 인권운동이 서구의 인권 개념에 특권적 지위를 부여하면서 서구 헤게모니에 대한 반(反)자유주의적 반발을 불러일으켰기 때문이다.(McGrew 1998: 205) 이 같이 인권과 인권에 대한 비판 사이에 존재하는 대립 또한 문화적 지구

---

* 제안 당시 인권 2개 원칙, 노동기준 4개 원칙, 환경 3개 원칙으로 시작하였으며, 2004년 6월에 열린 제1회 글로벌컴팩트 지도자 정상회의에서 10번째 반부패 원칙이 채택되어 현재에는 10개의 원칙으로 이루어져 있다. 글로벌컴팩트에 가입한 기업체들은 그 회원으로서 10개의 원칙을 준수한다는 사실을 홍보함으로써 경제적 이익을 도모하며, 역시 가입한 6개 UN기구와 각종 NGO 등과 네트워크를 형성하여 정보를 교환하거나 모범사례에 대한 연구작업 등을 진행하기도 한다.

화의 분명한 한 단면이며, 이러한 논쟁이 인권에 나쁜 영향만 준다고 보기는 어렵다. 서구적 인권 개념이 도전을 받는 사실은 인권에 매우 부정적으로 작용하는 측면도 일부 있지만, 대체로 바람직한 현상으로 볼 수 있기 때문이다. 더욱이 인권 개념은 지구적 개념이며 지구적으로 확산되는 개념일뿐만 아니라, 그 이행을 위해서 지구적 제도가 필요한 개념이기도 하다. 인권운동은 하나의 지구적 도덕공동체를 전제로 하는 지구적 사회운동이다. 그러나 이 세계에는 민족국가, 다국적기업 그리고 인권에 적대적인 특수성주의 세력 등이 상당한 권력을 행사하고 있다. 인권 개념은 지구화와 복잡한 관계로 얽혀 있으며 거기서 빠져나갈 수도 없다. 인권사상가와 인권활동가들은 지구화를 비난만 할 것이 아니라, 지구화를 이해하고 그 속에서 어떻게 효과적으로 활동할 것인가를 연구해야 할 것이다. (Held et al. 1999; McCorquodale and Fairbrother 1999)

## 4. 국제금융기구

1944년 제2차 세계대전이 끝나갈 무렵 연합국들은 세계의 경제문제를 논의하기 위해 미국 뉴햄프셔(New Hampshire) 브레튼우즈(Bretton Woods)에 모여 국제연합 통화금융회의(United Nations Monetary and Financial Conference)를 열었다. 이들의 토의 결과, 세계은행, IMF 그리고 최근 WTO로 전환한 관세와 무역에 관한 일반협정(General Agreement on Tariffs and Trade: GATT)이 탄생하였다. 이들을 통틀어 브레튼우즈 기구라고 하며, 지구적 경제레짐을 이루고 있다.(Cleary 1996: 63) 이러한 국제금융기구(international financial institutions: IFI)들은 경제적 안정과 개발을 목표로 하지 인권의 중진과 보호를 목표로 하지는 않는다. 이들은 지구적 경제세력과 주류 경제이데올로기의 지배를 받으며 활동할 뿐 인권적 이상에 영향을 받지 않는다. 국제금융기구들은 최근까지 인권을 경시하였을 뿐만 아니라, 이들이 가지고 있던 '비정치적' 경제정책을 실현해야 한다는 의지 때문에 인권을 무시할 것이 **요구된다고** 주장하였다. 이러한 사실로 인해 경제적 고려와 인권의 원칙 사이의 간극은 더 벌어져 결국 UN 시스템과 '국제사회' 내에서 중요한 일관성 부재의 문제로 나타나기에 이르렀다. 즉 지구적 경제전략은 인권전략과 별개로 발전하였을 뿐만 아니라, 종종 인권에 해롭기까지 했던 것이다. 그중에서도 특히 개발도상국에 적용된 구조조정 프로그램(structural adjustment programmes: SAPs)과 경제적 및 사회적 권리의 보호 사이의 관계는 더욱 문제가 많다. 다수의 개발도상국에 구조조정 프로그램이 부과되면서 그로 인해 고통 받는 약자계층이 생겼고, 1970년대와 1980년대에는 이른바 'IMF 폭동'*이 발생하기에 이른 것이다. (Samson 1992: 665-6; Cleary 1996: 75)

    UN 시스템 내부에서는 국가주권을 존중하면서도 인류 공동선을 증진시켜야 한다는 긴장이 있다. 국제금융기구들은 애초에 설립될 때 다음의 두 가지 방식으로 국가주권 원칙을 존중하였다. ① 국가만이 기구의 업무에 참여할 수 있으며, ② 기구의 임무를 수행할 때에는 국가주권을 존중하여야 한다는 것이 그것이다. 그러나 국가가 세계은행이나 IMF의 지원을 받으려면 자치권을 제한하고, 주권을 훼손하는 여러 조건들을 받아들여야 한다. 빈곤한 국가들이 부유한 국가들에 비해 국제금융기구들의 금융개입에 훨씬 더 많이 영향을 받는다는 것은 명백한 사실이다. 그러나 그나마 UN과 국제금융기구들이 갖고 있던 국가주의적 전제는 지구화라는 현실 속에서 무너지고 있다. 빈곤은 단순히 주권국가의 사회경제적 문제에 그치는 것이 아니다. 분쟁의 원인이 될 수도 있고, 그리하여 폭압 정권과 대량 난민 사태를 야기할 수도 있다. 결국 경제와 금

---

* 1979년 제2차 세계석유파동 이후 국제금융시장이 불안해지면서, 달러화가 절상되었다. 그 결과 채무국들은 외환위기를 겪게 되고 민영화, 임금동결, 복지예산 삭감, 긴축재정 등 구조조정정책을 조건으로 하는 IMF의 지원기금을 받게 되었다. 그러나 이러한 정책은 사회적으로 심각한 반발을 불러 일으켰고, 심한 경우 폭동에 까지 이르렀다. 1989년 2월 베네수엘라에서 IMF 협정 체결 이후 발생한 대규모 폭동이 그 대표적인 예이다.

융의 문제가 인권의 문제와 연결되어 있는 것이며, 그러한 현상은 국경을 넘어서 일어나는 것이다. '국제사회'가 국가들의 영토보전의 원칙에 머물러 있는 한, 인권 현실에 적절하게 대처할 수 없다. 그러나 인권NGO들 또한 최근까지 시민적 및 정치적 권리와 경제적 및 사회적 권리 간의 관련성이나, 경제, 빈곤, 무역, 투자, 환경악화 등의 영역에서 인권이 어떠한 위치에 있어야 하는지에 대해서는 무감각하였다. 여기에 대해서는 여러 가지 설명이 있다. 한정된 자원, 선명성을 유지하고 싶어 하는 욕구, 불필요한 논쟁을 피하려는 욕구, 경제개발이 덜 되었다는 것이 압제에 대한 핑계로 악용될 수 있다는 우려, 인권에 관한 법률주의적 접근, 서구문화에서 철학, 법학, 정치학, 경제학의 통합에 실패한 사실 등이 그것이다. 현실에서 발전경제학과 인권은 어느 영역보다도 더 밀접한 상호관련성을 갖지만, 개념적으로는 이렇게 확연히 분리되어 있다.(Bradlow and Grossman 1995: 413-20; Cleary 1996: 76)

세계은행과 IMF는 개발, 인권, 환경의 문제가 상호 밀접한 관계를 갖는다는 점을 인식하고 자신들의 임무에 대한 해석을 넓혀왔다. IMF는 국제부채와 저개발의 구조적 원인에 대하여 일부 고려하기 시작하였는데, 이는 인권을 고려하는 것과 관련된 최소한의 첫출발을 한 것이라 볼 수 있다. 세계은행은 수많은 개발프로젝트가 실패에 직면하면서 개발을 위한 사회적 조건이 무엇인가에 대한 문제로 관심을 돌리기 시작하였다. 그렇게 하면서 세계은행은 국가들의 주권에는 더 많이 개입하고, NGO와 같은 비국가 행위자에게는 스스로를 개방하였다. 세계은행은 새로운 정보공개정책을 채택하면서, 은행 절차에 영향을 받는 민간 당사자들로부터 절차에 관한 불만사항을 듣기 위하여 독립감사단(Independent Inspection Panel)을 구성하고, NGO대표들과 은행 관계자들이 정기적으로 만나 상호 관심사를 토론하기 위하여 NGO-세계은행 위원회(NGO-World Bank Committee)를 도입하였다. 심지어 은행과 NGO 간 인사교류까지 이루어지고 있다. 하지만 이러한 대화에 참여하는 NGO들은 책임성(accountability)이 부족하다거나 은행이 저지르는 잘못들을 정당화한다는 비판도 받는다. 또한

NGO들의 세계은행에 대한 영향력 행사는 채무국들의 반발을 사는 경우도 있다.(Fox 2000) 한편 IMF의 경우 민간 행위자들과 대화를 갖는 경우는 더 적으며, 그나마 다국적기업 및 NGO와 비공식적인 토론은 지속하고 있다.

국제금융기구들은 상당한 권한을 갖고 있지만, 법적 의무는 거의 없다. 그렇지만 이들 또한 국제법 질서의 일부분이며, 따라서 인권에 대한 의무를 지녀야 한다. 오늘날 국제금융기구들은 수혜국들이 투명성과 대중참여를 포함하는 '선치'를 이행할 것을 주창한다. 하지만 스스로는 자기 주장을 실행하지 않는다는 비난도 받는다. 세계은행은 자신의 임무를 재해석하여 일부 인권문제들을 포함시켰다. 그러나 이것도 하나의 임시방편일뿐, 대부분의 인권문제들은 '정치적'이라는 이유로 여전히 고려의 대상에서 제외되고 있다. 그러나 이것 또한 일관적이지도 않다. 때때로 정치적인 압력을 받으면서 행동할 때가 분명히 있기 때문이다. 예를 들어 칠레의 사회주의 정권이나 이란의 이슬람 정권에 대한 차관을 삭감한 사례 등이 그 경우이다. 한편 세계은행은 대규모 인권침해가 벌어지는 나라에 대해서 강대국의 압력을 받아 차관을 연기, 철회 혹은 차단하거나, 다른 데로 돌리는 경우도 가끔 있었다.(Forsythe 1997) 국가가 종종 정치적 이유로 인권을 침해하는 것처럼, 국제금융기구들도 경제적 이유로 인권을 침해한다. 하지만 인권활동가들은 국가만을 인권침해자로 지목해왔을 뿐, 국제금융기구에 대해서는 필요 이하의 관심만을 보여왔다. 인권NGO들은 법률은 지나치게 사랑하면서, 경제학은 필요 이상으로 두려워했던 것이다. (Bradlow and Grossman 1995; Cleary 1996)

브레튼우즈 기구들은 대체로 인권에 관한 기록들이 형편없다는 평가를 받는다. 그러나 이런 상황을 개선하기 위해 무엇을 해야 하는지에 대해서는 의견이 분분하다. 대화와 개혁에서부터 급진적 변형이나 폐지에 이르기까지 다양한 해결책들이 주장되고 있다. 한때 '자본주의'로 향했던 적개심들이 오늘날에는 국제금융기구로 옮겨가고 있으며, 저항운동도 사회주의 사상보다는 인권, 개발, 환경문제 등 다양한 관심사에 바탕을 두고 이루어지고 있다. 저항세력은 조직화된 정당이나 혁명조직이 아니라 느슨한 형태의 초국적 운동으로 바뀌었다. 최근 세계은행과 NGO들 사이의 협력이 늘어나고 있지만, 이로 인해 이들 '엘리트' NGO들과 진짜 풀뿌리단체(grass-roots organization: GRO)나 공동체기반단체(community-based organization: CBO) 사이의 관계에 문제가 발생하게 되었다.(Cleary 1996) 한편 캐롤라인 토마스(Caroline Thomas)는 국제금융기구는 세계의 불평등을 증대시키는 데 있어 그다지 큰 원인이 되지 않으며, 지구적 체제 내에서 그 원인을 제공하는 주요행위자들이 있다고 주장한다. 신자유주의 이데올로기를 믿는 이들은 최빈층을 포함한 모든 사람들을 위한 진보의 추동력이 시장이지 국가가 아니라고 주장한다. 신자유주의 이데올로기가 옳지 않음은 세계의 최빈층이 더더욱 빈곤해지는 현실만 보아도 알 수 있다. 국제금융기구들도 이들에 관심을 갖고 자신들의 프로그램에 편입시키려고 시도하지만 거의 아무런 효과도 보지 못하였다. 토마스는 신자유주의가 동아시아 일부국가에서 괄목할 만한 경제개발을 이루어냈을 때, 실은 국가가 중요한 역할을 했다는 사실을 신자유주의자들이 간과하고 있다고 주장한다. 또한 상대적 평등과 경제개발의 성공은 함께 가는 것이라고 말한다. 결론적으로 그녀는 경제적 지구화는 불평등을 심화시키고 적개심을 키우며, 분쟁을 촉발하여 국제사회가 증진시키려고 하는 인권을 위협하고 있다고 주장한다.(Thomas 1998) 어떤 이는 UN이 지원한 엘살바도르 평화협상 과정을 보면서 이 나라가 마치 두 종류의 수술을 동시에 받고 있는 환자 같았다고 했다. UN의 정치 부문은 평화를 건설하려고 노력하는 반면, 국제금융기구들은 더 심한 불평등을 초래할 수 있는 신자유주의적 경제정책을 주장함으로써 그 노력을 훼손하고 있었다는 것이다.(Patrick 2000: 78)

## 5. 경제적 및 사회적 권리


국가의 경제적 및 사회적 권리에 대한 의무에 대해서는 아직 명확하지 않은 것이 많다. 경제적, 사회적 및 문화적 권리에 관한 국제규약은 각 당사국에게 "모든 적절한 수단에 의하여 이 규약에서 인정된 권리의 완전한 실현을 점진적으로 달성하기 위하여, 개별적으로 또한 … 국제지원과 국제협력을 통하여, 자국의 가용 자원이 허용하는 최대한도까지 조치를 취할" 의무를 부여한다. 이것은 국가가 이 권리의 실현을 위하여 즉각적이고 신중하며, 구체적이고 전략적인 조치를 취해야 한다는 뜻으로 해석되어 왔다. 당사국들은 적어도 이 권리들의 최소 필수 수준은 만족시키도록 보장해야 한다. 또한 가능한 최대로 광범위하게, 특히 사회적 약자계층에 초점을 맞추어 이 권리들을 누릴 수 있게 하도록 노력해야 한다.(Hunt, P. 1996) 보르드-안데르스 안드레센(Bård-Anders Andreassen)과 그의 동료들은 영양 상태, 영유아사망률, 질병빈도, 기대수명, 수입, 실업률, 식품섭취 등을 척도로 하는 '최소기준치'(minimum threshold) 접근방식을 제시하였다.(Andreassen et al. 1988) 이것은 UN이 사용하는 인간개발인덱스(human development index)와도 비슷하다.(United Nations Development Programme 2001) 한편 에이데(Eide)는 정부의 경제적 및 사회적 권리에 대한 책임은 국가 상황에 상당부분 따라야 하는 것이며, 이러한 권리를 이행할 때에는 상당히 현실적이어야 한다고 주장한다.(Eide 1989) 한편 경제적 및 사회적 권리는 국제노동기구(ILO), 세계보건기구(WHO) 등 UN특별기구에 의해서도 일부 이행되었다. 하지만 UN에서는 경제적, 사회적 및 문화적 권리에 관한 국제규약이 발효되고 나서도 오랜 시간이 지나서야 그 준수 여부를 감시할 위원회가 설립되었다. 그리고 NGO의 참여는 여전히 미미하기만 하다.

경제적 및 사회적 권리는 '법률로 판단 가능한'(justiciable) 권리가 아니기 때문에(다시 말해, 법정에서 결정될 수 없기 때문에) 종종 시민적 및 정치적 권리와 대조된다고 여겨진다. 그러나 이 같은 구분은 모호하다. 한 개인이 충분한 음식을 가지고 있느냐 여부가 공정한 재판을 받았느냐 여부보다 판단하기 더 어려울 리가 없기 때문이다.(Eide 1989) UN 경제적, 사회적 및 문화적 권리 위원회(UN Committee on Economic, Social and Cultural Rights)는 사법기관이 담당할 수 있는 일부 권리들을 확인하였다. 남성과 여성의 동등한 권리, 동일노동에 대한 동일임금, 노동조합을 결성하고 가입할 권리와 파업할 권리, 무상 의무 초등교육을 받을 권리, 비공립학교를 선택할 권리, 학교를 설립할 권리, 과학연구와 창조적 활동에 대한 자유 등이 그것이다. 노동분쟁을 노동법정에서 재판할 수 있는 것처럼, 주거권에 관련된 분쟁은 주택법정에서 다루어질 수 있으며, 사회보장권은 특별법정에서 재판할 수 있다. 이렇게 경제적, 사회적 및 문화적 권리는 상당한 정도로 법률로 판단 가능하다. 그러나 이 권리를 이행하는 데 있어 이 같은 법적 접근법을 택하는 것이 최선인지는 여전히 논쟁 중이다.(Hunt, P. 1996: 26-9) 법적 접근법에 반대하는 이들은 크게 두 가지 이유를 제시한다. 첫 번째는 열거된 권리 중 일부는 다른 권리를 침해하는 데 관련이 있을 수 있어 이의를 제기할 만하다는 것이다. 예를 들어 사립교육을 받을 권리는 기회 불균등을 조장할 수 있기 때문에 반대에 부딪힐 수 있다. 두 번째는 이 같은 문제를 정치에서 법률로 이전시키는 것이 민주주의에 반대된다는 것이다. 이것은 권리의 탈정치화에 대해 일반적으로 반대하는 것과 일맥상통하는 것이다. 인권과 경제적, 사회적 및 문화적 권리가 존재한다고 믿는 사람이라면, 그것이 제도적으로 보호되어야 한다는 사실 또한 믿을 것이다. 하지만 일반적으로는 이러한 목적을 달성하는 데 사법제도만이 최선이라고 확신할 수는 없다.

'고전적' 관점에서는 정부(혹은 국제법상으로는 국가)가 인권을 이행할 책임이 있다고 본다. 많은 이들이 경제적 및 사회적 권리를 이행하기 위해서는 강력한 국가가 필요하고, 이 강력한 국가는 시민적 및 정치적 권리를 침해하는 경향이 많다고 믿는다. 그러나 이제 우리는 강력한 국가들이 경제적 및 사회적 권리를 꽤 효과적으로 이행할 수도 있지만, 대부분은 그렇지 않다는 사실도 안다. 오늘날 많은 이들은 자유시장이 그 역할을 더 잘해낼 것이라고 믿는다. 그러나 규제되지 않은 시장은 결코 그렇지 않다는 것 또한 명백하다. 국가도 시장도 경제적 및 사회적 권리를 보호해 줄 것이라 믿을 수 없는 상황에서 이제는 사회운동과 NGO에 바탕을 둔 접근이 가장 전망 있어 보인다. NGO가 의미 있는 역할을 한다는 사실에는 의심의 여지가 없다. 그러나 NGO가 가진 한정된 재원과 책임성의 문제로 인해 그 역할을 다하는 데는 한계가 있는 사실도 잊어서는 안 된다. 경제적 및 사회적 권리는 이전보다는 좀 덜하지만 인권 영역에서 여전히 다소 주변화되어 있는 것 같다. 이러한 상황은 권리를 가장 심하게 침해당하는 사람들을 주변화하는 결과를 낳을 뿐이다.(Hunt, P. 1996) 지구화 시대에 들면서 경제적 및 사회적 권리를 위한 투쟁이 점차 더 중요해지고 있다. 이 싸움은 힘겨울 것이다. 여기에 반대하는 정치적, 경제적 세력이 너무나도 강력하기 때문이다. 그러나 이 싸움에 실패한다면 정의를 지키지 못하는 데서 그치지 않을 것이다. 끊임없이 세계의 많은 지역에 고통을 주고, 시민적 및 정치적 권리를 심각하게 침해하는 폭력 분쟁을 부추길 것이 분명하기 때문이다.

제9장
# 결론: 21세기의 인권

## 1. 역사로부터 배우기

　인권이라는 개념은 이제 우리에게 너무나 익숙해져서 마치 아주 오래된 것처럼 느껴진다. 일부 학자들이 주장하는 것처럼 고대에도 권리 개념을 암시하는 것들이 있었던 것은 사실이다. 예를 들어 '도둑질하지 말지어다' 라는 계명은 재산권을 함의하는 것으로 볼 수 있다. 그러나 다른 학자들은 고대그리스 당시에는 법적분쟁이 발생하면 당사자의 권리보다는 공동선의 원칙에 따라 판결이 내려졌다고 주장한다. 한편 프레드 밀러(Fred Miller)는 시민의 권리(citizens' rights)라는 개념, 특히 정치참여권과 소유권의 개념은 아리스토텔레스의 정치철학에서도 발견된다고 강력하게 주장했다.(Miller, F. 1995) 스토아 철학자들에게는 자연권의 개념은 없었으나 보편적 자연법이라는 개념이 있었다. 크리스트교 신학의 틀 안에서 보편적 자연권이라는 개념이 등장한 것은 중세가 지나서였다.
　인권 개념의 역사에 대해서는 각 문화권마다 서로 다른 견해가 존재한다.

우리의 인권 개념의 핵심은 개인을 (아마도 집단 역시) **권력남용**으로부터 보호하고자 하는 발상에서 시작된다. 모든 인간사회에는 권력구조가 존재하고, 역사 이래 대부분의 사회에는 권력남용이라는 개념이 있었다. 자연권과 인권이라는 개념은 이러한 권력남용에 대한 우려를 표현하는 하나의 방식인 것이다.

인권 개념의 기원에 대해서 17세기 영국의 부르주아지들이 봉건계급과 절대군주에 대항하여 자신들의 재산권(property interests)을 보호하기 위해 만들었던 이데올로기에서 인권이 시작했다고 말하는 사람들이 많다.(Donnelly 1989: 89, 104-5) 그러나 이러한 설명은 옳지 않다. 티어니(Tierney)가 이미 수세기 전 중세 사상에서 자연권 개념을 발견할 수 있다고 밝힌 바 있는 것처럼 말이다.(Tierney 1997) 중세법률에서 재산에 관련된 항목들이 많은 부분을 차지했다는 점은 분명히 사실이지만(그 중에서도 부르주아의 재산권보다는 토지에 관한 부분이 더 많았다), 재산에 직접적으로 연결되지 않은 권리들 또한 존재하였다. 마그나카르타에 공정한 재판을 받을 권리가 규정되어 있는 것처럼 말이다. 중세 크리스트교의 자연권이론은 무엇보다도 **생존권**에 관한 것이었다. 중세 당시에는 라틴어로 논쟁이 행해졌었는데, 라틴어에서의 '소유'(property) 개념은 사람이 소유한 것을 뜻하며 여기에는 사람의 생명과 자유도 포함될 수 있었던 것이다. 우리는 이러한 후기 중세적 권리 개념을 존 로크의 정치철학에서 찾을 수 있다. 그는 최초의 근대 자연권사상가였지만, 동시에 중세의 자연권 개념에 영향을 받은 사람이기도 하였다. 근대 권리이론의 기원에 관한 역사는 이렇게 다소 복잡하지만, 오늘날의 인권 논쟁에 의미가 있다. 왜냐하면 이른바 권리의 '3세대' 설이 몰역사적이라는 사실을 보여주기 때문이다. 또한 시민적 및 정치적 권리와 경제적 및 사회적 권리 사이에 존재하는 구분이 인권 개념의 역사에서 비롯된 것이 아니라는 사실도 보여준다. 인권 개념은 애초에 생존권과 (경제적) 재산권에 관한 것에서 시작되었지만, 이후 그 기본적 생존권과 재산권을 보장하기 위해 시민적 및 정치적 권리가 필요하다고 여겨져 추가되었던 것이다. 오늘날 이 두 종류의 인권을 구분하는 것에 대하여 **분석적** 방법으로 찬성하거나 반대하는 주장을 할 수는 있겠지만, 하여간 권리의 3세대론을 주장하며 역사적으로 두 종류의 인권이 구분된다고 주장하는 것은 옳지 않다.

17세기까지는 자연권에 대한 체계적인 이론이 없었다. 그렇기 때문에 자연권 개념이 '부르주아적' 인 것인지 아닌지는 논란적이다. 왜냐하면 '부르주아' 의 개념이 명확하지 않으며 사실관계가 복잡하고, 로크 등의 이론을 어떻게 해석하느냐에 여전히 논란이 많기 때문이다. 더욱 분명한 것은 17~18세기에는 자연권 개념이 ① 절대왕정에 대한 반대, ② 자본주의의 등장, ③ 반체제적 프로테스탄트주의 혹은 비종교화된 정치사상 등과 연관되어 있었다는 것이다. 이러한 주제들은 1642~49년 영국혁명과 18세기 후반 미국 및 프랑스 혁명 때 세계역사의 무대에 등장한 것들이었다.

프랑스혁명 이후에는 혁명 기간에 발생한 폭력과 무질서로 인해 자연권 개념에 대한 강력한 **철학적** 반작용이 발생하였다. 자연권 개념은 ① 체제 전복적이며, ② 비과학적이라고 몰아붙여졌다. 한편 자연권 개념의 바탕에는 개인의 자연권은 크리스트교 신의 의지에 따른다는 전제와 인간은 **이성**을 통해 옳고 그름을 판단할 수 있다는 믿음이 깔려 있었다. 그러나 18~19세기에는 과학철학이 등장하여 개인의 자연권 개념의 근본 바탕을 뒤흔들었다. 그리고 사회의 과학(사회학)이 그 자리를 대체하였다. 생 시몽, 콩트(Comte), 마르크스, 베버, 뒤르켕 등은 이를 주도한 인물들이었다. 권리는 더 이상 정치생활을 규제하는 근본 도덕관념이 아니라 사회적 투쟁이나 사회적 도덕체계에 따르는 **이념적** 산물이 되었다. 사회과학에서는 권리개념을 부차적인 것으로 여겼던 것이다. 제2차 세계대전이 끝나고 UN이 자유민주주의적 방식으로 파시즘에 대한 반대를 표현하기 위하여 18세기 인간(남성)의 권리(Rights of Man) 개념을 **인권**으로 부활시켰다. 그러면서 이러한 사회과학적 전통은 무시하였다. 1945년 이후 지금까지 인권 개념과 사회과학이 모두 꽃을 피웠으나, 서로 간에는 별 관계가 없었다. 최근 들어, 특히 냉전이 종식된 이후 인권 개념이 국제정치와 국내정치에 점차 더 크게 영향을 끼치게 되자, 일부 사회과학자들은 지난 50년간 일어난 사회발전 중 중요한 하나를 무시해왔다는 사실을 깨닫게 되었다. 이들은 결국 자신들 각자의 개념, 이론, 방법들을 현실세계의 인권과 인권침해에 적용하기 시작하였다. 나는 이 책에서 새로운 인권의 사회과학을 한편으로는 호의적으로, 다른 한편으로는 비판적으로 검토하였다. 이러한 시도가 윤리적 이상주의와 과학적 현실주의 사이에 화해를 진전시킬 수 있기를 희망한다. 그것은 인권을 학문적으로 연구하는 데 필요한 일이다.

1948년 세계인권선언이 UN총회에서 채택된 이후, 기준설정(국제인권법)과 제도설립의 과정이 천천히 시작되었다. 그러나 곧이어 시작된 냉전은 인권의 진보를 가로막았다. 공산주의 정권은 시민적 및 정치적 권리를 심각하게 침해하였으며, 서방국가들은 직접 혹은 반공독재정권을 지지하는 방식으로 대규모 인권침해에 가담하였다. 한편 전 세계적인 탈식민지화의 결과로 수많은 신생국가들이 UN에 가입하였는데, 이들은 인권에 대해서 입발림소리(lip-service)만 일삼고서는, 경제개발, 식민주의 반대, 인종주의 반대 등의 문제를 더 우선시하였다. 이들 대부분은 시민적 및 정치적 권리의 침해에 대해서는 끔찍한 기록을 갖고 있으며, 경제적 및 사회적 권리를 보호하는 데도 별로 성공적이지 않았다. 하지만 서방, 공산권, 제3세계 국가 할 것 없이 인종주의를 반대하는 데 있어서는 원칙적으로 대체로 공통된 입장을 갖게 되었다. 또한 아파르트헤이트에 반대하는 국제적 캠페인이 진행되면서 한 민족국가 내에서 벌어지는 인권침해가 국제사회에 의해 감시, 규탄, 제재의 대상이 되는 것은 당연하다는 원칙이 수립되었다. 이 원칙은 일부 반대하는 국가로 인해 여전히 논란이 되고는 있지만, 국제법과 국제정치에는 이제 상당히 정착되었다.

1948년 이래 인권이 진보하면서 여러 중요한 사건들이 일어났다. 1961년 국제앰네스티의 창립, 1966년 2개의 UN규약의 채택, 공산권에 인권의 압력을 가한 1975년 헬싱키최종협정의 체결, 1970년대 지미 카터 대통령의 인권외교정책 이행, 1980년대 중반부터 시작된 남미와 유럽의 여러 국가(포르투갈, 스페인, 그리스)에서 일어난 민주화, 1993년 비엔나인권회의 등이 그것이다. 또한 1980

년대 말 냉전이 종식된 후로는 구공산권국가들에서는 자유화가 되거나, 극심한 인종·민족 분쟁을 겪는 등 상반된 현상들이 나타났다. 20세기가 끝나갈 무렵부터 인권 개념은 이제 '헤게모니적 이념'(hegemonic ideology)이 되었다. 인권에 관한 법률과 제도는 놀랄 만큼 확장되었으며 다수의 국가에서 대단히 실질적인 진전이 있었다. 하지만 세계에는 아직도 해결되지 않은 많은 정치문제들이 남아 대규모 인권침해를 유발하고 있다. 르완다에서는 21세기를 겨우 6년 앞두고 발생한 국가주도 집단살해로 50만 명 이상의 주민들이 자국정부의 손에 살해당하였다. 인권을 위한 투쟁이 승리로 끝나기에는 아직 한참 멀었다.

마치 인권의 시대가 이미 온 것처럼 보이지만 마냥 그렇게 생각할 수만은 없다. 인권이 국제정치에서 엄청난 권력을 가진 개념이라는 극단적 이상주의 관점은 받아들여서는 안 된다. 국가들은 여전히 자기이익에 위협된다고 생각되면 국내외에서 인권을 위한 압력이 가해지더라도 이를 무시하기 때문이다. 하지만 인권 개념이 국제정치에서 유의미한 변화를 전혀 못 만들어냈다는 극단적 현실주의 관점 또한 받아들여서는 안 된다. 공산권의 인권침해가 종식된 것은 서방권이 냉전에 승리하였기 때문이겠지만, 그 과정에서 인권 개념도 한몫하였기 때문이다. 한편 이상과 물질적 이익이 인권정치에서 각각 어떠한 역할을 하는지는 사회과학이 설명해줄 수 있을 것이다.

일부 학자들은 인권 개념이 지나치게 **개인주의적**이며 **법률주의적**이어서 인권침해의 구조적 원인, 특히 경제적 및 사회적 권리가 침해되는 구조적 원인에 대해서는 간과하고 있다고 비판한다.(Evans 2001) 비록 인권법에 바탕을 둔 인권운동의 성과를 정확하게 측정할 수는 없지만, 위와 같은 비판이 그 성과를 과소평가하는 것임은 분명하다. 구조주의적 접근은 불평등한 정치권력 혹은 지구경제의 동학이 인권침해를 유발하는 한 요인이라는 사실을 강조하는 데 유용하게 쓰일 수 있다. 하지만 그 대안으로 인권을 더 잘 보호하면서도 실현가능한 구조를 찾아내기는 어렵다는 한계를 갖고 있다. 오늘날 국제정치에서 주요 행위자는 국가와 국제기구 그리고 다국적기업이다. NGO는 점차 그 역할이 중요해지고는 있지만 상대적으로 자원과 힘이 부족하며, UN은 심각한 재정난을 겪고 있다. 구조주의적 접근법이 갖는 약점은 **한정된 희생의 원칙**으로 이해가 될 수 있다. 사람들은 인간적으로 그리고 점잖게, 모든 사람이 자신의 인권을 누릴 수 있어야 한다고 말한다. 그렇게 선언만 하는 데는 비용이 들지 않기 때문이다. 하지만 인권을 실제로 이행하려면 꽤 많은 비용이 드는데, 사람들은 대체로 그 비용을 지불하고 싶어하지 않는다. 또 사람들은 인권의 이상과 현실 사이에 존재하는 간극을 보고 실망하면서도, 그것이 자신들 스스로의 잘못이라고 인정하려고 들지는 않는다. 대신 경제구조나 UN과 같은 국제기구의 비효율성을 비난하는 것이 더 쉽기 때문이다. 이렇게 구조주의는 변화의 가능성을 찾을 수 없다는 약점을 갖고 있다. 반면에 활동가적 접근법은 자신이 지지하는 구조에 대해서는 자신에게 책임이 있다는 것을 강조한다는 강점이 있다. 한편 최근 인권활동가들 역시 인권침해의 구조적 근원들(다국적기업과 국제금융기구)을 다루기 시작했는데, 이것은 이상주의적 접근법과 구조주의적 접근법이 수렴되고 있는 현상을 보여주는 증거다.

인권 개념의 역사를 보면 오늘날 거론되는 인권의 '불가분성'이라는 명제, 즉 인간의 정치적 자유는 인간에게 기초적인 물질적 이익과 긴밀하게 연결되어 있다는 주장이 옳다는 것을 확인할 수 있다. 인권 개념의 역사는 서구에서 비롯되었지만, 그 개념 자체는 보편적이다. 또한 인권 개념이 사회조건의 변화에 따라 진화해왔지만 인간행복을 위한 근본조건을 추구한다는 점에는 변함이 없었다. 도널리가 주창하는 사회구성주의 인권 이론에서는 이것을 인권이 변화하는 것이라고 강조한다.(Donnelly 1985a: 87) 또한 사회과학은 이러한 변화를 설명할 수도 있다. 그러나 그렇게 강조해서 지금껏 성취한 성과를 보면 실망스러울 뿐이다. 사회구성주의는 그 변화의 의미를 **평가하는** 기준은 제시하지 않기 때문이다.

인권에 관한 윤리적 접근법, 분석적 접근법, 설명적 접근법이 서로 어떤 연관성을 갖는가에 대해서는 인권 개념의 역사를 보건대 이미 오래전부터도 혼란스러웠다. 사회과학 역시 인권에 대한 윤리적 접근법을 대신하려고 시도하였으나, 실패로 끝나고 말았다. 인권의 윤리학과 인권의 사회과학이 서로 어떻게 화해할 것인가는 앞으로 풀어야 할 주요한 숙제다.

## 2. 인권에 대한 비난

우리는 인권의 역사를 살펴봄으로써 인권이 논란이 많은 개념이라는 사실과 왜 그렇게 논란이 많은지에 대해 비교적 정확하게 알 수 있었다. 18세기 말 19세기 초 인간(남성)의 권리 개념은 여러 가지 비판을 받았다. 버크는 인간(남성)의 권리가 국가들의 각기 고유한 전통적 가치를 무시한다고 비판하였으며, 벤담은 도덕 개념이나 법률 개념이 갖고 있는 사회성을 무시한다고 비판하였다. 마르크스는 이 권리 개념이 착취와 탄압의 사회구조를 감추거나 정당화하는 것이라고 고발하였다. 이러한 주장은 오늘날까지 계속되고 있다. 모든 개념이 그러하듯 인권 개념 역시 널리 퍼지게 되면 자기만족이나 교조주의를 유발할 위험이 있다는 것은 사실이다. 하지만 상대주의자들이 인권의 보편주의가 '제국주의적'이라고 비난하는 것은 옳지 않다. 인권운동가들이 이런 주장을 듣는다면 인권 개념은 제국주의와 나치주의에 대한 혐오로부터 나온 것이었다는 사실을 떠올릴 것이다. 또한 캄보디아와 르완다에서 벌어진 집단살해의 희생자들을 기억할 것이며, 랄 자밀라 만도켈을 기억할 것이다. 인권 개념이 철학적으로 혹은 실천적으로 비판을 받는 것은 어쩌면 당연하고 건전한 일이다. 호소력과 영향력이 커지는 만큼 비판도 커지는 것이다. 이 책에서는 인권 개념이 갖는 도덕적인 힘뿐만 아니라 이론적 및 실천적으로 부딪히는 문제점들을 보여주기 위해 애썼다.

인권의 미래를 알 수는 없지만, 사회과학 덕에 인권의 전망은 밝다. 예를 들어 리세와 그의 동료들은 인간의 진보는 권리를 침해하는 국가들에 대해 내외부에서 조화를 이루어 압력을 가함으로써 가능하였다고 주장한다.(Risse, Ropp and Sikkink 1999) 1993년 비엔나회의는 인권의 보편성의 원칙에 대한 국제사회의 의지를 좀더 강하게 만들었다. 오늘날 대부분의 정부들은 형식적으로나마 인권에 대한 의지를 보이고 있다. 또한 최근 몇 년간 인권NGO의 숫자와 영향력은 대단히 증가하였다. 뻔뻔스럽게 인권을 침해하는 국가도 20년 전에 비해 그 수가 훨씬 줄었다. 그러나 대규모 인권침해는 계속되고 있다. 특히 여성,아동,선주민,소수민,이주노동자,비호희망인(asylum seeker) 등과 같은 취약집단에 대해서는 더욱 그러하다. 여기서 법학의 한계와 사회과학의 필요성이 명백히 드러난다. 예를 들어 자본주의 문제는 여태껏 인권의 담론에서 진지하게 다루어지지 않았기 때문이다. 이제는 인권의 정치경제학이 필요한 때다.

이전에 사회주의 관점에서 자본주의를 비판하던 주장을 대신하여 오늘날에는 관점은 다소 산만하지만 '지구화'의 문제로 관심이 모아지고 있다. 지구화는 복합적이고 논란이 많은 현상으로,(Krasner 2001) 인권과 관련해 복합적인 함의를 갖는다. 인권은 이론적으로는 **보편적인** 개념이며, 실천적으로는 **지구화된** 개념이다. 따라서 인권활동가들은 지구화를 비판할 때 주의를 기울여야 한다. 사실은 자신들이 지구화를 촉진시키는 면이 있기 때문이다. 한편 지구화의 가장 강력한 세력은 국가와 대규모 민간경제조직(다국적기업) 그리고 국제금융기구다. 인권활동가들이 이러한 권력구조에 침투하는 데는 성공하였지만, 그 과정에 어려움도 많았고 그 성과에도 한계가 있었다.(Fox 2000) 한편 도널리는 여전히 지속되고 있는 국가주권이 인권의 진보를 가로막고 있다고 주장한다.(Donnelly 1998: 152-3) 이러한 주장이 사실인 면도 있지만, 최소한 다음의 두 가지 중요한 측면을 본다면 완전히 사실이라고 할 수만은 없다. 첫째, 국가가 인권을 침해하는 유일한 집단은 아니라는 점이다. 국가로부터 일정 정도 독립적으로 행동하는 다국적기업이나 국제금융기구들도 인권을 침해할 수 있기 때문이다. 둘째, 국가는 특정 인간 행위자가 정하는 것을 행할 뿐, 무엇을 행할 것인가를 정하지는 않는다는 점이다. 또한 과거에도 그러했듯이 통치권과 인권 사이의 관계 역시 변화가 가능한 것이다.

## 3. 개입의 문제

국가주권은 인권의 이행을 가로막는 경우가 많다. 한편으로는 국가지도자들이 인권을 탄압하는 데 관심이 있기 때문이며, 다른 한편으로는 일반인들이 다른 사람들의 인권을 보호하기 위해 희생을 감수할 의지가 별로 없기 때문이다. 설사 우리가 의지를 모을 수 있다 하더라도 인권을 보호하는 것은 매우 어려운 일이다. 나토가 1999년 유고슬라비아에 군사개입한 사건은 이러한 사실을 극적으로 보여준다.(Booth 2000; Duner 2001) 유고슬라비아 정부는 수년 동안 코소보에 있는 알바니아인들에 대해 대규모 인권침해를 자행하고 있었다.(Amnesty International 1998) 알바니아인들은 무장투쟁으로 저항하였으며, 유고슬라비아 정부는 더 심각한 인권침해를 저지르면서 무자비한 탄압으로 대응하였다. 구유고슬라비아에 속해 있던 다른 지역, 특히 보스니아에서 발생한 대규모의 잔학행위를 떠올리는 많은 이들은 인종청소나 집단살해가 다시 발생할 것을 두려워하였다. 나토는 유고슬라비아와 협상을 시도하였으나 실패하였고, 폭격을 감행하였다. 그 결과는 비참하였다. 인종청소를 막기는커녕 오히려 부추기게 되었고, 수많은 유고슬라비아의 민간인들이 살해되었으며, 엄청난 규모의 경제피해가 발생하였다. 이 폭격은 UN안전보장이사회가 공식적으로 요청하기 이전에 벌어졌으므로 국제법 위반이다. 결국 유고슬라비아의 슬로보단 밀로셰비치 정권은 전쟁에서 패했고, 알바니아인들은 집으로 돌아왔다. 밀로셰비치는 권좌에서 쫓겨나 전범으로 기소, 체포되었고, 유고슬라비아에서는 민주화가 이루어졌다. 하지만 코소보는 인권의 천국이 되기는커녕 사회불안만 계속되었다. 또한 나토의 공격은 이웃 국가인 마케도니아에 불안을 가중시키는 데 일조하였다. 아직도 마케도니아의 미래는 위태롭다.

인권 개념은 이러한 복잡한 정치문제를 이해하는 데는 적절치 않다. 문제점을 지적하는 데는 도움이 될지 몰라도 해결방법을 찾기 위해서는 할 수 있는 일이 거의 없기 때문이다. 그 원인은 현대의 인권 개념이 법률주의에만 빠져 있다는 사실에서 찾을 수 있을 것이다. 예를 들어 1991년 이라크의 쿠웨이트 침공이 불법이었으며, 이라크 정부가 인권을 심각하게 침해했다고 설명하는 데는 법률주의적 인권 개념이 도움이 될 것이다. 그러나 그 이후 이라크에 대한 경제제재로 인해 수천 명의 이라크 어린이들이 죽게 되었다는 (책임 여부에 대해서는 논란이 있지만) 사실을 고려한다면, 그 개념의 도덕성에 확신을 가질 수가 없다. 즉 외부개입은 단기적으로 인권침해를 중단시키는 데는 도움이 될 수 있지만, 그것을 통해 공정하고 안정된 재건을 위한 경제적, 사회적 및 정치적 조건을 만들어내는 것은 만만치 않은 일이다.

인권을 위한 개입(intervention)을 하지 않으면 인권의 이상을 담은 선언들을 무시하는 것처럼 보일 테고, 그렇다고 개입을 하게 되면 막대한 비용이 들게 되거나 오히려 역효과를 낼 수도 있다. 이것이 인권을 위한 개입이 갖는 딜레마이며, 르완다, 보스니아, 코소보와 같은 곳에서 대규모 인권참사가 발생했음에도 불구하고 국제사회가 제대로 대응하기를 주저한 이유다. 국제사회가 인권에 대한 의지를 갖고 있다는 말은 두 손 놓고 바라보기만 하지는 않겠다는 것을 뜻한다. 하지만 국제사회는 한정된 희생의 원칙을 따르기 때문에 너무 많은 행동을 하려고 하지도 않는다. 결국 대부분의 경우 국제사회는 너무 조금 그리고 너무 늦게 대응하고 있다. 또한 코소보에서와 같이 인도주의적 참사나 대규모 인권침해가 발생하면 대부분 사회재건지원에 대한 '약속'은 신속하고 관대하게 하지만, 그것을 실행에 옮길 때는 훨씬 느리고 약속처럼 관대하지도 않게 움직인다.(Patrick 2000)

학계나 정치권에서는 인권참사에 대한 '조기경보'(early warning)가 필요하다는 주장이 많이 나오고 있다. 여기에도 또 다른 어려운 문제가 있다. 오늘날, 인권참사를 예견할 수 있는 조기경보 징후들과 관련해서는 대체로 훌륭한 사회과학적 지식들이 갖춰졌다. 상대적으로 소규모지만 지속적이고 조직적인 인권침해가 발생하고 있다면, 그것은 훨씬 더 대규모적인 인권침해가 발생할 조짐이라고 볼 수 있다. 예로서 나치에 의한 유대인 집단학살이 발생하기 전부터 수년 동안 고용차별과 같은 **상대적으로** 경미한 인권침해들이 일어나기 시작했던 것을 들 수 있다.(Schleunes 1970) 각국 정부와 NGO가 인권을 위한 압력 수단을 효과적으로 활용하고, 분쟁해결 외교가 잘 이루어진다면 인권상황을 개선하여 참사의 위험을 줄일 수도 있다.(Gurr 2000) 하지만 그러한 개입의 시점이 **언제**가 되어야 하는지가 여전히 어려운 문제로 남는다. 코소보 참사에 대해서는 1980년대에 이미 조기경보가 있었으며, 1990년대 초에도 일련의 경보가 있었다. 그러나 문제는 조기경보의 개념은 조기개입을 이미 내포하고 있으며, 조기개입은 부적절하거나 역효과를 내기 쉽다는 점이다. 국제적인 인권운동이 인권침해에서 인권대참사로 발전하는 것을 막는 데 도움이 될 수 있는 것은 사실이지만, 조기경보라는 개념이 개입에 관한 모든 딜레마를 해결해줄 수는 없다는 어려움이 있다.

## 4. 마치며

냉전이 종식된 이후 서구 정책입안자들은 인권, 민주주의, 시장경제를 하나의 패키지처럼 제시해왔다. 그러나 시장과 인권 사이의 관계는 복잡하고 문제가 많으며 연구도 잘 되어 있지 않다. 민주주의와 인권 사이의 관계 또한 문제가 있다. 왜냐하면 일반적으로 권위주의 정권에 비해 민주주의에서 인권이 더 잘 존중되지만, 민주주의 역시 인권을 침해할 수 있기 때문이다. 인권을 보호하기 위해서는 민주주의 역시 제한되어야 할 수도 있다. 실제로 서방 강대국들에서는 '민주주의'가 자유롭고 공정한 선거를 뜻한다고 해석되어 왔다. 그러한 민주적 선거는 바람직한 것이기는 하지만 인권보호를 위한 충분조건은 되지 못한다. 인권이 악화되는 상황을 막을 수도 없거니와 오히려 인권을 악화시키는 원인이 되기도 한다. 최근 선거를 통해 창출된 정권이 시장기반 경제정책을 추구하면서 사회의 최약자 계층(특히 여성)의 경제적 및 사회적 권리를 위태롭게 하거나, 범죄 증가를 유발해 시민적 및 정치적 권리에도 제약을 가하는 경우가 많기 때문이다.(Panizza 1995)

한편 우리는 **민주주의**와 **민주화** 역시 구분하여 생각해야 한다. 민주화라는 정치적 변화의 과정이 다양한 방식으로 인권문제를 유발하기도 하기 때문이다. 권위주의에서 민주주의로 가는 과정은 강요된 명령에서 통제된 갈등으로 가는 변화와 같다. 민주주의 정치의 전통이 거의 혹은 전혀 없고 경제적 어려움과 민족간 분열이 있는 곳에서 민주주의를 통해 갈등을 억제하려고 한다면, 그 시도는 실패하기 쉽다. 그 결과는 르완다나 유고슬라비아에서 벌어진 인권 대참사와 비슷할 것이다. 이 두 나라에서 발생한 비극적인 인권참사가 모두 당시 진행 중이던 민주화 과정과 관련된 것이었기 때문이다.

인권의 불확실한 미래와 함께 21세기가 시작되었다. 1945년 이래 기준설정(국제법 및 국내법)과 제도설립(인권 관련 위원회, 이사회, 법정 등)에 있어서 대단한 진전이 있었다. 그뿐만 아니라 여러 나라에서 많은 사람들의 자유와 복지도 증진되었다. 그러나 여전히 많은 나라에서 시민적 및 정치적 권리가 짓밟히고 있다. 경제적 및 사회적 권리에 대해서는, 그것을 권리로 인정하는 것조차 더디게 진행되고 있으며 그나마 인정하는 발언들도 대부분 수사에 지나지 않는다. 게다가 신자유주의 경제정책이 유행하면서, 최소한이나마 그 권리를 누리던 전 세계 수백만의 사람들은 오히려 더 열악한 상황에 빠지게 되었다. 한편 인권학자들 사이에서는 무슨 위원회나 이사회 같은 UN의 제도에만 지나치게 관심을 보이는 경향도 있다. 이들 UN기구가 중요하기는 하지만, 세계의 인권에 영향을 끼칠 수 있는 유일한 기구가 아님은 분명하며 아마 가장 중요한 기구도 아닐 것이다. 인권 개념의 핵심은 **권력**의 악용에 있다. 인권의 사회과학은 주요한 권력기관이 무엇이며 그에 대한 저항은 어떻게 가능한지에 대해 우선적으로 연구하여야 한다. 즉 인권을 연구하는 데 있어 서방7개국 정상회담(G7), 브레튼우즈 체제, 미국의 외교정책 등에 주의를 기울일 필요가 있다는 것이다. 또한 인권의 연구가 정치경제학, 발전경제학, 분쟁연구, 민주화이행 정치학 등과 통합되어야 한다. 인권에 관한 정치 이론에서는 이미 로크 때부터 인권을 보호하는 데 가장 중심적인 것은 법의 지배라고 여겨왔다. 맞는 말이다. 그러나 지금껏 인권의 이론과 실천이 모두 지나치게 법률에 구애되어 여러 가지 어려움에 부딪혀 온 사실도 기억해야 한다. 인권에 대한 지식을 발전시키기 위해서는, 인권에 관한 문헌을 법률적으로 세련되게 분석하는 것보다는 아마티아 센의 경제학이나 마르타 누스바움의 응용도덕철학 같은 것들을 제시하는 것이 더 큰 기여가 될 것이다.(Sen 1981; 2001; Dreze and Sen 1990-1; Nussbaum and Sen 1993)

도널리는 인권을 위한 투쟁이 승리하거나 패배하는 것은 국가적 차원의 문제에 해당한다고 말했다.(Donnelly 1994: 117) 일부는 사실이지만 일부는 그렇지 않다. 민족국가가 지구화에도 불구하고 여전히 중요한 권력의 장이라는 점에서는 사실이다. 또한 국가와 국가기관, 특히 법률기관 및 법집행기관이 많은 이들의 인권에 영향을 주는 가장 중요한 권력이라는 점에서도 그러하다. 그러나 다른 많은 이들에게는 지구경제와 지구정치의 구조와 변화가 더 중요하다. 우리는 국가보다 더 많은 부와 권력을 가진 민간기업들이 다수 존재한다는 사실을 기억해야 한다. 리세와 그의 동료들은 국가와 NGO 그리고 국내의 행위자와 국제적 행위자들이 복합적으로 잘 움직인다면, 다가오는 시대의 인권에 희망이 보일 것이라고 주장했다. 옳은 말이다. 한편 최근 수년간 우리는 인권 NGO들이 급증하는 현상을 보아왔으며, 특히 빈곤국에서 더 많은 성장을 볼 수 있었다. 최근 **국제NGO, 국내NGO, 풀뿌리NGO, 공동체기반NGO** 등에 대한 구분이 중요하게 부각되면서 이들 상이한 형태의 NGO들, 특히 부유한 북반구 NGO와 가난한 남반구NGO들 사이의 긴장관계가 주목받고 있다. 이러한 긴장관계는 **인권운동의 민주화**라는 측면에서 건강한 것이다. 세계인권선언의 채택을 통하여 그들의 존엄, 자유, 안녕을 보호하려고 했던 전 세계의 보통사람들과 그러한 선언을 채택했던 UN외교관, 인권법률가들의 담론 및 실천 사이에 존재하는 간격을 좁혀주기 때문이다.(Morsink 1999a) 인류학은 인권의 이러한 측면을 이해하는 데 특히 기여할 수 있을 것이다. 인류학이 실제 상황에서 실제 사람들이 문화적으로 이해하는 바를 인권 개념에 연결시킬 수 있기 때문이다.(Wilson 1997c) 사실 전 세계의 공식 및 비공식 영역에서 진행되는 다양한 인권교육 프로젝트들은 일종의 응용인권인류학을 실행하는 것이다.(Andreopoulos and Claude 1997) 이렇듯 오랜 기다림 끝에 사회과학이 드디어 인권을 중요하게 여기기 시작했다. 이러한 반가운 변화를 맞아 인권활동가들도 역시 사회과학을 중요하게 여기게 되기를 기대한다.

## 참고문헌

Aidoo, A. 1993: Africa: democracy without human rights? *Human Rights Quarterly*, 15 (4), 703-15.

Alston, P. 1992a: The Commission on Human Rights. In P. Alston (ed.), *The United Nations and Human Rights: a critical appraisal*. Oxford: Clarendon Press, 126-210.

―――― 1992b: The Committee on Economic, Social and Cultural Rights. In P. Alston (ed.), *The United Nations and Human Rights: a critical appraisal*. Oxford: Clarendon Press, 473-508.

―――― 1994: The UN's human rights record: from San Francisco to Vienna and beyond. *Human Rights Quarterly*, 16 (2), 375-90.

American Anthropological Association Executive Board 1947: Statement on human rights submitted to the Commission on Human Rights, United Nations. *American Anthropologist*, new series, 49 (4), 539-43.

Amnesty International 1993: *Getting Away With Murder: political killings and 'disappearances' in the 1990s*. London: Amnesty International Publications.

―――― 1998: *Kosovo: the evidence*. London: Amnesty International United Kingdom.

―――― 1999: *Amnesty International Children's Action 1999-Report*. <www.amnesty.org/ailib/intcam/children/kids99/ kidappe.htm>.

Andreassen, B.-A., Skalnes, T., Smith, A. G. and Stokke, H. 1988: Assessing human rights performance in developing countries: the case for a minimal threshold approach to the economic and social rights. In B.-A. Andreassen and A. Eide (eds), *Human Rights in Developing Countries 1987/88*. Copenhagen: Akademisk Forlag, 333-55.

Andreopoulos, G. J. and Claude, R. P. (eds) 1997: *Human Rights Education for the Twenty-First Century*. Philadelphia: University of Pennsylvania Press.

An-Na'im, A. A. 1992: Toward a cross-cultural approach to defining international standards of human rights: the meaning of cruel, inhuman, or degrading treatment or punishment. In A. A. An-Na'im (ed.), *Human Rights in Cross-Cultural Perspectives: a quest for consensus*. Philadelphia: University of Pennsylvania Press, 19-43.

Arai, Y. 1998: The margin of appreciation doctrine in the jurisprudence of Article 8 of the European Convention on Human Rights. *Netherlands Quarterly of Human Rights*, 16 (1), 41-61.

Arat, Z. F. 1991: *Democracy and Human Rights in Developing Countries*. Boulder, CO: Lynne Rienner.

Ashcraft, R. 1986: *Revolutionary Politics and Locke's Two Treatises of Government*. Princeton, NJ: Princeton University Press.

Ashworth, G. 1999: The silencing of women. In T. Dunne and N. J. Wheeler (eds), *Human Rights in Global Politics*. Cambridge: Cambridge University Press, 259-76.

Baehr, P. R. 1996: *The Role of Human Rights in Foreign Policy*. 2nd edn, Basingstoke: Macmillan.

―――― 1999: *Human Rights: universality in practice*. Basingstoke: Macmillan.

Bailyn, B. 배영수 역, 1999. 『미국 혁명의 이데올로기적 기원』. 새물결. 1992: *The Ideological Origins of the American Revolution*. Enlarged edn, Cambridge, MA: Harvard University Press.

Baker, K. M. 1994: The idea of a declaration of rights. In D. Van Kley (ed.), *The French Idea of Freedom: the Old Regime and the Declaration of Rights of 1789*. Stanford, CA: Stanford University Press, 154-96.

Barnett, C. R. 1988: Is there a scientific basis in anthropology for the ethics of human rights? In T. E. Downing and G. Kushner (eds), *Human Rights and Anthropology*. Cambridge, MA: Cultural Survival, 21-6.

Barnett, H. G. 1948: On science and human rights. *American Anthropologist*, new series, 50 (2), 352-5.

Barry, B. M. 1965: *Political Argument*. London: Routledge & Kegan Paul.

―――― 2000: Is there a right to development? In T. Coates (ed.), *International Justice*. Aldershot: Ashgate, 9-23.

―――― 2001: *Culture and Equality: an egalitarian critique of multiculturalism*. Cambridge: Polity.

Becker, C. 1966: *The Declaration of Independence: a study in the history of political ideas*. New York: Alfred A. Knopf.

Beitz, C. 1979: Human rights and social justice. In P. G. Brown and D. MacLean (eds), Human Rights and U. S. Foreign Policy. Lexirgton, MA: Lexington Books, 45-63.

Bell, D. A., Brown, D., Jayasuriya, K. and Jones, D. M. 1995: Towards Illiberal *Democracy in Pacific Asia*. New York: St Martin's Press.

Bellah, R. N. 1983: The ethical aims of social inquiry. In N. Haan, R. N. Bellah, P. Rabinow and W. M. Sullivan (eds), *Social Science as Moral Inquiry*. New York: Columbia

University Press, 360-81.

Bellah, R. N., Haan, N., Rabinow, P. and Sullivan, W. M. 1983: Introduction. In N. Haan, R. N. Bellah, P. Rabinow and W. M. Sullivan (eds), *Social Science as Moral Inquiry*. New York: Columbia University Press, 1-18.

Beran, H. 1984: A liberal theory of secession. *Political Studies*, 32 (1), 21-31.

_____ 1988: More theory of secession: a response to Birch. *Political Studies*, 36 (2), 316-23.

Bielefeldt, H. 2000: 'Western' versus 'Islamic' human rights conceptions? A critique of cultural essentialism in the discussion on human rights. *Political Theory*, 28 (1), 90-121.

Binion, G. 1995: Human rights: a feminist perspective. *Human Rights Quarterly*, 17 (3), 509-26.

Birch, A. H. 1984: Another liberal theory of secession. *Political Studies*, 32 (4), 596-602.

Booth, K. (ed.) 2000: The Kosovo Tragedy: the human rights dimension. *International Journal of Human Rights*, 4 (3/4) [special issue].

Bradlow, D. D. and Grossman, C. 1995: Limited mandates and intertwined problems: a new challenge for the World Bank and the IMF. *Human Rights Quarterly*, 17 (3), 411-42.

Brett, R. 1995: The role and limits of human rights NGOs at the United Nations. *Political Studies*, 43, 96-110 [special issue, Politics and Human Rights].

Brown, C. 1999: Universal human rights: a critique. In T. Dunne and N. J. Wheeler (eds), *Human Rights in Global Politics*. Cambridge: Cambridge University Press, 103-27.

Byrnes, A. 1992: The Committee against Torture. In P. Alston (ed.), *The United Nations and Human Rights: a critical appraisal*. Oxford: Clarendon Press, 509-46.

Caney, S. 1992: Liberalism and communitarianism: a misconceived debate. *Political Studies*, 40 (2), 273-89.

Carr, E. H. 이국찬 역, 1957. 『인간의 권리』. 청구출판사. 1949: The Rights of Man. In UNESCO (ed.), *Human Rights: comments and interpretations*. Westport, CT: Greenwood Press, 19-23.

Cassel, D. 1996: Corporate initiatives: a second human rights revolution? *Fordham International Law Journal*, 19, 1963-84.

Cassese, A. 1992: The General Assembly: historical perspective 1945-1989. In P. Alston (ed.), *The United Nations and Human Rights: a critical appraisal*. Oxford: Clarendon Press, 25-54.

Cassese, A. 1995: *Self-Determination of Peoples: a legal reappraisal*. New York: Cambridge University Press.

Chan, J. 1999: A Confucian perspective on human rights for contemporary China. In J. A. Bauer and D. A. Bell (eds), *The East Asian Challenge for Human Rights*. Cambridge: Cambridge University Press, 212-37.

Chaplin, J. 1993: How much cultural and religious pluralism can liberalism tolerate? In J. Horton (ed.), *Multiculturalism and Toleration*. Basingstoke: Macmillan, 39-46.

Christie, K. 1995: Regime security and human rights in Southeast Asia. *Political Studies*, 43, 204-18 [special issue, *Politics and Human Rights*].

Chun, L. 2001: Human rights and democracy: the case for decoupling. *International Journal of Human Rights*, 5 (3), 19-44.

Cingranelli, D. L. and Richards, D. L. 1999: Respect for human rights after the end of the cold war. *Journal of Peace Research*, 36 (5), 511-34.

Clark, A. M. 2001: *Diplomacy of Conscience: Amnesty International and changing human rights norms*. Princeton, NJ: Princeton University Press.

Claude, R. P. 1976: The classical model of human rights development. In R. P. Claude (ed.), *Comparative Human Rights*. Baltimore: Johns Hopkins University Press, 6-50.

─────── 2002: Personal communication. Claude, R. P. and Weston, B. H. 1992: International human rights: overviews. In R. P. Claude and B. H. Weston (eds), *Human Rights in the World Community: issues and action*. 2nd edn, Philadelphia: University of Pennsylvania Press, 1-14.

Cleary, S. 1996: The World Bank and NGOs. In P. Willetts (ed.), '*The Conscience of the World*' : *the influence of non-governmental organisations in the UN system*. Washington, DC: Brookings Institution, 63-97.

Cohen, C. P. 1990: The role of non-governmental organizations in the drafting of the Convention on the Rights of the Child. *Human Rights Quarterly*, 12 (1), 137-47.

Coomaraswamy, R. 1999: Reinventing international law: women's rights as human rights in the international community. In P. Van Ness (ed.), *Debating Human Rights: critical essays from the United States and Asia*. London: Routledge, 167-83.

Cranston, M. 1973: *What are Human Rights?* London: Bodley Head.

Dagger, R. 1989: Rights. In T. Ball, J. Farr and R. L. Hanson (eds), *Political Innovation and*

*Conceptual Change*. Cambridge: Cambridge University Press, 292-308.

Dahl, R. 조기제 역, 1999. 『민주주의와 그 비판자들』. 문학과 지성사. 1989: *Democracy and its Critics*. New Haven, CT: Yale University Press.

Davenport, C. A. 1996: 'Constitutional promises' and repressive reality: a cross-national time·series investigation of why political and civil liberties are suppressed. *Journal of Politics*, 58 (3), 627-54.

Desai, M. 1999: From Vienna to Beijing: women's human rights activism and the human rights community. In P. Van Ness (ed.), *Debating Human Rights: critical essays from the United States and Asia*. London: Routledge, 184-96.

Dickinson, H. T. 1977: *Political Ideology in Eighteenth-Century Britain*. London: Methuen.

Donnelly, J. 1982: Human rights as natural rights. *Human Rights Quarterly*, 4 (3), 391-405.

―――― 1985a: *The Concept of Human Rights*. London: Croom Helm.

―――― 1985b: In search of the unicorn: the jurisprudence and politics of the right to development. *California Western International Law Journal*, 15 (3), 473-509.

―――― 1986: International human rights: a regime analysis. *International Organization*, 40 (3), 599-642.

―――― 1989: *Universal Human Rights in Theory and Practice*. Ithaca, NY: Cornell University Press.

―――― 1993: Third generation rights. In C. Brolmann, R. Lefeber and M. Zieck (eds), *Peoples and Minorities in International Law*. Dordrecht: Martinus Nijhoff, 119-50.

―――― 1994: Post-cold war reflections on the study of international human rights. *Ethics and International Affairs*, 8, 97-117.

―――― 1998: 박정원 역, 2002. 『인권과 국제정치: 국제인권의 현실과 가능성 및 한계』. 오름. *International Human Rights*. 2nd edn, Boulder, CO: Westview Press.

―――― 1999: The social construction of international human rights. In T. Dunne and N. J. Wheeler (eds), *Human Rights in Global Politics*. Cambridge: Cambridge University Press, 71-102.

―――― 2000: An overview. In D. P. Forsythe (ed.), *Human Rights and Comparative Foreign Policy*. Tokyo: United Nations University Press, 310-34.

―――― 2001: The Universal Declaration model of human rights: a liberal defense, *Human Rights Working Papers*, no. 12, <www.du.edu/humanrights/workingpapers/papers/12-donnelly-02-01.pdf>

Doughty, P. L. 1988: Crossroads for anthropology: human rights in Latin America. In T. E. Downing and G. Kushner (eds), *Human Rights and Anthropology*. Cambridge, MA: Cultural Survival, 43-71.

Downing, T. E. 1988: Human rights research: the challenge for anthropologists. In T. E. Downing and G. Kushner (eds), *Human Rights and Anthropology*. Cambridge, MA: Cultural Survival, 9-19.

Downing, T. E. and Kushner, G. 1988: Introduction. In T. E. Downing and G. Kushner (eds), *Human Rights and Anthropology*. Cambridge, MA: Cultural Survival, 1-8.

Drèze, J. and Sen, A. (eds) 1990-1: *The Political Economy of Hunger*. Oxford: Clarendon Press.

Dunér, B. 2001: Violence for human rights. *International Journal of Human Rights*, 5 (2), 46-71.

Dunne, T. and Wheeler, N. J. (eds) 1999: Human Rights in Global Politics. Cambridge: Cambridge University Press. Dworkin, R. 1978: *Taking Rights Seriously*. London: Duckworth.

Dworkin, R. 1996: *Freedom's Law: the moral reading of the American constitution*. Cambridge, MA: Harvard University Press.

Edwards, M. and Hulme, D. 1996: Introduction: NGO performance and accountability. In M. Edwards and D. Hulme (eds), *Beyond the Magic Bullet: NGO performance and accountability in the post-cold war world*. West Hartford, CT: Kumarian Press, 1-19.

Eide, A. 1989: Realization of social and economic rights and the minimum threshold approach. *Human Rights Law Journal*, 10 (1-2), 35-51.

―――― 1992: The Sub-Commission on Prevention of Discrimination and Protection of Minorities. In P. Alston (ed.), *The United Nations and Human Rights: a critical appraisal*. Oxford: Clarendon Press, 211-64.

―――― 1993: In search of constructive alternatives to secession. In C. Tomuschat (ed.), *Modern Law of Self-determination*. Dordrecht: Martinus Nijhoff, 139-76.

Espiell, H. G. 1981: The right of development as a human right. *Texas International Law Journal*, 16 (2), 189-205.

Evans, T. 1998: Introduction: power, hegemony and the universalization of human rights. In T. Evans (ed.), *Human Rights Fifty Years On: a reappraisal*. Manchester: Manchester University Press, 2-23.

Evans, T. 2001: *The Politics of Human Rights*. London: Pluto Press.

Falk, R. 1992: Cultural foundations for the international protection of human rights. In A. A. An-Na' im (ed.), *Human Rights in Cross-Cultural Perspectives: a quest for consensus*. Philadelphia: University of Pennsylvania Press, 44-64.

Fein, H. 1995: More murder in the middle: life-integrity violations and democracy in the world, 1987. *Human Rights Quarterly*, 17 (1), 170-91.

Fellmeth, A. X. 2000: Feminism and international law: theory, methodology, and substantive reform. *Human Rights Quarterly*, 22 (3), 658-733.

Forsythe, D. P. 1989: *Human Rights and World Politics*. 2nd edn, Lincoln: University of Nebraska Press.

_____ 1995: The UN and human rights at fifty: an incremental but incomplete revolution. *Global Governance*, 1, 297-318.

_____ 1997: The United Nations, human rights, and development. *Human Rights Quarterly*, 19 (2), 334-49.

_____ 2000: 최의철 역, 2003. 『인권과 국제정치』. 백산자료원. *Human Rights in International Relations*. Cambridge: Cambridge University Press.

Foweraker, J. and Landman, T. 1997: *Citizenship Rights and Social Movements: a comparative and statistical analysis*. Oxford: Oxford University Press.

Fox, J. A. 2000: The World Bank Inspection Panel: lessons from the first five years. *Global Governance*, 6 (3), 279-318.

Freeman, M. A. 1980: *Edmund Burke and the Critique of Political Radicalism*. Oxford: Basil Blackwell.

_____ 1999: Fifty years of development of the concept and contents of human rights. In P. Baehr, C. Flinterman and M. Senders (eds), *Innovation and Inspiration: fifty years of the Universal Declaration of Human Rights*. Amsterdam: Royal Netherlands Academy of Arts and Sciences, 27-47.

Gandhi, M. 이국찬 역, 1957. 『인간의 권리』. 청구출판사. 1949: A letter addressed to the Director-General of UNESCO. In UNESCO (ed.), *Human Rights: comments and interpretations*. Westport, CT: Greenwood Press, 18.

Gewirth, A. 1978: *Reason and Morality*. Chicago: University of Chicago Press.

Gewirth, A. 1981: The basis and content of human rights. In J. R. Pennock and J. W. Chapman (eds), *Human Rights*. New York: New York University Press, 121-47.

_____ 1982: *Human Rights: essays on justification and applications*. Chicago: University of Chicago Press.

Gewirth, A. 1996: *The Community of Rights*. Chicago: University of Chicago Press.

Glover, J. 1999: *Humanity: a moral history of the twentieth century*. London: Jonathan Cape.

Goodin, R. E. 1979: The development-rights trade-off: some unwarranted economic and political assumptions. *Universal Human Rights*, 1 (2), 31-42.

Gray, J. 1986: Liberalism. Milton Keynes: Open University Press. Gross, O. and Aol?in, F. N. 2001: From discretion to scrutiny: revisiting the application of the margin of appreciation doctrine in the context of Article 15 of the European Convention on Human Rights. *Human Rights Quarterly*, 23 (3), 625-49.

Gurr, T. R. 1986: The political origins of state violence and terror: a theoretical analysis. In M. Stohl and G. A. Lopez (eds), *Government Violence and Repression: an agenda for research*. New York: Greenwood Press, 45-71.

──────── 2000: 이신화 역, 2003. 『민족 대 국가: 21세기 세계인종분쟁의 추이와 전망』. 나남. *Peoples versus States: minorities at risk in the new century*. Washington, DC: United States Institute of Peace Press.

Gutman, A. (ed.) 1994: *Multiculturalism: examining the politics of recognition*. Princeton, NJ: Princeton University Press.

Hallie, P. 1979: *Lest Innocent Blood Be Shed: the story of the village of Le Chambon and how goodness happened there*. New York: Harper Torchbooks.

Hannum, H. 1990: *Autonomy, Sovereignty and Self-Determination: the accommodation of conflicting rights*. Philadelphia: University of Pennsylvania Press.

Hart, H. L. A. 1982: *Essays on Bentham: studies in jurisprudence and political theory*. Oxford: Clarendon Press.

Held, D., McGrew, A., Goldblatt, D. and Perraton, J. 조효제 역, 2002. 『전지구적 변환』. 창작과비평사. 1999: *Global Transformations: politics, economics and culture*. Cambridge: Polity.

Henderson, C. W. 1991: Conditions affecting the use of political repression. *Journal of Conflict Resolution*, 35 (1), 120-42.

Hirschman, A. O. 1983: Morality and the social sciences: a durable tension. In N. Haan, R. N. Bellah, P. Rabinow and W. M. Sullivan (eds), *Social Science as Moral Inquiry*. New York: Columbia University Press, 21-32.

Hitchcock, D. I. 1994: *Asian Values and the United States: how much conflict?* Washington, DC: Center for Strategic and International Studies.

Holmes, S. T. 1979: Aristippus in and out of Athens. *American Political Science Review*, 73

(1), 113-28.

Holt, J. C. 1965: *Magna Carta*. Cambridge: Cambridge University Press.

Howard, R. E. 1986: *Human Rights in Commonwealth Africa*. Totowa, NJ: Rowman & Littlefield.

_____ 1995: *Human Rights and the Search for Community*. Boulder, CO: Westview Press.

Hunt, L. (ed.) 1996: *The French Revolution and Human Rights: a brief documentary history*. Boston: St Martin's Press.

Hunt, P. 1996: *Reclaiming Social Rights: international and comparative perspectives*. Aldershot: Ashgate.

International Criminal Tribunal for the Former Yugoslavia 2001: *Indictments and Proceedings: the prosecutor of the tribunal against Slobodan Milosevic and others*. <www.un.org/icty/indictment/english/mil-ai010629e.htm>.

Jacobson, R. 1992: The Committee on the Elimination of Discrimination against Women. In P. Alston (ed.), *The United Nations and Human Rights: a critical appraisal*. Oxford: Clarendon Press, 444-72.

Jones, P. 1994: *Rights*. Basingstoke: Macmillan.

Keck, M. E. and Sikkink, K. 1998: *Activists Beyond Borders: advocacy networks in international politics*. Ithaca, NY: Cornell University Press.

Kingsbury, B. 1999: The applicability of the international legal concept of 'indigenous peoples' in Asia. In J. R. Bauer and D. A. Bell (eds), *The East Asian Challenge for Human Rights*. Cambridge, Cambridge University Press, 336-77.

Korey, W. 1998: *NGOs and the Universal Declaration of Human Rights: 'a curious grapevine'*. Basingstoke: Macmillan.

Krasner, S. D. 1995: Sovereignty, regimes, and human rights. In V. Rittberger and P. Mayer (eds), *Regime Theory and International Relations*. Oxford: Clarendon Press, 139-67.

_____ 2001: Abiding sovereignty. *International Political Science Review*, 22 (3), 229-51.

Kymlicka, W. 1989: *Liberalism, Community and Culture*. Oxford: Clarendon Press.

_____ 1990: 장동진 외 공역, 2006. 『현대 정치철학의 이해』. 동명사. *Contemporary Political Philosophy: an introduction*. Oxford: Clarendon Press.

_____ 1995: *Multicultural Citizenship: a liberal theory of group rights*. Oxford:

Clarendon Press.

Kymlicka, W. 2001: Human rights and ethnocultural justice. In W. Kymlicka, *Politics in the Vernacular: nationalism, multiculturalism and citizenship*. Oxford: Oxford University Press, 69-90.

Leary, V. A. 1992: Lessons from the experience of the International Labour Organization. In P. Alston (ed.), *The United Nations and Human Rights: a critical appraisal*. Oxford: Clarendon Press, 580-619.

Locke, J. [1689] 강정인·문지영 공역, 1996 [2005].『통치론: 시민정부의 참된 기원, 범위 및 그 목적에 관한 시론』. 까치. 1970: *Two Treatises of Government*. Cambridge: Cambridge University Press.

McCamant, J. F. 1981: Social science and human rights. *International Organization*, 35 (3), 531-52.

McCorquodale, R. and Fairbrother, R. 1999: Globalization and human rights. *Human Rights Quarterly*, 21 (3), 735-66.

Macdonald, M. 1963: Natural rights. In P. Laslett (ed.), Philosophy, Politics and Society. Oxford: Basil Blackwell, 35-55.

McGarry, J. and O' Leary, B. (eds) 1993: *The Politics of Ethnic Conflict Regulation*. London: Routledge.

McGrew, A. G. 1998: Human rights in a global age: coming to terms with globalization. In T. Evans (ed.), *Human Rights Fifty Years On: a reappraisal*. Manchester: Manchester University Press, 188-210.

MacIntyre, A. 이진우 역, 1997.『덕의 상실』. 문예출판사. 1981: *After Virtue*. Notre Dame, IN: University of Notre Dame Press.

McNally, D. 1989: Locke, Levellers and liberty: property and democracy in the thought of the first Whigs. *History of Political Thought*, 10 (1), 17-40.

Macpherson, C. B. 황경식·강유원 공역, 1990.『(홉스와 로크의) 사회 철학: 소유적 개인주의의 정치이론』. 박영사/이유동 역, 1991.『소유적 개인주의의 정치이론: 홉스에서 로크까지』. 인간사랑. 1962: *The Political Theory of Possessive Individualism*. Oxford: Clarendon Press.

Margalit, A. and Raz, J. 1990: National self-determination. *Journal of Philosophy*, 87 (9), 439-61.

Maritain, J. 이국찬 역, 1957.『인간의 권리』. 청구출판사, 1991. 1949: Introduction. In UNESCO (ed.), *Human Rights: comments and interpretations*. Westport, CT:

Greenwood Press, 9-17.

Messer, E. 1993: Anthropology and human rights. *Annual Review of Anthropology*, 22, 221-49.

Meyer, W. H. 1996: Human rights and MNCs: theory versus quantitative analysis. *Human Rights Quarterly*, 18 (2), 368-97.

Meyer, W. H. 1998: *Human Rights and International Political Economy in Third World Nations*. Westport, CT: Praeger.

―――― 1999: Confirming, infirming, and 'falsifying' theories of human rights: reflections on Smith, Bolyard, and Ippolito through the lens of Lakatos. *Human Rights Quarterly*, 21 (1), 220-8.

Milgram, S. 1974: *Obedience to Authority: an experimental view*. New York: Harper & Row.

Miller, D. 1995: *On Nationality*. Oxford: Clarendon Press.

Miller, F. Jr 1995: *Nature, Justice, and Rights in Aristotle's Politics*. Oxford: Clarendon Press.

Milner, W. T., Poe, S. C. and Leblang, D. 1999: Security rights, subsistence rights and liberties: a theoretical survey of the empirical landscape. *Human Rights Quarterly*, 21 (2), 403-43.

Mitchell, N. J. and McCormick, J. M. 1988: Economic and political explanations of human rights violations. *World Politics*, 40 (4), 476-98.

Moon, B. E. 1991: *The Political Economy of Basic Human Needs*. Ithaca, NY: Cornell University Press.

Morsink, J. 1999a: *The Universal Declaration of Human Rights: origins, drafting, and intent*. Philadelphia: University of Pennsylvania Press.

―――― 1999b: Cultural genocide, the Universal Declaration and minority rights. *Human Rights Quarterly*, 21 (4), 1009-60:

Mulhall, S. and Swift, A. 김해성·조영달 역, 2001 [2005]. 『자유주의와 공동체주의』. 한울아카데미. 1996: *Liberals and Communitarians*. 2nd edn, Oxford: Basil Blackwell.

Nickel, J. W. 1987: *Making Sense of Human Rights: philosophical reflections on the Universal Declaration of Human Rights*. Berkeley: University of California Press.

Nussbaum, M. C. 1992: Human functioning and social justice: in defence of Aristotelian essentialism. *Political Theory*, 20 (2), 202-46.

―――― 1993: Commentary on Onora O' Neill: justice, gender, and international boundaries. In M. Nussbaum and A. Sen (eds), *The Quality of Life*. Oxford:

Clarendon Press, 324-35.

_____ 2000: *Women and Human Development: the capabilities approach.* Cambridge: Cambridge University Press.

Nussbaum, M. C. and Sen, A. (eds) 1993: *The Quality of Life.* Oxford: Clarendon Press.

O' Donovan, D. 1992: The Economic and Social Council. In P. Alston (ed.), *The United Nations and Human Rights: a critical appraisal.* Oxford: Clarendon Press, 107-25.

Office of the United Nations High Commissioner for Human Rights 2001: *Status of Ratification of the Principal International Human Rights Treaties.* <www.unhchr.ch/pdf/report.pdf>

Oliner, S. P. and Oliner, P. M. 1988: *The Altruistic Personality: rescuers of Jews in Nazi Europe.* New York: Free Press.

Oloka-Onyango, J. and Udagama, D. 2000: *The Realization of Economic, Social and Cultural Rights: globalization and its impact on the full enjoyment of human rights.* Preliminary report submitted to the UN Sub-Commission on the Promotion and Protection of Human Rights, 52nd session, 15 June, E/CN.4/Sub.2/2000/13.

O'Neill, O. 1993: Justice, gender, and international boundaries. In M. Nussbaum and A. Sen (eds), *The Quality of Life.* Oxford: Clarendon Press, 303-23.

Opsahl, T. 1992: The Human Rights Committee. In P. Alston (ed.), *The United Nations and Human Rights: a critical appraisal.* Oxford: Clarendon Press, 369-443.

Osborn, A. 2001: Milosevic to face genocide charge. *The Guardian*, 31 August, 2.

Othman, N. 1999: Grounding human rights arguments in non-Western culture: Shari' a and the citizenship rights of women in a modern Islamic state. In J. A. Bauer and D. A. Bell (eds), *The East Asian Challenge for Human Rights.* Cambridge: Cambridge University Press, 169-92.

Otto, D. 1996: Non-governmental organizations in the United Nations system: the emerging role of international civil society. *Human Rights Quarterly*, 18 (1), 107-41.

Paine, T. 박홍규 역, 2004. 『상식, 인권』. 필맥. [1791-2] 1988: *The Rights of Man.* Harmondsworth: Penguin Books.

Panizza, F. 1995: Human rights in the processes of transition and consolidation of democracy in Latin America. Political Studies, 43, 168-88 [special issue, *Politics and Human Rights*].

Parekh, B. 1994: Decolonizing liberalism. In A. Shtromas (ed.), *The End of Isms? Reflections on the fate of ideological politics after communism's collapse*. Oxford: Basil Blackwell, 85-103.

Parekh, B. 1999: Non-ethnocentric universalism. In T. Dunne and N. J. Wheeler (eds), *Human Rights in Global Politics*. Cambridge: Cambridge University Press, 128-59.

Patrick, S. 2000: The check is in the mail: improving the delivery and coordination of postconflict assistance. *Global Governance*, 6 (1), 61-94.

Peterson, V. S. and Parisi, L. 1998: Are women human? It's not an academic question. In T. Evans (ed.), *Human Rights Fifty Years On: a reappraisal*. Manchester: Manchester University Press, 132-60.

Philp, M. 1989: Paine. Oxford: Oxford University Press. Poe, S. C. and Tate, C. N. 1994: Repression of human rights to personal integrity in the 1980s: a global analysis. *American Political Science Review*, 88 (4), 853-72.

Preis, A-B. S. 1996: Human rights as cultural practice: an anthropological critique. *Human Rights Quarterly*, 18 (2), 286-315.

Pritchard, K. 1989: Political science and the teaching of human rights. *Human Rights Quarterly*, 11 (3),459-75.

Rawls, J. 1993: 민주주의법학연구회 역, 2000. 『현대사상과 인권: 옥스퍼드 앰네스티 강의』. 사람생각. The law of peoples. In S. Shute and S. Hurley (eds), *On Human Rights: the Oxford Amnesty lectures 1993*. New York: Basic Books, 41-82.

────── 1999: 장동진 외 공역, 2000. 『만민법』. 이끌리오. *The Law of Peoples*. Cambridge, MA: Harvard University Press.

Raz, J. 1986: *The Morality of Freedom*. Oxford: Clarendon Press.

Reanda, L. 1992: The Commission on the Status of Women. In P. Alston (ed.), *The United Nations and Human Rights: a critical appraisal*. Oxford: Clarendon Press, 265-303.

Rich, R. 1988: The right to development: a right of peoples? In J. Crawford (ed.), *The Rights of Peoples*. Oxford: Clarendon Press, 39-54.

Risse, T. and Ropp, S. C. 1999. International human rights norms and domestic change: conclusion. In T. Risse, S. C. Ropp and K. Sikkink (eds), *The Power of Human Rights: international norms and domestic change*. Cambridge: Cambridge University Press, 234-78.

Risse, T. and Sikkink, K. 1999: The socialization of international human rights norms into domestic practices: introduction. In T. Risse, S. C. Ropp and K. Sikkink (eds), *The*

*Power of Human Rights: international norms and domestic change.* Cambridge: Cambridge University Press, 1-38.

Risse, T., Ropp S. C. and Sikkink, K. (eds) 1999: *The Power of Human Rights: international norms and domestic change.* Cambridge, Cambridge University Press.

Robertson, A. H. and Merrills, J. G. 1996: *Human Rights in the World: an introduction to the study of the international protection of human rights.* Manchester: Manchester University Press.

Rodman, K. A. 1998: 'Think globally, punish locally' : nonstate actors, multinational corporations, and human rights sanctions. *Ethics and International Affairs*, 12, 19-41.

Rorty, R. 민주주의법학연구회 역, 2000. 『현대사상과 인권: 옥스퍼드 앰네스티 강의』. 사람생각. 1993: Human rights, rationality, and sentimentality. In S. Shute and S. Hurley (eds), *On Human Rights: the Oxford Amnesty lectures 1993.* New York: Basic Books, 111-34.

Roshwald, M 1959: The concept of human rights. *Philosophy and Phenomenological Research*, 19, 354-79.

Rousseau, J.-J. 방곤 역, 2006. 『사회계약론』. 신원문화사/정영하 역, 2005. 『사회계약론』. 산수야/이환 역, 1999 [2004]. 『사회계약론 또는 정치법원리』. 서울대학교출판부. [1762] 1968: *The Social Contract.* Harmondsworth: Penguin Books.

Rummel, R. J. 1994: *Death by Government.* New Brunswick, NJ: Transaction Publishers.

Samson, K. T. 1992: Human rights co-ordination within the UN system. In P. Alston (ed.), *The United Nations and Human Rights: a critical appraisal.* Oxford: Clarendon Press, 620-75.

Schirmer, J. 1988: The dilemma of cultural diversity and equivalency in universal human rights standards. In T. E. Downing and G. Kushner (eds), *Human Rights and Anthropology.* Cambridge, MA: Cultural Survival, 91-106.

Schirmer, J. 1997: Universal and sustainable human rights? Special tribunals in Guatemala. In R. A. Wilson (ed.), *Human Rights, Culture and Context: anthropological perspectives.* London: Pluto Press, 161-86.

Schleunes, K. A. 1970: *The Twisted Road to Auschwitz: Nazi policy toward German Jews 1933-1939.* Urbana: University of Illinois Press.

Schwab, P. and Pollis, A. 2000: Globalization's impact on human rights. In A. Pollis and P. Schwab (eds), *Human Rights: new perspective, new realities.* Boulder, CO: Lynne

Rienner, 209-23.

Sen, A. 1981: *Poverty and Famines: an essay on entitlement and deprivation.* Oxford: Clarendon Press.

―― 1999: Human rights and economic achievements. In J. R. Bauer and D. A. Bell (eds), *The East Asian Challenge for Human Rights.* Cambridge: Cambridge University Press, 88-99.

―― 2001: 박우희 역, 2001. 『자유로서의 발전』. 세종연구원. *Development as Freedom.* Oxford: Oxford University Press.

Shehadi, K. S. 1993: *Ethnic Self-Determination and the Break-Up of States.* London: Brassey's.

Shue, H. 1996: *Basic Rights: subsistence, affluence, and U.S. foreign policy.* 2nd edn, Princeton, NJ: Princeton University Press.

Smith, J., Bolyard, M. and Ippolito, A. 1999: Human rights and the global economy: a response to Meyer. *Human Rights Quarterly,* 21 (1), 207-19.

Smith, J., Pagnucco, T. and Lopez, G. A. 1998: Globalizing human rights: the work of transnational human rights NGOs in the 1990s. *Human Rights Quarterly,* 20 (2), 379-412.

Spiro, M. E. 1986: Cultural relativism and the future of anthropology. *Cultural Anthropology,* 1 (3), 259-86.

Stammers, N. 1999: Social movements and the social construction of human rights. *Human Rights Quarterly,* 21 (4), 980-1008.

Steiner, H. 1994: *An Essay on Rights.* Oxford: Basil Blackwell.

Steward, J. H. 1948: Comment on the statement on human rights. *American Anthropologist,* new series, 50 (2), 351-2.

Stoll, D. 1997: To whom should we listen? Human rights activism in two Guatemalan land disputes. In R. A. Wilson (ed.), *Human Rights, Culture and Context: anthropological perspectives.* London: Pluto Press, 187-215.

Strouse, J. C. and Claude, R. P. 1976: Empirical comparative rights research: some preliminary tests of development hypotheses. In R. P. Claude (ed.), *Comparative Human Rights.* Baltimore: Johns Hopkins University Press, 51-67.

Tamir, Y. 1993: *Liberal Nationalism.* Princeton, NJ: Princeton University Press.

Tang, J. T. H. 1995: Human rights in the Asia-Pacific region: competing perspectives, international discord, and the way ahead. In J. T. H. Tang (ed.), *Human Rights and*

*International Relations in the Asia Pacific*. London: Pinter, 1-9.

Taylor, C. 1997: Nationalism and modernity. In R. McKim and J. McMahan (eds), *The Morality of Nationalism*. New York: Oxford University Press, 31-55.

Tec, N. 1986: *When Light Pierced the Darkness: Christian rescue of Jews in Nazi-occupied Poland*. New York: Oxford University Press.

Thomas, C. 1998: International financial institutions and social and economic human rights: an exploration. In T. Evans (ed.), *Human Rights Fifty Years On: a reappraisal*. Manchester: Manchester University Press, 161-85.

Thornberry, P. 1991: *International Law and the Rights of Minorities*. Oxford: Clarendon Press.

Tierney, B. 1988: Villey, Ockham and the origin of individual rights. In J. Witte, Jr and F. S. Alexander (eds), *The Weightier Matters of Law: essays on law and religion: a tribute to Harold J. Berman*. Studies in Religion 51 [Atlanta, GA], 1-31.

Tierney, B. 1989: Origins of natural rights language: texts and contexts, 1150-1250. *History of Political Thought*, 10 (4), 615-46.

―――― 1992: Natural rights in the thirteenth century: a Quaestio of Henry of Ghent. *Speculum*, 67 (1), 58-68.

―――― 1997: *The Idea of Natural Rights*. Atlanta, GA: Scholars Press.

Tuck, R. 1979: *Natural Rights Theories: their origin and development*. Cambridge: Cambridge University Press.

Tully, J. 1995: *Strange Multiplicity: constitutionalism in an age of diversity*. Cambridge: Cambridge University Press.

Turner, B. S. 1993: Outline of a theory of human rights. *Sociology*, 27 (3), 489-512.

―――― 1995: Introduction: rights and communities: prolegomenon to a sociology of rights. *Australian and New Zealand Journal of Sociology*, 31 (2), 1-8.

UNESCO (ed.) 1949, repr. 1971: *Human Rights: comments and interpretations*. New York: Columbia University Press/Westport, CT: Greenwood Press.

United Nations 2001: *The Global Compact*. <www.unglobalcompact.org/>.

United Nations Development Programme 2001: *Human Development Report 2001*. <www.undp.org/hdr2001>.

Vincent, R. J. 1986: *Human Rights and International Relations*. Cambridge: Cambridge University Press.

Waldron, J. (ed.) 1987: *'Nonsense Upon Stilts': Bentham, Burke and Marx on the Rights of Man*. London: Methuen.

Waldron, J. 1993: A rights-based critique of constitutional rights. *Oxford Journal of Legal Studies*, 13 (1), 18-51.

Walzer, M. 1980: The moral standing of states. *Philosophy and Public Affairs*, 9 (3), 209-29.

Washburn, W. E. 1985: Ethical perspectives in North American ethnology. In J. Helm (ed.), *1984 Proceedings of the American Ethnological Society*. Washington, DC: American Anthropological Association, 50-64.

_____ 1987: Cultural relativism, human rights, and the AAA. *American Anthropologist*, 89 (4), 939-43.

Waters, M. 1996: Human rights and the universalisation of interests: towards a social constructionist approach. *Sociology*, 30 (3), 593-600.

Welch, C. B. 1984: *Liberty and Utility: the French Ideologues and the transformation of liberalism*. New York: Columbia University Press.

Wilson, R. A. 1997a: Human rights, culture and context: an introduction. In R. A. Wilson (ed.), *Human Rights, Culture and Context: anthropological perspectives*. London: Pluto Press, 1-27.

_____ 1997b: Representing human rights violations: social contexts and subjectivities. In R. A. Wilson (ed.), *Human Rights, Culture and Context: anthropological perspectives*. London: Pluto Press, 134-60.

_____ (ed.) 1997c: *Human Rights, Culture and Context: anthropological perspectives*. London: Pluto Press.

Wiseberg, L. S. 1992: Human rights non-governmental organizations. In R. P. Claude and B. H. Weston (eds), *Human Rights in the World Community: issues and action*. 2nd edn, Philadelphia: University of Pennsylvania Press, 372-83.

Woodiwiss, A. 1998: *Globalisation, Human Rights and Labour Law in Pacific Asia*. Cambridge: Cambridge University Press.

Zanger, S. C. 2000: A global analysis of the effect of political regime changes on life integrity violations, 1977-93. *Journal of Peace Research*, 37 (2), 213-33.

Zuckert, M. P. 1989: Bringing philosophy down from the heavens: natural right in the Roman law. *Review of Politics*, 51 (1), 70-85.

부록
# 버지니아 권리선언
(Virginia Declaration of Rights, 1776년 6월 12일)

선량한 버지니아 인민의 대표들이 전원 출석한 자유로운 회의에서 제정된 권리선언, 이러한 모든 권리들은 통치의 근거이며 토대로서 버지니아의 인민과 그 자손들에게 속한다.

### 제1조
모든 사람은 태어날 때부터 자유롭고 독립한, 일정한 생래의 권리를 가진다. 이러한 권리는 인민이 사회를 조직함에 있어서 어떠한 계약에 의해서도 인민의 자손으로부터 박탈할 수 없다. 그러한 권리는 재산을 취득 소유하고, 행복과 안녕을 추구 획득하는 수단을 수반하여 생명과 자유를 향유하는 권리다.

### 제2조
모든 권력은 인민에게 있고, 따라서 인민으로부터 나온다. 즉 행정관은 인민의 수임자이며 공복이며 인민에 충실해야 한다.

### 제3조

정부는 인민이나 국가 또는 공동체의 공통의 권익과 방위 그리고 안전을 위해서 수립되며, 또 수립되어야 한다. 정부의 형태와 양식은 다양하지만, 최대의 행복과 안전을 가져다 줄 수 있고, 실정의 위험에 대한 보호가 가장 효과적인 것이 그 중 최선의 형식이다. 어떠한 정부일지라도 그것이 이러한 목적에 반하거나 불충분한 것이 인정된 경우, 그 공동체의 다수인은 그 정부를 개량하고 변혁하거나 폐지하는, 확실하고 양도할 수 없으며 포기할 수 없는 권리가 있다. 다만, 그 행사방법은 공공의 복리에 가장 잘 공헌할 수 있다고 판단되는 것이어야 한다.

### 제4조

어떤 개인이나 집단도 공직에서만은, 그 공동체로부터 어떤 독점적이거나 별개의 보수 또는 특권을 부여받을 권리는 없다. 또 그러한 공직은 상속할 수 없기에 행정관, 입법부 의원, 또는 판사의 직은 세습되어서는 아니 된다.

### 제5조

국가의 입법권과 행정권은 사법권으로부터 분리되고 구별되어야 한다. 입법부와 행정부의 구성원이 압제에 빠지는 것을 방지하기 위하여, 그들로 하여금 인민의 부담을 알고 거기에 참여하도록, 그들을 일정한 기간 사인으로서의 지위로 복귀시키고 그들을 선출한 단체에게 돌려보내야 한다. 그 공석은 일정한 정규의 선거를 자주 실시함으로써 보충하여야 한다. 이 선거에서 전자의 구성원 전부 또는 일부가 재선될 수 있는가의 여부는 별도로 규정하여야 한다.

### 제6조

의회에서 인민의 대표로 봉사할 사람들의 선거는 자유로워야 한다. 사회에 대해서 항구적인 공통의 이익을 가지며, 또한 애착을 가졌다고 볼 만한 충분한 증거가 있는 모든 사람은, 선거권이 있으며, 그들 스스로의 동의 또는 자신들이 선출한 대표들의 동의가 없이는 공공의 용도를 위하여 과세당하거나 재산을 박탈당하지 아니한다. 마찬가지로 그들이 공공의 복리를 위하여 찬성하지 아니한 어떠한 법률에도 구속되지 아니한다.

### 제7조
어떤 기관도 인민 대표의 동의 없이 법률을, 또 그 법률의 집행을 정지할 권한을 가지는 것은 인민의 권리에 유해하며, 그러한 권한은 행사되어서는 아니 된다.

### 제8조
모든 중죄 또는 기타 형사소추에서 그 소추의 이유와 성질을 묻고, 소추자 및 증인과 대면하고 자기에게 유리한 증거를 요구하고, 또 주위의 공평한 배심원에 의한 신속한 공판을 받고, 이들 배심원의 전원일치의 동의에 의하지 않으면 유죄의 판결을 받지 아니할 권리를 가진다. 또 누구든지 자기에게 불리한 증거의 제출을 강제당하지 아니한다. 또 국법 내지 배심원의 평결에 의하지 않고는 그 자유를 박탈당하지 아니 한다.

### 제9조
과다한 액수의 보석금을 요구하거나 또는 과중한 벌금을 부과하여서는 아니된다. 또 잔인하고도 비정상적인 형벌을 부과해서도 아니된다.

### 제10조
관리 또는 영장전달자에게 범행의 증거가 없이 혐의 있는 장소의 수색을 명하거나, 또 특정한 기명이 없거나 그 범죄가 명시되어 있지 아니하거나 증거가 없는 한 사람 내지 많은 사람들의 체포를 명령하는 일반체포영장은 가혹하고 압제적인 것으로 발부되어서는 아니 된다.

### 제11조
재산에 관한 분쟁과 개인 사이의 소송에 있어서는 고래로부터의 배심재판이 가장 우수한 것이며, 신성한 것으로 하지 않으면 아니 된다.

### 제12조

언론과 출판의 자유는 자유의 유력한 방벽의 하나이며, 이를 제한하는 자는 전제적 정부라고 규정하지 않으면 아니 된다.

### 제13조

무기 훈련을 받는 규율이 정연한 민병은 자유국가의 적당하고 안전한 호위다. 평화시의 상비군은 자유에 대한 위협이므로 피하지 않으면 아니 된다. 어떠한 경우에도 군대는 문민의 권한에 엄격히 복종하고 그 지배를 받지 않으면 아니 된다.

### 제14조

인민은 통일된 정부를 가질 권리를 가진다. 따라서 버지니아 정부로부터 분리 내지 독립된 어떠한 정부도 그 영역 내에 수립되어서는 아니 된다.

### 제15조

대체로 자유로운 정치를 또는 자유의 향유를 인민에게 확보함에는 오로지 정의, 중용, 절제, 검약 그리고 덕을 고수하고 인권의 근본적인 원칙들을 때때로 상기하는 이외에는 방법이 없다.

### 제16조

종교 또는 창조주에 대한 예배와 그 양식은 무력이나 폭력에 의해서가 아니라 오로지 이성과 신념에 의해서만 지시될 수 있다. 그러므로 모든 사람은 양심이 명하는 바에 따라 자유롭게 종교를 신앙하는 평등한 권리를 가진다. 서로가, 다른 사람에 대하여 기독교적 인내, 애정 그리고 자비를 베푸는 것은 모두 사람의 의무다.

# 미국 독립선언
(Declaration of Independence, 1776년 7월 4일)

인류사의 과정에서 한 인민이 다른 인민과 사이에 결합된 정치적 유대를 끊고 자연의 법과 신의 법에 의해 부여된 자립 평등의 지위를 세계의 제강국 사이에 차지함이 필요하게 된 경우에 그 인민이 분립하지 않을 수 없게 된 이유를 선언하는 것은 인류의 의견에 대해 품고 있는 상당한 존경의 결과이다.

우리는 다음의 사실을 자명의 진리로 확신한다. 즉 모든 사람은 평등하게 창조되었고, 그들은 조물주에 의하여 일정한 불가양의 천부의 권리를 부여받았으며, 그 중에는 생명과 자유와 행복을 추구할 권리가 포함되어 있다. 또 이러한 모든 권리를 확보하기 위해 인류 사이에 정부가 조직되었다는 것 그리고 그 (정부의) 정당한 권력은 피치자의 동의에서 유래하는 것이다. 그리고 어떠한 정치 형태라고 할지라도 이러한 목적을 훼손하기에 이른 경우에는 인민은 그것을 개폐하고 그들의 안전과 행복을 가져올 수 있는 주의를 기초로 하여 또 권한의 기구를 가질 새로운 정부를 조직하는 권리를 가지고 있다.

오랫동안 존속된 정부는 경미한 일시적인 원인으로 말미암아 바뀌어서는 안 된다는 것은 실로 신중한 사려가 명하는 바이다. 따라서 과거의 경험도 모두 인류가 재해를 참을 수 있는 한, 그들은 오래 익숙해 온 형식을 폐지하려고 하지 않고 오히려 참고 견디려는 경향을 보이고 있다. 그러나 연속되는 포학과 찬탈의 사실이 명확히 일관된 목적 하에 인민을 절대적 폭정으로 압도하려는 기도를 표시하기에 이를 때에는 그러나 정부를 폐기하고 스스로 장래의 안전을 위해 새로운 보장의 조직을 창설하는 것은 그들의 권리고 또한 의무다. 이들 식민지가 견디어 온 고난은 그러한 경우에 해당하며, 지금이야말로 그들로 하여금 어쩔 수 없이 종전의 정치 형태를 변혁해야 할 필요성이 있다. 대영제국의 현국왕의 역사는 이들 각 나라 제방 위에 절대의 폭군제를 수립할 것을 직접적인 목적으로 하여 되풀이해 자행된 가해와 찬탈의 역사다. 이것을 증명하기 위해 공정한 세계를 향해 감히 사실을 제시한다.

# 인간(남성)과 시민의 권리선언(1789)
(Declaration des Droit de l' Homme et du Citoyen, 1789년 8월 26일)

국민의회를 구성하고 있는 프랑스 인민의 대표자들은 인권에 대한 무지, 망각, 또는 멸시가 공공의 불행과 정부의 부패를 초래하는 유일한 원인이라고 생각하여, 인간(남성)의 자연적이고 양도할 수 없는 신성한 권리들을 엄숙한 선언으로 제시할 것을 결의한다. 그 목적하는 바는 이 선언을 사회전체의 모든 구성원들에게 항시 제시함으로써 그들의 권리 및 의무를 끊임없이 상기시키기 위함이며, 입법권의 행위 및 집행권의 행위를 수시로 모든 정체제도의 목적과 비교함으로써 보다 존중하기 위함이며, 시민의 요구가 앞으로 간결하고도 자명한 원칙에 기초함으로써 언제나 헌법의 유지와 모두의 행복을 지향하도록 하기 위함이다. 그 결과 국민의회는 지고의 존재 앞에서 그 가호를 받아 인간(남성)과 시민의 권리를 아래와 같이 승인하고 있다.

### 제1조
인간(남성)은 자유롭게 그리고 권리에 있어 평등하게 태어나 존재한다. 사회적 차별은 공공 이익을 근거로 해서만 있을 수 있다.

### 제2조

모든 정치적 결사의 목적은 인간(남성)의 자연적이고 소멸될 수 없는 권리를 보전함에 있다. 그 권리란 자유, 소유, 안전, 압제에 대한 저항이다.

### 제3조

모든 주권의 원천은 본질적으로 국민에게 있다. 어떠한 단체나 개인도 국민으로부터 명시적으로 유래하지 않는 권위를 행사할 수 없다.

### 제4조

자유는 타인에게 해롭지 않은 모든 것을 행할 수 있음이다. 따라서 모든 개인의 자연권 행사는 사회의 다른 구성원에게 똑같은 권리의 향유를 보장하는 이외의 제약을 갖지 아니한다. 그 제약은 오로지 법에 의해서만 규정될 수 있다.

### 제5조

법은 사회에 해로운 행위가 아니면 금지할 권리를 갖지 아니한다. 법에 의해 금지되지 않는 행위는 어느 누구도 방해할 수 없으며, 또 누구도 법이 명하지 않는 것을 행하도록 강제받지 아니한다.

### 제6조

법은 일반 의지의 표현이다. 모든 시민은 스스로 또는 대표자를 통하여 법 제정에 참여할 권리를 갖는다. 법은 보호하는 경우에나 처벌하는 경우에나 모든 사람에게 동일한 것이어야 한다. 모든 시민은 법 앞에 평등하므로, 그 능력에 따라서 그리고 덕성과 재능의 차별 이외에는 평등하게 공적인 위계·지위·직무에 취임할 수 있다.

### 제7조

법이 정한 경우를 제외하고는, 또한 법이 규정한 절차에 따르지 않고는 어느 누구도 소추, 체포, 또는 구금될 수 없다. 자의적 명령을 요청·발령·집행하거나 집행시키는 자는 처벌되어야 한다. 그러나 법에 따라 소환되거나 체포된 시민은 누구나 이에 즉각 복종해야 한다. 이에 저항하는 것은 범죄가 된다.

### 제8조
법은 엄격히 그리고 명백히 필요한 형벌만을 설정해야 하며, 누구도 범죄 이전에 제정·공포되고 또 합법적으로 적용된 법률에 의하지 않고는 처벌될 수 없다.

### 제9조
모든 사람은 유죄로 선고되기까지는 무죄로 추정되는 것이므로, 체포가 불가피하다고 판단되더라도 신병을 확보하는 데 필요하지 아니한 모든 강제는 법에 의해 엄격하게 규제되어야 한다.

### 제10조
어느 누구도 자신의 의견을 표명함에 있어, 그것이 종교상의 것일지라도, 법에 의해 설정된 공공질서를 문란하게 하지 않는 한 방해를 받지 않는다.

### 제11조
사상과 의견의 자유로운 소통은 인간(남성)의 가장 귀중한 권리의 하나이다. 따라서 모든 시민은 자유롭게 말하고 쓰고 출판할 수 있다. 다만 법에 규정된 경우에 있어서의 이 자유의 남용에 대해서는 책임을 져야 한다.

### 제12조
인간(남성)과 시민의 권리의 보장은 공공 무력을 필요로 한다. 따라서 이 무력은 모두의 이익을 위해 설치되는 것으로, 그것의 위탁을 받는 사람들의 개별적 이익을 위해 설치되는 것이 아니다.

### 제13조

공공 무력의 유지를 위해 그리고 행정의 비용을 위해, 공동의 조세는 불가결하다. 공동의 조세는 모든 시민에게 그들의 능력에 따라 평등하게 분담되어야 한다.

### 제14조

모든 시민은 스스로 또는 그들의 대표자를 통해 공공 조세의 필요성을 확인하며, 그것에 자유로이 동의하며, 그 쓰임새를 계속 주시하며, 또한 그 액수, 기준, 징수 및 존속 기간을 설정할 권리를 갖는다.

### 제15조

사회는 모든 공직자에게 그 행정에 관한 보고를 요구할 권리를 갖는다.

### 제16조

권리의 보장이 규정되어 있지 않고, 권력의 분립이 확정되어 있지 아니한 사회는 헌법을 갖고 있지 아니하다.

### 제17조

소유는 불가침적이고 신성한 권리이므로, 적법하게 확인된 공공 필요성이 명백히 요구하는 경우 및 정당한 사전 보상이 제시된 조건이 아니면 어느 누구도 그 권리를 침해당할 수 없다.

# 세계인권선언
(Universal Declaration on Human Rights)

'1948년 12월 10일 유엔총회 결의 217A(III)에 따라 채택하고 선포하다.'

## 전문

모든 인류 구성원의 천부의 존엄성과 동등하고 양도할 수 없는 권리를 인정하는 것이 세계의 자유, 정의 및 평화의 기초이며,

인권에 대한 무시와 경멸이 인류의 양심을 격분시키는 만행을 초래하였으며, 인간이 언론과 신앙의 자유 그리고 공포와 결핍으로부터의 자유를 누릴 수 있는 세계의 도래가 모든 사람들의 지고한 열망으로서 천명되어 왔으며,

인간이 폭정과 억압에 대항하는 마지막 수단으로서 반란을 일으키도록 강요받지 않으려면, 법에 의한 통치에 의하여 인권이 보호되어야 하는 것이 필수적이며,

국가간에 우호관계의 발전을 증진하는 것이 필수적이며,

국제연합의 모든 사람들은 그 헌장에서 기본적 인권, 인간의 존엄과 가치 그리고 남녀의 동등한 권리에 대한 신념을 재확인하였으며, 보다 폭넓은 자유속에서 사회적 진보와 보다 나은 생활수준을 증진하기로 다짐하였고,

회원국들은 국제연합과 협력하여 인권과 기본적 자유의 보편적 존중과 준수를 증진할 것을 스스로 서약하였으며,

이러한 권리와 자유에 대한 공통의 이해가 이 서약의 완전한 이행을 위하여 가장 중요하므로,

이에,

국제연합총회는,

모든 개인과 사회 각 기관이 이 선언을 항상 유념하면서 학습 및 교육을 통하여 이러한 권리와 자유에 대한 존중을 증진하기 위하여 노력하며, 국내적 그리고 국제적인 점진적 조치를 통하여 회원국 국민들 자신과 그 관할 영토의 국민들 사이에서 이러한 권리와 자유가 보편적이고 효과적으로 인식되고 준수되도록 노력하도록 하기 위하여, 모든 사람과 국가가 성취하여야 할 공통의 기준으로서 이 세계인권선언을 선포한다.

### 제1조
모든 인간은 태어날 때부터 자유로우며 그 존엄과 권리에 있어 동등하다. 인간은 천부적으로 이성과 양심을 부여받았으며 서로 형제애의 정신으로 행동하여야 한다.

### 제2조
모든 사람은 인종, 피부색, 성, 언어, 종교, 정치적 또는 기타의 견해, 민족적 또는 사회적 출신, 재산, 출생 또는 기타의 신분과 같은 어떠한 종류의 차별이 없이, 이 선언에 규정된 모든 권리와 자유를 향유할 자격이 있다. 더 나아가 개인이 속한 국가 또는 영토가 독립국, 신탁통치지역, 비자치지역이거나 또는 주권에 대한 여타의 제약을 받느냐에 관계없이, 그 국가 또는 영토의 정치적, 법적 또는 국제적 지위에 근거하여 차별이 있어서는 아니된다.

### 제3조
모든 사람은 생명과 신체의 자유와 안전에 대한 권리를 가진다.

### 제4조
어느 누구도 노예상태 또는 예속상태에 놓여지지 아니한다. 모든 형태의 노예제도와 노

예매매는 금지된다.

### 제5조
어느 누구도 고문, 또는 잔혹하거나 비인도적이거나 굴욕적인 처우 또는 형벌을 받지 아니한다.

### 제6조
모든 사람은 어디에서나 법 앞에 인간으로서 인정받을 권리를 가진다.

### 제7조
모든 사람은 법 앞에 평등하며 어떠한 차별도 없이 법의 동등한 보호를 받을 권리를 가진다. 모든 사람은 이 선언에 위반되는 어떠한 차별과 그러한 차별의 선동으로부터 동등한 보호를 받을 권리를 가진다.

### 제8조
모든 사람은 헌법 또는 법률이 부여한 기본적 권리를 침해하는 행위에 대하여 권한있는 국내법정에서 실효성 있는 구제를 받을 권리를 가진다.

### 제9조
어느 누구도 자의적으로 체포, 구금 또는 추방되지 아니한다.

### 제10조
모든 사람은 자신의 권리, 의무 그리고 자신에 대한 형사상 혐의에 대한 결정에 있어 독립적이며 공평한 법정에서 완전히 평등하게 공정하고 공개된 재판을 받을 권리를 가진다.

### 제11조
모든 형사피의자는 자신의 변호에 필요한 모든 것이 보장된 공개 재판에서 법률에 따라 유죄로 입증될 때까지 무죄로 추정받을 권리를 가진다.

어느 누구도 행위시에 국내법 또는 국제법에 의하여 범죄를 구성하지 아니하는 작위 또는 부작위를 이유로 유죄로 되지 아니한다. 또한 범죄 행위시에 적용될 수 있었던 형벌보다 무거운 형벌이 부과되지 아니한다.

### 제12조

어느 누구도 그의 사생활, 가정, 주거 또는 통신에 대하여 자의적인 간섭을 받거나 또는 그의 명예와 명성에 대한 비난을 받지 아니한다. 모든 사람은 이러한 간섭이나 비난에 대하여 법의 보호를 받을 권리를 가진다.

### 제13조

모든 사람은 자국내에서 이동 및 거주의 자유에 대한 권리를 가진다.

모든 사람은 자국을 포함하여 어떠한 나라를 떠날 권리와 또한 자국으로 돌아올 권리를 가진다.

### 제14조

모든 사람은 박해를 피하여 다른 나라에서 비호를 구하거나 비호를 받을 권리를 가진다. 이러한 권리는 진실로 비정치적 범죄 또는 국제연합의 목적과 원칙에 위배되는 행위로 인하여 기소된 경우에는 주장될 수 없다.

### 제15조

모든 사람은 국적을 가질 권리를 가진다.

어느 누구도 자의적으로 자신의 국적을 박탈당하지 아니하며 자신의 국적을 변경할 권리가 부인되지 아니한다.

### 제16조

성인 남녀는 인종, 국적 또는 종교에 따른 어떠한 제한도 없이 혼인하고 가정을 이룰 권리를 가진다. 그들은 혼인에 대하여, 혼인기간 중 그리고 혼인해소시에 동등한 권리를 향유할 자격이 있다.

혼인은 장래 배우자들의 자유롭고 완전한 동의하에서만 성립된다.

가정은 사회의 자연적이고 기초적인 단위이며, 사회와 국가의 보호를 받을 권리가 있다.

### 제17조

모든 사람은 단독으로뿐만 아니라 다른 사람과 공동으로 재산을 소유할 권리를 가진다.

어느 누구도 자의적으로 자신의 재산을 박탈당하지 아니한다.

### 제18조

모든 사람은 사상, 양심 및 종교의 자유에 대한 권리를 가진다. 이러한 권리는 종교 또는 신념을 변경할 자유와, 단독으로 또는 다른 사람과 공동으로 그리고 공적으로 또는 사적으로 선교, 행사, 예배 및 의식에 의하여 자신의 종교나 신념을 표명하는 자유를 포함한다.

### 제19조

모든 사람은 의견의 자유와 표현의 자유에 대한 권리를 가진다. 이러한 권리는 간섭없이 의견을 가질 자유와 국경에 관계없이 어떠한 매체를 통해서도 정보와 사상을 추구하고, 얻으며, 전달하는 자유를 포함한다.

### 제20조

모든 사람은 평화적인 집회 및 결사의 자유에 대한 권리를 가진다.

어느 누구도 어떤 결사에 참여하도록 강요받지 아니한다.

### 제21조

모든 사람은 직접 또는 자유로이 선출된 대표를 통하여 자국의 정부에 참여할 권리를 가진다.

모든 사람은 자국에서 동등한 공무담임권을 가진다.

국민의 의사가 정부 권능의 기반이다. 이러한 의사는 보통·평등 선거권에 따라 비밀 또는 그에 상당한 자유 투표절차에 의한 정기적이고 진정한 선거에 의하여 표현된다.

### 제22조

모든 사람은 사회의 일원으로서 사회보장을 받을 권리를 가지며, 국가적 노력과 국제적 협력을 통하여 그리고 각 국가의 조직과 자원에 따라서 자신의 존엄과 인격의 자유로운 발전에 불가결한 경제적, 사회적 및 문화적 권리들을 실현할 권리를 가진다.

### 제23조

모든 사람은 일, 직업의 자유로운 선택, 정당하고 유리한 노동 조건 그리고 실업에 대한 보호의 권리를 가진다.
모든 사람은 아무런 차별없이 동일한 노동에 대하여 동등한 보수를 받을 권리를 가진다.
노동을 하는 모든 사람은 자신과 가족에게 인간의 존엄에 부합하는 생존을 보장하며, 필요한 경우에 다른 사회보장방법으로 보충되는 정당하고 유리한 보수에 대한 권리를 가진다.
모든 사람은 자신의 이익을 보호하기 위하여 노동조합을 결성하고, 가입할 권리를 가진다.

### 제24조

모든 사람은 노동시간의 합리적 제한과 정기적인 유급휴가를 포함하여 휴식과 여가의 권리를 가진다.

### 제25조

모든 사람은 의식주, 의료 및 필요한 사회복지를 포함하여 자신과 가족의 건강과 안녕에 적합한 생활수준을 누릴 권리와, 실업, 질병, 장애, 배우자 사망, 노령 또는 기타 불가항력의 상황으로 인한 생계 결핍의 경우에 보장을 받을 권리를 가진다.
어머니와 아동은 특별한 보호와 지원을 받을 권리를 가진다. 모든 아동은 적서에 관계없이 동일한 사회적 보호를 누린다.

### 제26조

모든 사람은 교육을 받을 권리를 가진다. 교육은 최소한 초등 및 기초단계에서는 무상이어야 한다. 초등교육은 의무적이어야 한다. 기술 및 직업교육은 일반적으로 접근이 가능하여야 하며, 고등교육은 모든 사람에게 실력에 근거하여 동등하게 접근 가능하여야 한다.

교육은 인격의 완전한 발전과 인권과 기본적 자유에 대한 존중의 강화를 목표로 한다. 교육은 모든 국가, 인종 또는 종교 집단간에 이해, 관용 및 우의를 증진하며, 평화의 유지를 위한 국제연합의 활동을 촉진하여야 한다.

부모는 자녀에게 제공되는 교육의 종류를 선택할 우선권을 가진다.

### 제27조

모든 사람은 공동체의 문화생활에 자유롭게 참여하며 예술을 향유하고 과학의 발전과 그 혜택을 공유할 권리를 가진다.

모든 사람은 자신이 창작한 과학적, 문학적 또는 예술적 산물로부터 발생하는 정신적, 물질적 이익을 보호받을 권리를 가진다.

### 제28조

모든 사람은 이 선언에 규정된 권리와 자유가 완전히 실현될 수 있도록 사회적, 국제적 질서에 대한 권리를 가진다.

### 제29조

모든 사람은 그 안에서만 자신의 인격이 자유롭고 완전하게 발전할 수 있는 공동체에 대하여 의무를 가진다.

모든 사람은 자신의 권리와 자유를 행사함에 있어, 다른 사람의 권리와 자유를 당연히 인정하고 존중하도록 하기 위한 목적과, 민주사회의 도덕, 공공질서 및 일반적 복리에 대한 정당한 필요에 부응하기 위한 목적을 위해서만 법에 따라 정하여진 제한을 받는다.

이러한 권리와 자유는 어떠한 경우에도 국제연합의 목적과 원칙에 위배되어 행사되어서는 아니된다.

**제30조**

이 선언의 어떠한 규정도 어떤 국가, 집단 또는 개인에게 이 선언에 규정된 어떠한 권리와 자유를 파괴하기 위한 활동에 가담하거나 또는 행위를 할 수 있는 권리가 있는 것으로 해석되어서는 아니된다.

## 옮긴이 후기

　인권(人權)이라는 한자말 단어만 놓고도 우선 직관적으로 인권 개념의 몇 가지 중요한 특징을 짐작할 수 있을 것 같다. 인권은 인간이 인간이기 때문에 가지는 권리이며, 그렇기 때문에 인간이면 누구나 갖고 있는 권리라는 것이다. 즉 특정 국가의 헌법이 규정하는 국민의 권리나 시민권과는 다르며, 특정한 집단에 속하기 때문에 갖게 되지만 그 집단을 벗어나면 더 이상 가질 수 없는 학생권이나 교사권과도 다르다. 또한 그렇기 때문에 인권은 누구도 양도하거나 포기하거나 강탈할 수 없는 권리이다. 즉 소유권이나 지적재산권과는 다른 종류이다. 이렇듯 인권은 '보편성'과 '양도불가성'을 특징으로 하는 권리다.
　인간이 살아가는 데 가장 필수적이고 기본적인 요소들, 즉 생명, 생존, 생각, 신체에 대한 자기결정 등은 어느 하나라도 부족하면 인간으로 존재한다고 말할 수 없는 것들이다. 마치 신체의 장기 중 어느 하나도 없어서는 안 되는 것처럼, 생명권, 생존권, 사상의 자유에 대한 권리, 노예의 상태에 처하지 않을 권리 등 인간이 인간으로 존재하는 데 가장 필수적이고 기본적인 권리들 역시 어느 하나 부족해서는 안 되는 것들이다. 인권은 '불가분성'의 특징을 가진다는 뜻이다. 또한 신체의 장기들이 서로 복잡하게 연결되어 있는 것처럼 인권을 이루는 권리들 역시 '상호의존성'을 갖는다. 배가 고프면 목소리를 낼 힘도 없게 되지만, 목소리를 내지 못하면 배고픔을 호소할 수도 없는 것이다. 표현의 자유에 대한 권리가 보장되지 않으면 노동조합의 권리가 보장되기 힘들며, 그러면 노동자들의 경제적 권리가 후퇴하게 되고, 그 결과 노동자 자녀들의 교육권에 영향을 주게 된다.

인권이 인간이면 누구나 보편적으로 갖고 있는 권리라는 것은 인간에게 가장 기본적인, 다시 말해 인간이 인간으로서 보장받아야 할 최저수준의 권리라는 것을 뜻한다. 인간은 누구나 생존과 생활의 유지에 필요한 주거에 대한 권리를 갖는다는 사실은 인권의 문제이지만, 수십억대의 아파트를 분양받을 권리에 관한 문제가 생긴다면 그것은 인권의 문제가 아니다. 인간은 누구나 사회보장에 대한 권리를 갖고 있지만, 모든 국가가 국민에게 최고 수준의 사회보장을 제공해줄 수는 없는 것이다. 인권은 가장 낮은 수준의 '최소한의' 권리다.

하지만 인권이라는 개념이 인간의 역사에 처음 등장했을 때에 비해 오늘날 그 개념이 훨씬 더 확장되어 있다는 것은 사실이다. 서유럽의 인권의 역사는 그 개념이 처음 등장했을 당시부터 현실의 제도 하에서는 인정받지 못했던 사회적 약자들의 권리들을 정치적 투쟁을 통해 획득해나가는 과정이었다. 인권은 시작부터 혁명의 정당성을 위해 주장된 것이었다. 노예상태에 처하지 않을 권리, 여성의 동등한 정치참여권, 신체를 보전할 권리(고문당하지 않을 권리) 등이 그러한 역사적 과정을 거쳐 지금에는 당연하게 받아들여지는 것들이며, 이주노동자와 가족의 권리, 장애인의 이동권, 동성애자들이 혼인할 권리 그리고 국가에 의해 살인당하지 않을 권리(사형제도 폐지) 등은 아직 그 과정에 있는 것들이다. 인권의 개념과 그에 관한 담론은 정치투쟁을 통해 확장되어 왔다.

그러한 정치투쟁이 가능했고 또한 정당성을 인정받았던 것은 인권이 가진 윤리적 측면 때문이라고 볼 수 있다. 인권은 영어단어 휴먼라이츠(Human Rights)의 번역이다. 한자말 권리(權利)가 권한과 이익이라는 뜻만 가지고 있는데 반해, 영어의 라이트(right)는 본래 '옳음' 혹은 '옳은 것' 이라는 뜻을 가지고 있다. 서양에서 권리의 개념은 '옳음' 이라는 개념에서 시작되었다. 즉 내가 생명에 대한 권리를 갖는다고 말한다면, 그것은 나의 생명은 옳고 당연한 것이며 그것을 가로막는 사람이나 그 사람의 행위는 그르다(wrong)는 것을 뜻한다. 이렇게 '옳음' 이라는 가장 궁극적인 개념과 '인간' 이라는 가장 본질적인 개념이 서로 만났기 때문에 휴먼라이츠라는 개념은 누구도 섣불리 부정할 수 없는 권위를 갖게 된 것이다. 인권은 인간에게 옳고 당연한 것이며 인권의 침해는 그르고 부자연스러운 것이다. 따라서 인권의 획득을 위한 정치투쟁은 인간이 충분히 납득할만한 윤리적 정당성을 가진 것이었고, 옳음을 추구하는 인간이나 그른 행위로 인해 고통 받는 인간들의 지지를 받을 수 있었던 것이다.

인권 개념은 항상 그러한 윤리적 정당성을 바탕으로 현실제도의 부당함에 저항하여, 현실제도에 존재하지 않는 권리를 주장하는 근거로 작용하였다. 그렇기 때문에 인권이 제도화되면 그것은 더 이상 인권이 아니라 제도에 의해 보장받을 수 있는 법적 권리가 된다. 프랑스혁명 당시 사람들은 표현의 자유에 대한 권리를 갈구하였지만 그 권리는 현실의 법률에는 규정되어 있지 않은 권리였다. 그리하여 프랑스 시민과 민중들은 혁명을 통하여 그러한 인권을 획득하려고 하였던 것이다. 오늘날 프랑스에도 그리고 대한민국에도 표현의 자유는 헌법으로 보장하고 있어 '법률적 의미에서는' 이미 인권이 아니라고 볼 수도 있다. 헌법이 보장하는 국민의 권리인 것이다. (하지만 국가보안법이 현존하는 대한민국에서는 정부가 특정 집단을 적으로 규정하면 그 집단을 찬양하거나 고무, 선전할 권리가 부정된다. 그렇기 때문에 대한민국에서는 표현의 자유에 대한 권리 중 일부가 여전히 인권의 문제로 남아 있다고 볼 수도 있다.)

이렇듯 인권옹호자들의 역할은 현실의 법률이 보장하고 있지 못하지만 인간에게 당연하다고 여겨지는 권리들을 찾아내어 그것을 법률이 보장하도록 하는 일이다. 그 역할을 완수하면 그들은 다시 새로운 사회적 약자들의 인권문제를 찾아내고 그들의 인권을 법률이 보장할 수 있도록 정치투쟁을 벌이거나 법률을 개정하거나 학문을 통해 지원한다. 한국사회에서도 군부독재에 의한 정치탄압과 노동탄압이 극심하던 시기에는 표현의 자유와 정치참여의 권리가 중요한 인권문제였다. 하지만 그러한 문제들이 일정 정도 제도적으로 보장되어 가면서 그동안 그늘에 가려져 있던 사회적 약자들의 인권문제, 즉 동성애자, 양심에 따른 병역거부자, HIV/AIDS 감염인, 한센인 등의 인권문제가 새로이 등장하는 상황을 볼 수 있다.

인권의 보장을 획득하거나 확산하는 것이 항상 정치투쟁의 방법으로만 이루어진 것은 아니다. 최근 대한민국의 국가인권위원회는 '크레파스의 살색이라는 표현은 차별행위', '초등학생 일기장 검사는 인권침해', '헌혈문진 시 동성애 여부 질문은 차별행위' 등의 결정들을 내렸다. 여기서 다루어진 사회적 관행들은 일상생활에서 발생하면서 보통 사람들이 옳지 않다고 느끼거나 불편하게 여기는, 하지만 일부 사람들은 보다 심각한 고통으로 받아들일 수 있는, 것들이다. 사소한 문제처럼 보일 수도 있지만 인권은 이렇게 사람들의 일상생활 속에서도 문제가 될 수 있는 것이다. 국가인권위원회는 특정한 사회문제에 대해서 그것이 인권의 범주에 속할 것인가 아닌가에 대한 일종의 판결을 내리는 역할을 하고 있다. 그 판단이 항상 옳은지 아닌지에 대해서는 심각하게 논의해보아야 할 주제이지만, 이러한 활동이 인권의 지평을 넓혀나가는 데 기여할 수도 있다.

인권의 개념이 갖고 있는 윤리적 측면으로 인해 사람들은 대부분 인권은 막연히 옳고 좋은 것이라고 생각한다. 어쩌면 온갖 이론과 수사가 가해지기 이전 상태의 원래 인권 개념은 그러한 것인지도 모른다. 하지만 현실에 있어서 '인권'이라는 단어는 세계 곳곳에서 실로 여러 가지 뜻을 가지면서 다양한 방식으로 정치에 이용된다. 미국 보수주의자들은 북한정권의 붕괴를 예상하며 '북한인권법'을 제정하였다. 이들은 아프가니스탄 전 때도 그랬고 이라크전 때도 그랬듯이 전쟁을 일으키기 전마다 스스로의 도덕적 및 국제법적 정당성을 확보하기 위해 상대국의 인권문제를 거론하곤 한다. 유엔의 인권무대에서는 인도와 파키스탄 정부가 카쉬미르 지역에서 발생한 인권침해 문제를 놓고 설전을 벌이지만 실은 영토분쟁일 뿐이다. 또 다수의 이슬람국가들이 팔레스타인에서 이스라엘군에 의해 발생한 인권침해를 반복해서 성토하지만, 한편으로는 자국 내의 여성차별, 고문, 사형, 정치적 및 종교적 탄압이 의제로 제기되지 않도록 시간을 끌기 위해서 같은 말을 반복하는 경향이 있다. 인권은 극도로 정치적인 개념이고 위선적인 개념이 될 수도 있다. 마치 '혁명'(革命)이라는 단어가 뜻하는 바가 한국에서 1960년 군사쿠데타에 이어 세워진 군사혁명위원회에서 쓰인 경우와 1980년대 사회주의 변혁을 지향하는 이들이 썼던 경우가 다른 것처럼, 인권이라는 단어도 누가 어떻게 쓰느냐에 따라 전혀 다른 뜻을 가질 수가 있는 것이다. 우리는 '인권정치'라는 말을 들었을 때 그것이 '인권을 이용하는 정치'인지 '인권을 위한 정치'인지를 반드시 구분하여야 한다.

앞서 언급한 인권의 보편성 문제에 대해서는 한국사회의 맥락에서 다시 한번 되짚어 볼 필요가 있다. 여전히 인권의 보편성에 대한 반발로서의 아시아적 가치가 거론되기 때문이다. 휴먼라이츠라는 언어가 처음으로 등장하고 그 개념이 발전해온 곳이 서구사회라는 것은 부인할 수 없는 역사적 사실이다. 또한 지금까지 전해지는 서구문명의 대부분은 크리스트교와 유일신이라는 배경을 갖고 있으며, 인권이라는 개념 역시 거기서 자유로울 수 없다. 사실 처음 인권을 생각했던 서유럽 사람들에게는 현실 세계의 부당한 권력에 저항하면서 그 근거가 필요했는데, 그 근거로서 현실세계의 그 무엇보다 더 우월한 존재는 바로 신이었다. 인권은 절대적 권위인 신이 모든 인간에게 준 보편적인 권리(천부인권)였으므로 인간 어느 누구도 함부로 침해할 수 없다는 것이었다. 하지만 당시 유럽인들의 사고체계는 이교도나 비유럽인들을 자신들과 같은 '인간'으로 인식하지 못하였으며, 그들에게 있어서 '보편'은 전 유럽을 뜻할 뿐이었다. 인권을 주장하거나 따르는 이들 역시 그러한 패러다임을 크게 벗어나지 못하였으며, 그래서 천부인권이라는 사상이 별 무리 없이 받아들여졌던 것이다.

하지만 제2차 세계대전 직후 UN의 설립과 함께 인권의 언어가 다시 부각되기 시작하면서부터는 상황이 바뀌었다. '인간'의 범주가 전 세계의 인종으로 확대되었고 하나의 특정 종교가 보편적 인권의 근거가 될 수 없게 된 것이다. 인권에서 신을 지워내야 하게 되었다. UN은 이러한 문제를 아무런 철학이나 이론에 기댐 없이 '인권은 인간이 누군가로부터 부여받은 것이 아니라 태어나면서부터 갖고 태어난 것'이라고 선언하고 투표를 통해 각국 정부대표의 동의를 받아내었다. 결국 1948년 이후의 현대인권은 인간이 인간에게 부여한 것이다. 좀 비판적으로 보는 이들은 오늘날의 인권은 유엔(사실상 초강대국들의 지배를 받는)이 조작해낸 개념이라고 주장하기도 한다. 전혀 틀린 말은 아니지만, 시간이 갈수록 점점 덜 그러해지는 것 같다. 전 세계의 사람들이 세계인권선언(그것이 어떠한 정치적 타협의 산물이건 간에)을 스스로 읽고 서로에게 읽어 주면서 인간이 동료 인간들에게 인권을 부여해주고 있기 때문이다. 인권은 인류가 인간에게 부여하고 있는 권리다.

21세기에도 사람들은 여전히 자신들이 가진 패러다임 속에서만 인간과 권리의 범주를 규정하고, 자신들의 패러다임 바깥에 있는 이들을 배제하고 있다. 몇몇 연구자들이 추정하는 바에 따르면 한국사회에 인권의 개념이 적극적으로 도입된 것은 70~80년대 군사독재 시기였던 것 같다. 현실의 폭정 하에서 제도적으로 보장받을 수 없었던 정치적 권리를 주장하기 위해 그 근거로서 인권을 찾았던 것이다. 필요에 의해 받아들여진 것이다. 그 사상 자체가 수입되어 적용되었을 수도 있고, 이미 존재하고 있던 사상을 개념화하면서 인권이라는 단어를 도입했을 수도 있다. 그리하여 한국사회에서 인권운동은 한동안 반독재투쟁과 민주화의 과정으로 이해되어 왔다. 하지만 오늘날 한국사회는 시민들 사이에 지배적인 패러다임 바깥에 있는 사람들의 인권보장의 문제에 대해서는 여전히 인식하지 못하고 있는 것 같다. 마치 17~18세기 유럽인들이 이교도와 비유럽인들을 인간으로 여기지 않고 인권의 주체로 인식하지 못했던 것처럼, 오늘날 한국사회에서도 외국인이주노동자들이 한국 땅에서 동등한 노동조건을 누리고 노동조합을 결성하며 정치적 활동을 할 권리를 당연하게 여기지 못하고 있다. HIV/AIDS 감염인이나 한센인들은 여전히 격리감시당하고 있고, 노숙인들은 범죄인 취급당하고 있으며, 동성애자들이 정신질환자로 취급되고 있다.

현실에서 인권은 항상 보편적이지 않게 작동하고 있다. 하지만 그 개념은 항상 완전한 보편을 지향하고 있으며, 그 개념의 실천 역시 항상 보편화되는 과정 속에 있다. 여기까지가 이 책에 대한 역자의 어설픈 감상문이다.

이 책은 마이클 프리먼 교수가 영국 에섹스대학교 인권연구소 인권학제간 과정의 핵심강의 중 하나인 '인권과 정치이론'의 내용을 바탕으로 쓴 것이다. 마이클 프리먼 교수는 철저한 자유주의자이며 로크주의자이다. 다수의 서유럽 지식인들이 그렇듯이 그에게 있어서 자유주의는 나치즘과 홀로코스트에 대한 반대이다. 또한 그에게 있어서 인권의 핵심은 폭정에 대해 저항하여 주장할 수 있는 권리이다. 다수의 서유럽 인권이론가들이 그렇듯이 그 역시 발전권과 소수자의 권리가 인권일 수 있는지에 대해 의문을 제기한다. 그리고 아시아적 가치에 대해서도 단호한 입장이다.

역자가 강의를 들을 당시 수강생 대부분은 전 세계 각지의 현장에서 인권 관련 활동을 하다 모여든 인권연구소 대학원생들이었다. 교수의 이러한 단호한 입장은 많은 학생들이 불만을 불러일으키기에 충분하였다. 남아메리카 출신 학생들은 원주민의 권리를, 아프리카 출신 학생들은 발전권을 그리고 아시아 출신 학생들은 아시아적 가치라고 표현할 수는 없지만 그래도 무엇인가 다른 가치체계가 있다고 주장하고, 교수가 유럽중심주의에 빠졌다고 비난하기도 하였다. 그때마다 교수의 단호한 입장은 인권은 인권일 뿐이며, 여타의 권리가 중요하지 않거나 보장되지 않아야 한다는 것이 아니라는 것이었다. 인권의 선명성을 지키기 위한 노력일 수도 있고, 인권보수주의일 수도 있겠다.

이 책이 인권에 대한 모든 관점과 논쟁을 다 담고 있는 것은 아니다. 또한 이 책에는 저자의 특정한 관점이 분명히 드러나 보인다. 저자의 관점은 최소한 인권이론에 관한 논쟁이 가장 활발한 서유럽에서는 분명히 가장 정통적이고 주류적이며, 이론적으로 가장 완성된 관점이다. 하지만 그것은 아시아, 아프리카 국가들이 상대적으로 정치적 발언력을 갖는 UN의 인권무대에서는 정치적으로 많은 도전을 받는 관점일 수도 있다. 역자는 이 번역서를 통해 한국사회에서 인권의 개념에 대한 다양한 논쟁이 일어나기를 감히 희망한다. 이 책의 원본에는 원래 각주가 전혀 없었지만, 독자들의 이해를 돕기 위해 가능한 많은 역주를 넣으려고 애를 썼다. 사실 역자가 책을 처음 읽을 때 이해하지 못했던 개념이나 역사적 사실 등을 공부해서 넣은 역주이기 때문에, 수준이 낮거나 번잡스럽게 보이지 않을까 걱정이다.

이 책이 나오기까지 도움을 주신 많은 분들께 고맙다는 말씀을 전하고 싶다. 우선 이 책의 번역을 허락해주시고 한국어판 서문까지 써주셨으며, 번역하는 동안 조언을 아끼지 않아주신 마이클 프리먼 선생님께 감사의 말씀을 드리고 싶다. 일년 내내 팔꿈치가 약간 헤진 똑같은 스웨터를 입고, 직접 제작하신 파워포인트 화면을 넘겨가면서 열강하시던 그리고 학생이 찾아가면 모든 일을 제쳐두고 한 시간이건 두 시간이건 같이 이야기를 나눠주시던 노년의 선생님의 모습이 떠오른다. 스웨터라도 한 벌 사서 보내드려야겠다. 조효제 선생님은 이 책이 번역되어 나올 수 있도록 주선해주시고, 번역에 대한 조언도 아끼지 않아 주셨다. 임현진 선생님도 번역서에 대해 흔쾌히 조언해주셨다. 잘 찾아뵙지도 못하는데 어려운 일이 있을 때마다 기꺼이 도와주시는 두 분 선생님께 이 글을 통해 경애와 감사의 마음이 전해졌으면 좋겠다. 도서출판 아르케의 이형진 사장님, 최창신님은 지지부진했던 번역작업을 끝까지 끈질기게 기다려주셨다. 이 밖에도 이 책이 나오는 데 도움을 주신 많은 분들께 감사의 뜻을 표해야 하는데, 너무 많아 다 나열하기가 민망스럽다. 내 마음은 다 전해졌으면 좋겠다. 그리고 이 책이 빨리 나오기를 누구보다 더 기다리신 부모님과 아내에게도 사랑과 감사의 마음을 표하고 싶다.

이렇게 많은 분들이 도움을 주셨지만, 이 책의 번역 상 실수는 모두 역자의 책임이다. 또한 역자의 무능함으로 인해 훨씬 더 빨리 출간되었어야 할 이 번역서가 이제야 나오게 된 점에 대해 독자들께 사과의 뜻을 표해야겠다.

이 번역서가 인권을 위한 실천에 작으나마 기여하기를 기대한다. 이론이나 학문, 지식의 목적은 오직 실천을 위한 것이라 너무나 확실히 믿고 있기 때문이다. 부끄럽지만 김진균 선생님 산소에도 책을 들고 찾아뵈야겠다.

# 찾아보기

[ㄱ]

가부장주의(patriarchalism) 125, 126, 127
가족(family) 60, 62, 164, 175
간디, 마하트마(Gandhi, Mahatma) 89
개념분석(conceptual analysis) 16
개인주의(individualism) 40, 46, 86, 107, 124, 126, 143, 148, 168, 170, 171, 227
개입(intervention) 232
객관적 권리(objective right) 33
거, 테드(Gurr, Ted.R.) 117, 187
거워스, 알런(Gewirth, Alan.) 88, 103
경제개발(economic development) 226
경제사회이사회(Economic and Social Council) 66
경제적 및 사회적 권리(economic and social rights) 61, 219
경제적, 사회적 및 문화적 권리 위원회(Committee on Economic, Social and Cultural Rights) 81
경제적, 사회적 및 문화적 권리에 관한 국제규약(International Covenant on Economic, Social and Cultural Rights) 70, 81, 219
고대 그리스(ancient Greeks) 31
고문(torture) 59, 64, 100, 101, 155, 175, 188, 189, 210
공공선(public good) 40

공동선(common good) 40, 49
공동체(community) 36, 39, 50, 63, 64, 96, 107, 109, 143, 148, 160, 161, 164
공동체기반 단체(community-based organizations) 235
공리주의(Utilitarianism) 50, 102
공산주의(communism) 51, 57, 79, 192, 210, 226
공존가능성(compossibility) 19, 105
관용(toleration) 39
구딘, 로버트(Goodin, Robert) 201
구유고국제형사법정(International Criminal Tribunal for the Former Yugoslavia) 179
구조조정 프로그램(structural adjustment programmes) 200
국가폭력(state violence) 117, 118, 169
국제권리장전(International Bill of Rights) 70
국제금융기구(international financial institutions: IFI) 214
국제노동기구(International Labour Organization: ILO) 62, 167, 219
국제법(inernational law) 22, 24, 25, 28, 58, 66, 90, 94, 133, 137, 157, 166, 168, 176, 193, 196, 206, 207, 217, 226, 231
국제앰네스티(Amnesty International) 196,

226
국제연맹(League of Nations) 52
국제연합(United Nations: UN) 18
국제통화기금(International Monetary Fund: IMF) 200, 214
권력(power) 73, 208, 210
권력남용(abuse of power) 224
권리(rights) 20
권리 인플레이션(rights inflation) 20
권리간 충돌(conflicts of rights) 102, 104
권리장전(Bill of Rights) 42
그로티우스, 휘고(Hugo Grotius) 36
근대화(modernization) 96, 124, 125, 146, 184
글로벌컴팩트(global compact) 213
기본권(basic rights) 104
기준설정(standard-setting) 80

〔ㄴ〕

나치주의(Nazism) 54, 60, 83, 90
나토(북대서양조약기구, NATO) 77, 136
남한(South Korea) 116, 186, 201
냉전(cold war) 121, 133, 176, 179, 186, 188, 189, 192, 197, 199, 200, 210, 225-227, 233
노예제(slavery) 43, 45, 52, 53, 66, 191
누스바움, 마르타(Nussbaum, Martha) 98, 146, 235

〔ㄷ〕

다국적기업(multinational corporations) 79
다문화주의(multiculturalism) 160
다수결 원칙(majority rule) 107, 159, 161
다우닝, T.E.(Downing, T.E.) 131
달, 로버트(Dahl, Robert) 106

담론분석(discourse analyiss) 125
데이븐포트, C.(Davenport, C.) 210
도널리, 잭(Donnelly, Jack) 30, 92, 96, 105, 116, 143, 186
도미니쿠스 수도회(Dominicans) 35
도우티, P.L.(Doughty, P.L.) 131
동아시아(East Asia) 125, 127, 208, 218
동정심(sympathy) 86, 100, 109, 128, 138
드워킨, 로널드(Dworkin, Ronald) 93

〔ㄹ〕

로마법(Roman law) 33
로크, 존(Locke, John) 22
로티, 리처드(Rorty, Richard) 86
루소, 장-자크(Rousseau, J.-J.) 158
르네상스(Renaissance) 35
르완다(Rwanda) 78, 229
리세, 토마스(Risse, Thomas) 137, 181, 230

〔ㅁ〕

마가리트, A. 와 라즈, J.(Margalit, A. and Raz, J.) 171
마그나카르타(Magna Carta) 34
마르크스, 칼(Marx, Karl) 50, 51, 87, 229
마리탱, J.(Maritain, J.) 109
마이어, 윌리엄(Meyer, William) 210
마케도니아(Macedonia) 232
말레이시아(Malaysia) 155
매킨타이어, 알라스데어(MacIntyre, Alasdair) 20, 30
맥그루, A.G.(McGrew, A.G.) 213
맥도날드, 마가렛(Macdonald, Margaret) 89
맥퍼슨, C.B.(Macpherson, C.B.) 40
메세, 엘런(Messer, Ellen) 131
모든 형태의 인종차별 철폐에 관한 협약

(Convention on the Elimination of All Forms of Racial Discrimination) 67
문, 브루스(Moon, Bruce) 211
문화상대주의(cultural relativism) 66, 75
미국(USA) 42, 54, 57, 67, 71, 73, 77, 114, 116, 133, 135, 145, 178, 181, 185, 188, 212
미국독립선언(American Declration of Independence) 42
미국인류학회(American Anthropological Association) 112
미국헌법(Unted States Constitution) 42
미첼, N.J.와 맥코믹, J.M(Mitchell, N.J. and McCormick, J.M.) 188, 210
민족국가(nation-states) 120
민족주의(nationalism) 154, 170, 172, 182
민주주의(democracy) 106, 171, 234
민주화(democratization) 234
밀너, W.T.(Milner, W.T.) 190
밀러, 데이빗(Miller, David) 171
밀러, 프레드(Miller, Fred) 223
밀로세비치, 슬로보단(Milosevic, Slobodan) 78

[ㅂ]
바넷, C.R.(Barnett, C.R.) 131
바리, 브라이언(Barry, B.) 163, 204
발전권(right to development) 74, 202, 204
버지니아권리선언(Virginia Declaration of Rights) 42
버크, 에드먼드(Burke, E.) 48, 229
법률분석(legal analysis) 19
법률실증주의(legal positivism) 25
법적 권리(legal rights) 20, 25, 59, 92

베란, H.(Beran, H.) 170
벤담, 제레미(Bentham, J.) 49, 229
보스니아-헤체르고비나(Bosnia-Hezergovina) 77
보편주의(universalism) 38
복지(welfare) 62, 138, 139, 211, 234
부르주아 권리(bourgeois rights) 51
부메랑이론(boomerang theory) 137
분리독립(secession) 169, 170, 172
불가분성(indivisibility) 63
불평등(inequality) 23, 40, 45-47, 49, 51, 74, 116, 165, 186, 188, 199, 202, 218, 227
브라질(Brazil) 116, 186
브레튼우즈(Bretton Woods) 214, 217
비국가행위자(non-state actor) 79
비엔나세계인권회의(Vienna conference) 75, 79, 226, 230
비예이, 미셸(Villey, Michel) 33
비종교화(secularization) 85, 86, 120, 153, 154, 225
비호(asylum) 60, 230
빈곤의 여성화(feminization of poverty) 206
빈센트, R.J.(Vincent, R.J.) 133

[ㅅ]
사회구성주의(social constructivism) 101, 121
사회민주주의(social democracy) 47, 100
사회운동(social movements) 23, 112, 118
상호의존성(interdependence) 63
생 시몽(Saint-Simon) 50
생존(subsistence) 145
서구적 인권(Western human rights) 214
서바이벌 인터내셔널(Survial International)

130
선주민(indegenous peoples) 166
선주민에 관한 워킹그룹(Working Group on Indigineous Peoples) 168
선주민의 권리에 관한 선언 초안(Draft Declaration on the Rights of Indigenous Peoples) 168
선치(善治, good governance) 202
세계무역기구(World Trade Organization: WTO) 200
세계보건기구(World Health Organization: WHO) 219
세계여성회의(World Conference on Women) 192
세계은행(World Bank) 200, 214
세계인권선언(Universal Declaration of Human Rights) 18, 53, 56, 141
센, 아마티아(Sen, A.) 202, 235
셰하디, K.S.(Shehadi, K.S.) 172
소련(USSR) 54, 67, 73, 117, 133, 188
소말리아(Somalia) 77
소수민(minorities) 53, 63
수평파(Levellers) 36
쉬르메어, J.(Schirmer, J.) 131
슈, H.(Shue, H.) 104, 105
스미스, J.(Smith, J.) 211
스타이너, H.(Steiner, Henry) 104
스태머즈, N.(Stammers, N.) 121
스토아학파(Stoics) 33
스톨, D.(Stoll, D.) 132
시민권(citizenship rights) 92
시민사회(civil society) 46
시민적 및 정치적 권리(civil and political rights) 64, 70, 105
시민적 및 정치적 권리에 관한 국제규약 (International Covenant on Civil and Political Rights) 63
식민주의(colonialism) 85, 116, 169, 226
신국제경제질서(New International Economic Order) 74
신자유주의(neo-liberalism) 205, 209, 210, 218, 234
신체보전권(personal integrity right) 59
신탁(trust) 38, 40
실증주의(positivism) 125

〔ㅇ〕

아라트, 제흐라(Arat, Z.) 202
아리스토텔레스(Aristotle) 32, 91
아시아적 가치(Asian Values) 75, 276, 278
아파르트헤이트(apartheid) 55, 212, 226
아프리카(Africa) 56, 83, 122-124, 129, 135, 179, 208
안-나임, 압둘라이(An-Na'im, Abdullahi) 155
안드레센, 보르드-안데르스(Andreassen, Bard-Anders) 219
안전보장이사회(Security Council) 76, 78, 180, 231
안티고네(Antigone) 31, 32
안티슬레이브리 인터내셔널(Anti-Slavery International) 191
에이데, A.(Eide, A.) 219
엘살바도르(El Salvador) 16, 75, 76, 218
여성의 권리(women's rights) 173
여성주의(feminism) 176
여성지위위원회(Commission on the Status of Women) 173
여성차별철폐협약(Convention on the Elimination of Discrimination

against Women: CEDAW) 71, 173, 174
여성폭력 철폐에 관한 선언(Declaration on the Elimination of Violence Against Women) 175
역량(capabilities) 98
영토보전(territorial integrity) 169, 172, 206, 216
오스만, 노라니(Othman, Nonrani) 153
외교정책(foreign policy) 71, 133, 134, 136, 178-181, 183, 210, 212, 235
외국인직접투자(foreign direct investment) 209, 210, 211
우디위스, A.(Woodiwiss, A.) 125-127
울스턴크라프트, 마리(Wollstonecraft, Mari) 42
워터즈, 말콤(Waters, Malcom) 121
월드런, J.(Waldron, J.) 106
윌슨, 리처드(Wilson, Richard A.) 132
유고슬라비아(Yugoslavia) 77
유네스코(UNESCO, UN경제사회문화기구) 88, 113
유럽안보협력기구(Organization for Security and Co-operation in Europe: OSCE) 73
유럽안보협력회의(Conference on Security and Co-operation in Europe: CSCE) 73
음바예, K.(M' Baye, K.) 203
의무(duties) 32, 37, 39-41, 43, 46, 58, 63, 64, 66, 71, 73, 74, 89, 91, 92, 95, 98, 105, 107, 109, 125, 131, 136, 143, 144, 154, 158, 164, 174, 195, 199, 204, 208
이데올로그(Ideologues) 50

이라크(Iraq) 16, 76, 232
이론적 기초(참조: 인권의 연원, foundations, theocratical) 106
이상주의(idealism) 18
이성(reason) 37-40, 43, 46, 59, 86, 90, 225
이슬람(Islam) 154, 155, 217
인간(남성)과 시민의 권리선언(Declaration of the Rights of Man and the Citizen) 44, 58
인간(남성)의 권리(Rights of Man) 44, 45, 225, 229
인간발전인덱스(human development index) 219
인간본성(human nature) 23, 90, 96-98, 101, 128, 154
인권 개념(concept of human rights) 20, 21-24, 28-30, 37, 41, 53, 59, 65, 67, 84, 85, 87, 88, 91, 92, 96, 102, 107-112, 120, 124, 126, 127, 133, 134, 137, 138, 142-146, 148, 149, 152, 153, 162, 163, 174, 177, 195, 199, 207, 213, 214, 223-225, 227-229, 232, 235, 236
인권교육(human rights education) 195, 236
인권레짐(regime, human rights) 18
인권운동(human rights movement) 23, 27, 130, 132, 138, 182, 190, 193, 213, 214, 227, 233
인권의 근원(source of human rights) 26, 65
인권의 민주화(democratization of human rights) 195
인권의 법적 개념(legal concept) 25, 113
인권의 역사(history, value of) 29
인권의 의무(obligations, human rights) 64, 65, 144

인권의 정치적 개념(political concept) 25
인권의 한계(limits of human rights) 27
인권침해(human rights violations) 16-18,
　　21, 25, 55, 66, 67-70, 72-74, 77-
　　80, 96, 112, 116, 121, 122, 124, 128,
　　130, 142, 146, 150, 154, 160-162,
　　169-172, 174-176, 178, 180, 182,
　　187, 188, 192-195, 210-212, 217,
　　226-228, 230-233
인종주의(racism) 67
입발림소리(lip-service) 80, 226
입헌주의(constitutionalism) 163
1235 결의안(Resolution 1235) 68
1503 결의안(Resolution 1503) 68
NGO(비정부단체, non-governmental
　　organizations: NGOs) 22, 119
UN개발계획(UN Development
　　Programme: UNDP) 206
UN난민고등판무관(UN High
　　Commissioner for Refugges:
　　UNHCR) 79
UN인권고등판무관(UN High
　　Commissioner for Human Rights)
　　79
UN시민적 및 정치적 권리 위원회(Human
　　Rights Committee) 71
UN인권위원회(Human Rights Commission)
　　55
UN헌장(UN Charter) 54, 62, 65, 191

〔ㅈ〕
자기결정권(right to self-determination) 67,
　　169
자본주의(capitalism) 43, 115, 138
자연권(natural rights) 35, 39, 49, 57

자연법(natural law) 36
자유민주주의(liberal democracy) 65, 126,
　　154, 158-164, 169, 192, 225
자유시장(free markets) 200, 205, 221
자유주의(liberalism) 41, 50, 59, 60, 97, 100,
　　108, 125, 126, 148, 149, 160-165,
　　170, 175, 199
자주적 해방(self-emancipation) 153-155,
　　164
자치(autonomy) 97
잔혹성(cruelty) 128
재산권(property) 40
쟁거, 사빈(Zanger, Sabine) 188
절대주의(absolutism) 39
정당화(justification) 41, 85, 86, 90, 92, 94,
　　97, 102, 117, 121, 125, 146, 147,
　　157, 161, 167, 170, 171, 175, 176,
　　216, 229
정의(justice) 26, 27, 33, 36, 54, 80, 108, 144,
　　147, 162, 163, 171, 172, 204
정치경제학(political economy) 83, 138
제3세대 권리(third-generation rights) 74
제국주의(imperialism) 58, 120, 143, 149,
　　151, 156, 162, 167, 169, 207
제도설립(institution-building) 80
조기경보(early warning) 232
존엄성(dignity) 96, 97
종교의 자유(freedom of religion) 19
주관적 권리(subjective rights) 33
주권(sovereignty) 24
주제별 절차(thematic procedures) 72
지구화(globalization) 79, 205, 213, 230
집단권(collective rights) 60, 160-162, 165,
　　166, 168

[ㅊ]

차별방지와 소수민보호에 관한 소위원회(Sub-Commission on Prevention of Discrimination and Protection of Minorities) 157
최소기준(minimum standards) 27, 162
친그라넬리, D.L.과 리처드, D.L.(Cingraneli, D.L. and Richards, D.L.) 188, 210

[ㅋ]

카, 에드워드 H.(Carr, Edward H.) 89
카터, 지미(Carter, Jimmy) 71, 183, 226
칸트, 임마뉴엘(Kant, I.) 43
컬처럴서바이벌(Cultural Survival) 130
코소보(Kosovo) 77
쿠웨이트(Kuwait) 76, 232
클로드, 리처드(Claude, Richard) 114, 185
키믈리카, 윌(Kymlicka, Will) 160, 161, 162

[ㅌ]

타이완(Taiwan) 201
탈식민화(decolonization) 67
터너, 브라이언(Turner, Bryan S.) 120
토마스, 캐롤라인(Thoma, Caroline) 218
툴리, 제임스(Tully, James) 156, 162
티어니, B.(Tierney, B.) 30, 34, 224

[ㅍ]

파시즘(fascism) 18, 59, 225
페인, 토마스(Paine, T.) 45
펜, 헬런(Fein, Helen) 188
포, S.C.와 테이트, C.N.(Poe, S.C. and Tate, C.N.) 188
포레이커, 조와 랜드맨, 토드(Foweraker, Joe and Landman, Todd) 118, 187
포사이드, 데이비드(Forsythe, David) 87, 109, 179
포스트모더니즘(post-modernism) 126, 143
폭정(tyranny) 31, 40, 42, 48
표현의 자유(freedom of expression) 61, 64, 95, 104, 114, 161
프란체스코 수도회(Franciscans) 35
프랑스혁명(French Revolution) 44
프로테스탄트주의(Protestantism) 39
필요(needs) 211

[ㅎ]

하워드, 로다(Howard, Rhoda) 122, 123
학제적 접근(interdisciplinary approach) 27, 28
한정된 희생의 원칙(principle of limited sacrifice) 181, 228
합의(consensus) 97
헨더슨, C.W.(Henderson, C.W.) 188
헬드, 데이비드(Held, David) 206
헬싱키최종협정(Helsinki Final Act) 226
현실주의(realism) 22
홉스, 토마스(Hobbes, Thomas) 36
휴먼라이츠워치(Human Rights Watch) 192
흥정(trade-offs) 115, 186, 202
희생양 이론(scapegoat theory) 129

지은이 | **마이클 프리먼(Michael Freeman)**
현재 영국 에섹스대학교 정치학과 교수, 인권연구소 연구위원
경력 영국 캠브리지대학교 졸업, 미국 스탠포드대학교 법학석사,
　　　영국 에섹스대학교 정치학박사
　　　에섹스대학교 인권연구소 부소장(1989~99), 인권학제간과정 담당교수(1991~2002)
　　　집단살해학회 부회장, 국제정치과학학회 인권연구위원회 의장(1997~2000)
　　　국제앰네스티 영국지부장(1986~88), 국제대의원회의 의장대리(1989) 등 역임
주요저서 Human Rights: An interdisciplinary Approach(2002)
　　　　Edmund Burke and the Critique of Political Radicalism(1980)
　　　　Nationalism and Minorities(1995) (공저)
　　　　Frontiers of Political Theory(1980) (공저)

옮긴이 | **김철효**
현재 국제이주기구(IOM) 서울사무소 프로젝트 코디네이터
경력 서울대학교 사회학과 졸업
　　　영국 에섹스대학교 인권연구소 석사
　　　팍스로마나(스위스), 국제앰네스티 국제사무국(영국) 인턴
　　　국제앰네스티 한국지부 캠페인담당자
　　　영남대학교 '인권과 법' 강의
　　　민주사회를 위한 변호사모임 난민담당 간사
논문 'The Critical Analysis of Social Forum' (2002)


## 인권 : 이론과 실천

1판 1쇄 펴냄 2005년 11월 30일
1판 2쇄 펴냄 2006년  9월 25일


지은이 마이클 프리먼 | 옮긴이 김철효 | 펴낸이 이형진 | 펴낸곳 도서출판 아르케
출판등록 1999. 2. 25. 제2-2759호 | 주소 서울특별시 마포구 연남동 509-28번지 2층
대표전화 (02)336-4784~5  전송 (02)336-4786
E-Mail arche21@arche.co.kr / Homepage www.arche.co.kr

정가 20,000원

ⓒ 아르케, 2005
Printed in Seoul, Korea
ISBN 89-5803-033-X  03300